W0034874

Moritz Bürki Bernhard Frutschi Wolfgang Schloz

Pflanzenschutz
an Zier- und Nutzpflanzen

Krankheiten und Schädlinge
erkennen, vorbeugen und
richtig behandeln

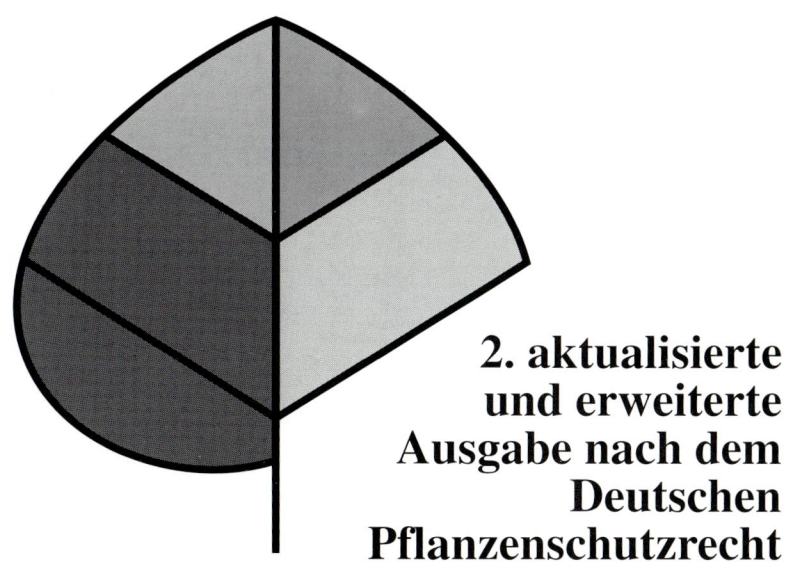

**2. aktualisierte
und erweiterte
Ausgabe nach dem
Deutschen
Pflanzenschutzrecht**

Bernhard Thalacker Verlag Braunschweig

Autoren:
Moritz Bürki, Gärtnerfachlehrer, Langendorf
Bernhard Frutschi, Gärtnerfachlehrer, Koppigen
Wolfgang Schloz, Pflanzenschutzberater, Egg

Bearbeiter
für die Bundesrepublik Deutschland:
Dr. Burghause, Mainz
Dr. Gündel, Mainz

Herausgeber:
Einkaufsvereinigung
Schweizerischer Gärtnermeister und Floristen

Bildmaterial:
625 Farbbilder von
Andermatt Biocontrol AG, Grossdietwil
Moritz Bürki, Langendorf
Walter Dürig, Roggwil
Bernhard Frutschi, Koppigen
Werner Grossmann, Ersigen
Forschungsanstalt Weihenstephan, Deutschland
Eidg. Forschungsanstalt für Wein-,
Obst- und Gartenbau, Wädenswil
Dr. R. Maag AG, Dielsdorf
Neudorff GmbH KG, Emmerthal, Deutschland
Plüss Stauffer AG, Oftringen
Wolfgang Schloz, Egg
Siegfried Agro AG, Zofingen

Bildnachweis am Ende des Werkes, Seite 280

Die Originalausgabe erscheint unter gleichem Titel
im Buchverlag Fischer Druck AG
Münsingen-Bern/Schweiz

© 1989 Buchverlag Fischer Druck AG

Die Deutsche Bibliothek – CIP-Einheitsaufnahme

Pflanzenschutz an Zier- und Nutzpflanzen:
Krankheiten und Schädlinge erkennen, vorbeugen
und richtig behandeln/[Hrsg.: Einkaufsvereinigung
Schweizerischer Gärtnermeister und Floristen].
Moritz Bürki; Bernhard Frutschi; Wolfgang Schloz.
[Bearb. für die Bundesrepublik Deutschland:
Dr. Burghause; Dr. Gündel. Bildmaterial: Moritz Bür-
ki . . .]. – 2., aktualisierte und erw. Ausg. nach dem
Dt. Pflanzenschutzrecht.
– Braunschweig: Thalacker, 1994
    (TASPO-Wissen)
    ISBN 3-87815-061-X
NE: Bürki, Moritz; Frutschi, Bernhard; Schloz,
    Wolfgang; Burghause, Frank [Bearb.]; Einkaufs-
    vereinigung Schweizerischer Gärtnermeister und
    Floristen

© 1990, 1994 Bernhard Thalacker Verlag,
Postfach 3361, 38023 Braunschweig
Satz und Druck: Fischer Druck AG, Münsingen-Bern
Gestaltung: Volker Dübener
Umschlaggestaltung: Hansgeorg Barkowsky,
Braunschweig

Titelfotos: Kurt Henseler, Bonn
Lithos: Schwitter AG, Allschwil
Einband: Schlatter AG, Bern

ISBN 3-87815-061-X

Vorwort zur 2., aktualisierten und erweiterten Ausgabe für Deutschland

Die Originalausgabe des Werkes «Pflanzenschutz an Zier- und Nutzpflanzen» erschien zum ersten Mal 1989 in der Schweiz. Mittlerweile liegt hiermit die 3. Auflage für die Schweiz und die 2. Auflage für Deutschland vor, eine französische Übersetzung ist geplant und unterstreicht den Erfolg und die Notwendigkeit dieses Praxis-Buches.

Wie bisher richtet sich auch die Neuauflage an Praktiker im Erwerbsgartenbau, interessierte Hobbygärtner sowie an Lehrlinge, Studenten und Ausbilder, indem Krankheiten, Schädlinge und Nützlinge von Zier- und Nutzpflanzen anschaulich in Wort und Bild dargestellt werden.

Der Einkaufsvereinigung Schweizerischer Gärtnermeister und Floristen (ESG) gebührt der Verdienst, dieses so praxisnahe und hervorragend illustrierte Fachbuch angeregt zu haben. Als Selbsthilfeorganisation der Schweizer Gärtner erfüllt sie mit diesem Buch die Anforderungen der gärtnerischen Praxis an eine umfangreiche und verlässliche Arbeitsgrundlage zur richtigen Schadendiagnose bei Pflanzenschäden – unabdingbare Voraussetzung für einen umweltgerechten Pflanzenschutz.

Die vorliegende 2. Auflage wurde in wesentlichen Teilen dem heutigen Wissen über Pflanzenbehandlungsmittel angepasst. Ebenso wurden einige Bilder neu ausgewählt und ergänzt. Wir danken an dieser Stelle dem Autor B. Frutschi sowie dem Autorenteam Dr. Burghause und Dr. Gündel, die den Inhalt dieses Werkes entsprechend der gesetzlichen Bestimmungen für Deutschland mit Stand Juni 1994 überarbeitet haben.

Braunschweig, im August 1994

Inhaltsverzeichnis

1994 zugelassene
Pflanzenschutzmittel
nach Wirkstoffen

Das große, farbige Pflanzen-Lexikon in 6 Bänden

Band 1	Band 2	Band 3	Band 4	Band 5	Band 6
• **Laubgehölze** • **Koniferen**	**Stauden** • **Gräser** • **Farne** • **Wasserpflanzen**	**Obst** • **Gemüse** • **Kräuter**	**Sommerblumen** • **Blumenzwiebeln und -knollen** • **Beet- und Balkonpflanzen**	**Zimmerpflanzen** • **Sukkulenten** • **Kübelpflanzen**	• **Rosen** • **Kletterpflanzen**
8. Auflage 1993. 276 Seiten. 715 Farbfotos, 26 Zeichnungen	6. Auflage 1995. Ca. 256 Seiten. Ca. 650 Farbfotos	2. Auflage 1989. 256 Seiten. 650 Farbfotos, 33 Zeichnungen	3 Auflage 1993. 232 Seiten. 577 Farbfotos	2 Auflage 1994. 232 Seiten. 475 Farbfotos	1 Auflage 1995. Ca. 200 Seiten. Ca. 400 Farbfotos

Bernhard Thalacker Verlag   Postfach 33 61   38023 Braunschweig
Telefon 0531-3800 40   Telefax 0531-3800 425

B&B 62-06/94

Warum Pflanzenschutz?

Das Ziel des Pflanzenschutzes ist seit seinen Anfängen jedem Fachmann bekannt, es heisst *Schutz der Kulturpflanzen vor Schädlingen, Krankheiten und Unkräutern*. Die Kulturpflanzen dienen der Menschheit, aber auch Tieren als Ernährungsgrundlage. Es geht also darum, Ertragsausfälle zu verhindern oder zu vermeiden, wobei der Pflanzenschutz eine wichtige Rolle spielt. Wurden vor der Jahrhundertwende vor allem mechanische Pflanzenschutzmassnahmen ergriffen, so sind besonders nach den Kriegsjahren laufend neue Pflanzenbehandlungsmittel chemischer Art entwickelt worden. Durch den Übergang von kulturtechnischen zu chemischen Massnahmen rückten vor allem Rationalisierungsbestrebungen in den Vordergrund, was die Anwendung neuer Produktionstechniken ermöglichte.

Wir stellen heute fest, dass eine grosse Anzahl von chemischen Präparaten auf dem Markt sind, dies weil einerseits die chemischen Produkte preisgünstiger sind, einen relativ kleinen Arbeitsaufwand mit sich bringen und meist auch schnell und durchschlagend wirken. Anderseits kann festgehalten werden, dass immer noch ungefähr ein Drittel der Welternte von Kulturpflanzen durch Schaderreger vernichtet werden. In der Dritten Welt sind die Verluste bis zu 50 %. Durch die Bevölkerungsexplosion zählte die Erdbevölkerung 1985 zirka 5 Milliarden Menschen, davon waren ungefähr 50 % unterernährt. Mit der Vervielfachung der Weltbevölkerung gehen der Landwirtschaft jährlich viele Quadratkilometer Kulturland verloren. Dies ist mit ein Grund, dass die Ernten durch Pestizide geschützt werden müssen, um Ausfälle zu vermeiden oder Fruchtfolgen zu vereinfachen. Im weitern sind in der westlichen Welt die Produktionsmittel, wie Maschinen, Löhne, Sozialleistungen usw., stark angestiegen, ohne dass die Preise für Fertigprodukte angehoben werden konnten. Die Produzenten waren nun versucht, den Preiszerfall mit Kosteneinsparungen (Löhne) oder Ertragssteigerungen aufzufangen. Die Gegebenheiten führten vielerorts dazu, dass vermehrt Pestizide eingesetzt wurden.

Dieser Pestizideinsatz bringt aber nicht nur Vorteile mit sich, sondern auch Rückstandsprobleme und zum Teil Belastung der Umwelt, die sich für unsere Natur, seien es Pflanzen, Tiere oder Menschen, nachteilig auswirken. Es spielt dabei keine Rolle, ob ein Hilfsstoff für die Umwelt giftig ist oder nicht; den natürlichen Kreislauf stört es auf jeden Fall.

Können wir den heutigen Teufelskreis durchbrechen? Es hängt von jedem persönlich ab, wie wir diesem Problem entgegentreten, sei es als Zierpflanzenproduzent, als Hobbygärtner oder als Konsument.

– *Kann der Konsument auf kleine Qualitätseinbussen bei Früchten, Gemüsen und Pflanzen eingehen?*
– *Kann der Hobbygärtner im eigenen Garten Ertragsausfälle verkraften?*
– *Sind dem Gartenbauer die Standortansprüche der Pflanzen bekannt, und nimmt er bei der Pflanzung darauf Rücksicht?*
– *Hat der Zierpflanzenproduzent das Klima und die Umweltfaktoren in seinen Gewächshäusern im Griff?*

Um diese Fragen beantworten zu können, sollte sich zum Beispiel der Zierpflanzenproduzent im Anbau von Pflanzen auf die Klima- oder Umweltfaktoren konzentrieren. Diese stellen unter Umständen für die Kulturpflanzen eine Bedrohung dar, zum Beispiel
– grosse Hitze (Temperatur)
– Kälte (Frost)
– Wind (Luftfeuchte)
– Regen (Bewässerung)
– Abgase (Luft, CO_2) usw.

Ist diese Bedrohung weitgehend gebannt, so kann auch die Anfälligkeit von Schädlingen und Krankheiten auf ein Minimum reduziert werden. Es können somit gesunde Pflanzen heranwachsen, die wirtschaftlich gute Erträge bringen, und weniger schlechte Qualitäten, die nicht vermarktet werden können. Ein wichtiger Punkt ist die *Hygiene*. Diese wird besonders im Umgang mit schwer oder überhaupt nicht bekämpfbaren Krankheiten wie Bakteriosen und Virosen zur Existenzfrage. Durch neuzeitliche Vermehrungsmethoden unter Laborbedingungen (Meristem- und Gewebekultur) hat man es in der Hand, gesunde Mutter- und Jungpflanzen erzeugen zu können. Diese bleiben jedoch nur so lange gesund, wie sie durch hygienische Vorbeugemassnahmen von Krankheitserregern verschont bleiben. *Es gilt daher, jede mögliche Infektion, sei es über die Erde, die Stellflächen, die Gefässe, die Werkzeuge, selbst auch über unsere Hände und Kleider zu verhindern.* Die Kette dieser Massnahmen ist jedoch nur so stark wie das schwächste Glied davon. Sorgen wir dafür, dass die Kette durchgehend stark bleibt. Manche Gärtner finden solche hygienischen Massnahmen in vorbildlichen Betrieben als übertrieben, weil sie vom Ausführenden Disziplin und Ausdauer erfordern. Dabei sollte es der Stolz der Gärtner sein, dass ihre Pflanzen gesund bleiben. Besonders bei bakteriellen und virösen Erkrankungen von Pflanzen können dem Gärtner viel Ärger, grosse finanzielle Einbussen und Verlust von Kunden erspart bleiben und sein Ruf als seriöser Pflanzenlieferant in Frage gestellt werden. Dies sollte vermieden werden.

Der integrierte Pflanzenschutz

Der *integrierte Pflanzenschutz,* der besonders in der Landwirtschaft gut Fuss gefasst hat, kann auch auf andere Anbaugebiete ausgeweitet werden, um sich in einem vernünftigen Mittelfeld zu bewegen. Durch sorgfältige Kontrollen werden anhand der bisherigen Erfahrungswerte sogenannte «wirtschaftliche Schadschwellen» ermittelt, die uns die Entscheidung erleichtern helfen, ab welcher Befallsdichte sich ein Einsatz von chemischen Pflanzenschutzmitteln als notwendig erweist. Bei geringerem Befall als der kritischen Wertgrenze würde der Aufwand an Zeit und Material teurer zu stehen kommen als der zu erwartende Schaden. Nicht nur er muss dabei gewichtet werden, sondern auch die zu erwartende Belastung durch das eingesetzte Produkt selbst und der Umwelt im allgemeinen.

Mit anderen Worten heisst das: Nicht mehr nur das ökonomische Denken in den Vordergrund zu stellen, sondern vermehrt zuerst die ökologischen Grundsätze zu beachten. *Beim integrierten Pflanzenschutz* gehen wir nach folgenden Punkten vor, und zwar vom Beginn bis zum Ende einer Kultur:

1. *Richtige Kulturführung,* Kulturansprüche kennen, standortgerechte Sortenwahl.
2. *Biologische Massnahmen abklären,* zum Beispiel vorbeugender Nützlingseinsatz, Nützlinge fördern usw.
3. *Physikalische Massnahmen einsetzen,* wie Bodenlockerung, mechanisch oder manuell; Schädlinge manuell entfernen.
4. *Beim Überschreiten der Schadschwelle chemische Massnahmen ergreifen,* aber zuerst nützlingsschonende Produkte einsetzen und eher weniger giftige Wirkstoffe gezielt verwenden.

Bei der Beachtung dieser ökologischen Grundsätze ergibt sich erfreulicherweise, dass damit auch der Belastung des Bodens mit Pestiziden sowie der möglichen Beeinträchtigung des Grundwassers Rechnung getragen wird. Pflanzenschutz wird daher mehr und mehr auch zur Gewissensfrage für den Verbraucher. Es liegt auch an der Chemieindustrie, dem Gärtner, Bauer usw. die geeigneten humanen Produkte zur Verfügung zu stellen. Den Gegnern von chemischem Pflanzenschutz möchten wir zu bedenken geben, dass in der Natur viele giftige Organismen existieren, zum Beispiel die Eibe (Taxus), der Knollenblätterpilz, die Giftschlangen usw. Schon Paracelsus hatte vor ungefähr 500 Jahren festgestellt:

*«Alle Dinge sind Gift,
und nichts ist ohne Gift.
Allein die Dosis macht,
dass ein Ding nicht Gift ist.»*

Wir hoffen aber trotzdem, mit diesem Werk mitzuhelfen, den chemischen Pflanzenschutz auf ein Minimum reduzieren zu können. Damit dem Produzenten das Erkennen eines Schädlings oder einer Krankheit erleichtert wird, haben wir in diesem Werk eine Reihe von äusserst charakteristischen Bildern der Erreger und ihrer Schäden zusammengetragen. Wir erhalten zudem nähere Angaben über die Lebensweise, die entsprechenden Vorbeuge- und möglichen Pflanzenschutzmassnahmen. In einem Anhang finden wir Tabellen zum richtigen Anwendungsgebiet, den Schaderreger und die bewilligten Wirkstoffe für den Einsatz. In den Listen der bewilligten Wirkstoffe finden wir den üblichen Pflanzenbehandlungsmittel-Namen, die Giftklasse und die mit abgekürzten Buchstaben aufgeführten Anwendungsgebiete.

Das Werk wäre unvollständig, wenn auf der anderen Seite nicht auch der biologische Pflanzenschutz eingehend dargestellt würde. So finden wir einen Abschnitt mit den bis heute bekannten Nützlingen und in Ergänzung dazu die einsetzbaren Fallen, wie Sexuallockstoffe, Geruchsfallen, optische Fallen und andere.

Ein Schwerpunkt liegt auch auf der Verhütung von möglichen Kulturfehlern durch unsachgemässe Pflegemassnahmen. Hier sind die Schadenursachen in der Praxis noch relativ hoch. Der Gärtner und Gartenliebhaber sollte danach trachten, in erster Linie die Ansprüche der Pflanzen optimal zu erfüllen und erst in zweiter Linie mit Hilfe der chemischen Produkte die Pflanzen vor möglichen Schädlingen oder Krankheiten zu schützen.

Damit hoffen die Autoren, dass dem interessierten Produzenten von Zier- und Nutzpflanzen ein wertvolles Hilfsmittel in die Hand gegeben wird, das beim Ergreifen von Massnahmen Erleichterung und Sicherheit bringen soll.

Wir wünschen dazu viel Erfolg! M. B./B. F.

Voraussetzungen für gesunde Pflanzen

Die Kulturführung

Die Gesundheit der Pflanzen hängt von verschiedenen Faktoren ab. Der Gärtner als Kultivateur wird immer dann am wenigsten mit Problemen konfrontiert, wenn es ihm gelingt, *der jeweiligen Pflanzenart die Verhältnisse ihrer ursprünglichen Heimat optimal zukommen zu lassen.* Es heisst also, die spezifischen Ansprüche der einzelnen Pflanzenarten eingehend kennenzulernen und geeignete Massnahmen zu treffen (heizen, lüften, schattieren, die Luft befeuchten und anderes) sowie durch technische Einrichtungen wie Steuergeräte diese Ansprüche bestmöglich zu erfüllen.
Anerkannte Pflanzenschutzfachleute schätzen, dass 50 bis 60% der Kulturausfälle durch Nichterfüllen der Pflanzenansprüche hervorgerufen werden. Geschwächte Pflanzen sind anfälliger für Krankheiten und Schädlinge. Daher wollen wir in der Folge die hauptsächlichen möglichen Kulturfehler auflisten, damit auch von dieser Seite her die Pflanzen vor Schädigungen (physiologischen Störungen) besser geschützt sind.

△ Aluschattierung (Abb. 1)
▽ Innenschattierung (Abb. 2)

Das Licht

Ohne Licht kann eine Pflanze nicht gedeihen! Nur mit Licht, angemessener Wärme, Wasser, Nährstoffen und CO_2 aus der Luft werden in den grünen Chlorophyllkörperchen die lebensnotwendigen Baustoffe (Kohlenhydrate) erzeugt. Nun kann sowohl zuviel wie auch zuwenig Licht das Wachstum empfindlich stören und die Pflanzen schädigen (siehe Seite 231).

Zuviel Licht: Besonders im Übergang vom sonnenarmen Winter in den Frühling mit Optimalwerten für die Pflanzen (10 000 bis 20 000 Lux) und Überschreiten derselben kann es bei plötzlicher Sonneneinstrahlung nach vorausgegangener, langer trüber Witterung zu starken Verbrennungen kommen. Grund: Die Epidermis ist zu schwach ausgebildet, die schützende Kutikula mit Wachsschicht oder Behaarung fehlt weitgehend. Eine rote Verfärbung der Blätter ist bei einigen Pflanzenarten eine Folgeerscheinung von zu hohen Lichtwerten. Im Extremfall kann die Epidermis durch Zerstörung der Zellen gelb bis braun werden. Dabei sind die Lichtbedürfnisse je nach Pflanzenart unterschiedlich. Typische Schattenpflanzen wie Farne, Saintpaulien, Selaginella und andere müssen schattiger gehalten werden als beispielsweise Sukkulenten wie Kakteen, Sansevie-

△ Aussenschattierung (Abb. 3)
▽ Pflanzenrotor mit Assimilationsbelichtung (Abb. 4)

ria, Echeveria, Aloe und ähnliche. Stete Beobachtungen lassen die richtigen Grenzwerte erkennen.

Zu wenig Licht: Im Winter wachsen viele Pflanzenarten, besonders solche aus den Tropen und Subtropen, bei uns unter Lichtmangel. Die Assimilationsleistung ist gering, und demzufolge ist auch das Wachstum reduziert. Bei zu hohen Temperaturen bilden sich zudem lange Internodien und kleine Blätter (= die Pflanzen vergeilen). Auch die Blüten verblassen und werden kleiner. *Es gilt daher, die Gewächshäuser bei Wintereinbruch von alter Schattierfarbe und sonstigem Schmutz (Öl- und Staubrückstände der Heizung) zu befreien (abwaschen).* Sehr lichtbedürftige Pflanzen sollten zudem in die hellsten Kulturräume womöglich auf Hängetablare gestellt werden. Unter den Hängetablaren sind sinngemäss eher schattenverträgliche Pflanzen zu plazieren.

Zusatzbelichtung: Für die Mutterpflanzen- und Jungpflanzenanzucht durch den Winter lohnt es sich, mit Zusatzlicht zu arbeiten. Wichtig ist dabei das gewählte Lichtspektrum, das im Sonnenlichtbereich liegen sollte. Man verwendet dabei Intensitäten von *mindestens 1 000 bis 3 000 Lux,* um die Assimiliationssteigerung wesentlich zu beeinflussen.

Störlicht: Pflanzenarten, die auf den Kurztag reagieren, müssen im Winterhalbjahr zur Erreichung eines vegetativen Wachstums (Mutterpflanzen, Jungpflanzen, Anzuchtphase) während der Nacht mit sogenanntem Störlicht belichtet werden. Dabei wird den Pflanzen der zu kurze Tag so weit verlängert, dass sie über der kritischen Tageslänge bleiben und dadurch vegetativ weiterwachsen. In der Berechnung der Lampenzahl pro Flächeneinheit ist es wichtig, die Lichtintensität zu kennen. Es gibt heute ein grosses Lampenangebot, ausgehend von den gewöhnlichen Glühlampen (mit grossem Strombedarf) bis zu den Halogen- und Quecksilberdampflampen. *Auf den Pflanzenspitzen müssen während der Belichtung in der Nacht mindestens 70 bis 100 Lux gemessen werden.* Euphorbia pulcherrima kommen mit etwas weniger aus, hier dürften 40 bis 50 Lux genügen. Bei Euphorbia pulcherrima konnten schon Blühverzögerungen festgestellt werden, wenn das Gewächshaus in nächster Nähe von starken Strassenlampen stand.

Die Wärme

Die Wärmeansprüche der Pflanzen sollten gemäss ihrer geographischen Herkunft optimal erfüllt werden. Dies kann bei Grosskulturen mit speziell klimatisierten Gewächshäusern weitgehend erfüllt werden. Wenn jedoch verschiedene Pflanzenarten mit unterschiedlichen Ansprüchen in einem einzigen Gewächshaus

gehalten werden müssen, kann es zu grossen Qualitätseinbussen und sonstigen Ausfällen kommen.

Zu warm: Geiler Wuchs und lange Internodien sowie blasse und kleine Blüten sind Folgeerscheinungen. Hohe Wärme und zu trockene Luft fördern zudem verschiedene Schädlinge wie Thrips, Spinnmilben, Weisse Fliegen und Zikaden. *Bei frühen Freilandchrysanthemensorten ist zu beachten, dass diese nicht auf den Kurztag reagieren, sondern auf die Wärme.* Sie induzieren ja bereits im Juli und blühen bereits ab August/September. Während der Anzuchtphase (Mutterpflanzen, Vermehrung und vegetatives Wachstum) müssen die Pflanzen nicht belichtet, sondern möglichst kühl kultiviert werden. Temperaturen unter 15 °C ermöglichen ihnen dies trotz kurzen Tageslängen auch im Winter. An sehr warmen Tagen muss daher angepasst gelüftet und notfalls schattiert und überbraust (Verdunstungskühlung) werden.

Zu kühl: Bei tiefen Temperaturen steigt die Luftfeuchtigkeit, wobei es gerne zu Fäulnisherden (Botrytisbefall) kommen kann. Das Giessen muss dabei äusserst vorsichtig gehandhabt werden. Man giesse quantitativ weniger und warte, bis die Erde wieder leicht angetrocknet ist. Besonders fein strukturierte Substrate weisen bei Nässe oft eine schlechte Luftführung auf, worauf es zu Wurzelfäule kommen kann. Viele Kurztagspflanzen induzieren trotz effektivem Kurztag unter der kritischen Tageslänge nicht, wenn die Temperatur unter eine gewisse Schwelle fällt. Die geplanten Blühtermine können dann nicht eingehalten werden, und die Kulturflächen bleiben über Wochen oder Monate länger belegt, was zu Schwierigkeiten mit den Folgekulturen führen kann (Platzmangel, dichter Stand, geiler Wuchs und anderes).

Die Luft

Die Luft hat verschiedene Einflüsse auf die Pflanzen. Einmal ist es das Kohlensäuregas CO_2, das in der Luft in einer Dosis von 0,03 % enthalten ist und zur Assimilation benötigt wird. Anderseits wird der Sauerstoff O_2 zur Atmung und Energiegewinnung gebraucht. Zudem ist das Klima (Luftbewegung, Luftfeuchtigkeit, Wärme, Licht) der bestimmende Faktor für das Pflanzenwachstum.

Stagnierende Luft: Wenn zuwenig gelüftet oder ventiliert wird, kann die Luftfeuchtigkeit hohe Werte erreichen, was zu Botrytisbefall und anderen Pilzkrankheiten führen kann (Falscher Mehltau, Septoria, Ascochyta, Alternaria und andere). *Abhilfe = mehr Luftbewegung durch Ventilation oder Lüften (und heizen) = Durchmischen der Luft und Abhärten der Pflanzen.* Auch wird das etwas schwerere CO_2, das sich bei stagnierender Luft in Bodennähe konzentriert, auch in höhere Lagen gewirbelt, wo es dann zwecks Assimilation auch den Pflanzen zur Verfügung steht. Zudem wird besonders auf Hängetablaren nahe Glas eine Niederschlagsbildung mit Botrytisflecken an den Blüten verhindert.

CO_2-Mangel: Im Winter kann es bei stark abgedichteten Gewächshäusern an sonnigen Tagen zu einem CO_2-Mangel kommen. Es lohnt sich dabei, jeweils kurz zu lüften oder, besser, lichtabhängige Propangasgeräte zu installieren. Der CO_2-Gehalt kann dabei wieder auf den Normalwert von 0,03% oder bei Sonneneinstrahlung bis auf 0,05% oder mehr gesteigert werden (300 bis 500 ppm). Die Assimilationsleistung wird dadurch wesentlich gesteigert, was besonders bei Mutterpflanzen, Gemüse und Schnittblumen höhere Erträge ermöglicht.
CO_2 entsteht auf natürliche Weise durch Verwesung oder Zersetzung von organischen Stoffen = Abbauprozess. Mit Rindenschnitzel unter den Tischen oder auch Pferdemist kann die Normaldosis mit einfachen Mitteln angestrebt werden.

Zu trockene Luft: Wie unter dem Abschnitt Wärme erwähnt, fördert trockene Luft die Anfälligkeit für Thripse, Weisse Fliegen und Spinnmilben. Durch Befeuchten der Wege und Übersprühen der wenig empfindlichen Kulturen bei warmer Witterung kann die Luft kühler und feuchter gehalten werden = bessere Erfüllung der spezifischen Klimaansprüche der Pflanzen.

Das Wasser

Das Wasser, als Lösungs- und Transportmittel, als Baustoff für die Pflanzen und der Verdunstung (Abkühlung) dienend, darf als Wachstumsfaktor nicht unterschätzt werden. Je nach Grösse und Beschaffenheit der Töpfe (Ton- oder Kunststofftöpfe) des Substrates, der Pflanzen selbst, wird der Bedarf recht unterschiedlich sein.

Zu nass: Wasser verdrängt die Luft in den feinen Poren des Substrates. Lang andauernde Nässe führt besonders bei kühler Witterung zu Wurzelschäden, die oft in Wurzelfäulen, Pythium, Rhizoctonia und andere Pilzkrankheiten ausmünden. Hier gilt es, das Giessverhalten zu ändern und das Substrat gröber in der Struktur zu wählen. Auch empfiehlt es sich, zwecks besserer Luftführung und Durchlässigkeit, besonders für Kunststofftöpfe, noch 10 bis 15% Styromull, Perlite, Leca oder Grodan blau beizumischen.

Zu trocken: Bei vorübergehender Trockenheit im Erdballenbereich kann es zu empfindlichen Störun-

△ Ventilatoren zur Luftbewegung (Abb. 5)
▽ CO_2-Brenner (Abb. 6)

△ Flachdüsenbewässerung (Abb. 7)
▽ Nebelwaage in Vermehrung (Abb. 8)

gen des Wachstums bis zum Totalverlust der Pflanzen kommen. Zuerst welkt die Pflanze, die Spaltöffnungen schliessen sich; nun kann die Pflanze kein Wasser mehr verdunsten (Abkühlung). Es kommt zu Überhitzungen der Blattflächen und zum Eintrocknen vom Blattrand her. Besonders bei stark torfhaltigen Substraten stellt man oft Versalzungsschäden fest. Da die Salzwerte im trockenen Boden oft höher liegen als in der Pflanze, zieht der höhere Wert das Wasser aus den Pflanzen = umgekehrte Osmose! Typische Blattrandschäden und Wurzelverbrennungen sind dabei weit mehr verbreitet als allgemein angenommen wird (siehe Seite 233).

Vorbeugung: Nie zu hohe Grunddüngergaben auf Vorrat verabreichen und wenn möglich einen angemessenen Anteil Ton oder Landerde beimischen = gute Pufferung gegenüber Extremwerten. Zudem während warmen Witterungsphasen vermehrt giessen. Trockenstehende Pflanzen sind vor dem Düngen jeweils auszugiessen!

Sauberes Giesswasser: Bassinwasser kann Pilz- und Bakterienerreger enthalten. Werden damit Aussaaten und Stecklingsvermehrungen überbraust oder gegossen, kann es zu grossen Ausfällen kommen. Daher sollten Aussaaten und Stecklingsvermehrungen immer nur mit sauberem und temperiertem Leitungswasser gegossen werden!

Blattflecken: Besonders bei Pflanzen aus der Gesneriaceae (Saintpaulia, Sinningia, Naegelia, Rechsteineria, Columnea, Aechynanthus, Streptocarpus und andere) können Wassertropfen, die bei Sonneneinstrahlung auf die Blätter gelangen, durch sogenannte Prismawirkung die Chlorophyllkörperchen der Epidermis und des Pallisadengewebes zerstören, was gelbe Flecken bis Ringe verursacht. Auch kann zu kühles Giesswasser (mehr als 3 bis 4 °C Differenz zur Lufttemperatur) ähnliche Vergilbungen auslösen. Daher sollte morgens früh oder nur bei guter Schattierung mit temperiertem Wasser gegossen werden (siehe Seite 232).

Die Nährstoffe

Pflanzen werden bezüglich ihres Nährstoffbedarfes grob in 3 Gruppen eingeteilt:
1. Schwachzehrer, 2. Mässigzehrer und 3. Starkzehrer. Aufgrund dieser spezifischen Ansprüche gilt es, *die angepassten Düngermengen zu verabreichen, die in harmonischer, auf die jeweilige Pflanzenart bezogene Zusammensetzung abgestimmt sind.* Auch ist zu vermerken, dass Jungpflanzen und Sämlinge etwa 50 % weniger Nährstoffe ertragen als ausgewachsene Pflanzen. Als Fausregel gilt: *Wenn möglich öfters, dafür aber schwächer düngen.*

Zu hohe Nährstoffgaben: Das Wurzelwachstum ist gehemmt bis gestört. Bei Trockenheit kommt es zu Salzschäden. Vorbeugung: Nur mittlere Gaben als Grunddüngung verabreichen und später nach Bedarf und gezielt flüssig düngen!

Zu geringe Nährstoffgaben: Die Blätter weisen eine fahlgrüne Farbe auf und sind klein ausgebildet. Typisches Merkmal: Die Wurzeln sind ausserordentlich zahlreich ausgebildet und oft weiss verfilzt. Hungernde Pflanzen werden gerne von Blattläusen, Schildläusen und Spinnmilben befallen. Durch vorübergehend erhöhte flüssige Nährstoffgaben kann oft in Kürze abgeholfen werden. Die Nährstoffmenge ist jeweils dem Wechsel der Jahreszeiten anzupassen. Wenig Licht und geringeres Lichtangebot im Winterhalbjahr bedingen reduzierte Nährstoffgaben, während im Sommerhalbjahr bei viel Licht und Wärme sinngemäss das Nährstoffangebot nicht unterschätzt werden darf. Bodenanalysen geben im Zweifelsfall die nötigen Hinweise über den effektiven Nährstoffbedarf.

Nicht harmonische Düngung: *Nach dem Gesetz des Minimums richtet sich das Wachstum und der Ertrag der Pflanzen nach demjenigen Nährstoff oder Wachstumsfaktor, der im Verhältnis zum Bedarf in geringster Menge vorhanden ist.* N-betonte Dünger fördern dabei das vegetative Blatt- und Triebwachstum, machen die Pflanzen aber anfälliger für Pilzkrankheiten. So sind mit einseitigen N-Gaben gedüngte Lagergemüse und Obstarten im Keller weniger haltbar. Anderseits fördert K-betonte Düngung die Widerstandskraft gegen Pilzkrankheiten und verleiht Obst, Beeren und Gemüsen ein besseres Aroma. Daher sind besonders Wurzelgemüsearten und Beerenpflanzen mit K-betonten Düngern zu ernähren. Auch Topfpflanzen und Schnittblumen sind vor dem Verkauf mit Vorteil K-betont zu düngen, um ihre Haltbarkeit zu verlängern.
P-Mangel bewirkt einen schlechten Blütenansatz, er beeinflusst auch die Ausbildung der Früchte und Samen negativ.
Magnesiummangel erzeugt bei Poinsettien besonders in Torfsubstraten die bekannten «Geisterflekken». Durch vorbeugende Mg-Gaben können diese vermieden werden.
Auch die Spurenelemente sollen nicht vernachlässigt werden. So erzeugt Bormangel bei Randen, Sellerie und Zuckerrüben unter anderem die Herzfäule. Borhaltige Dünger verhindern diese Erscheinung.

Das Substrat

Besonders in unporösen Kunststofftöpfen leiden die Wurzeln oft unter mangelnder Luftzufuhr. Bei zu feinen Substraten gibt es zudem oft Staunässe mit der Folge: Wurzelfäule. Auch kann das Substrat zu leicht sein. Torfhaltige Substrate nehmen, einmal ausgetrocknet, das Wasser nur langsam auf, und es kommt leicht zu Verbrennungs- und Salzschäden. Eine schwerere Erde anderseits ist wohl sehr gut gepuffert, hemmt aber besonders bei Jungpflanzen die Bildung von neuen und kräftigen Wurzeln. Ein Mittelwert zwischen beiden Extremen bringt oft die gewünschten Resultate.

Der pH-Wert

Ein den Bedürfnissen der Pflanzen angepasster pH-Wert ist Voraussetzung für eine optimale Kulturführung. Ein tiefer pH-Wert (4 bis 4,5) wird durch Verwendung von Hochmoortorf erreicht, während ein schwach saurer bis neutraler pH-Wert (6 bis 7) durch erhöhte Landerdezugaben erreicht werden kann. Auch kohlensaurer Kalk (Dolomitkalk) hebt den pH-Wert im Boden an.

Bei einem falschen pH-Wert werden oft bestimmte Nährstoffe im Boden blockiert, so dass sie den Pflanzen nicht oder in zu geringen Mengen zur Verfügung stehen. Oft wird zum Beispiel Eisen festgehalten, worauf es zu schweren *Chlorosen* kommen kann. Stete pH-Wertmessungen sind daher angezeigt (siehe Seite 235).

Bei blauen Hortensien muss ein tiefer pH-Wert im Bereich 4 bis 4,5 vorhanden sein, damit das verabreichte Alaun aufgenommen werden kann. Auch soll mit kalkfreiem Wasser gegossen werden, um keine Missfarben entstehen zu lassen.

Falsche Sorten

Für einen bestimmten Zweck sollten aus dem riesigen Sortenangebot nur die dazu bestgeeigneten Sorten ausgesucht werden. Bei Freilandkulturen sollten sie unser Klima gut ertragen und eine natürliche Widerstandskraft gegen Pilzkrankheiten und Schädlingsbefall aufweisen. Sorten sollten anderseits auch den Wünschen der Kunden Rechnung tragen. Auch sind bei blühenden Pflanzenarten, die ganzjährig angebaut werden, im Jahresablauf farbspezifische Anpassungen unumgänglich. Das Motto sollte lauten: «Kultivieren, was der Markt verlangt!»

Auch die angebauten Mengen sollten auf den Markt abgestimmt sein. Was nützen die schönsten Produkte – mit grossem Kostenaufwand erzeugt –, wenn sie in zu grossen Mengen angeboten und vom Markt nicht verkraftet werden?

Wachstumsregulatoren

Wir unterscheiden: wachstumsfördernde und wachstumshemmende Stoffe. Wuchsfördernde Stoffe (Gibberellinsäure) werden eingesetzt bei der Gehölztreiberei, bei der Treiberei von Azaleen zur Brechung der Knospenruhe, ebenso bei der Kultur von Pelargonien- und Fuchsienstämmchen (fördert das Längenwachstum) und gelegentlich als Notlösung in der letzten Kulturphase bei Poinsettie und Chrysanthemen zur schnelleren Entwicklung der Blüten.

Wuchshemmer sind im Zierpflanzenbau sehr wertvoll, wenn sie sortenspezifisch richtig angewendet werden. Trotzdem stellt man hier immer wieder Ausfälle fest, die falsch behandelte Pflanzen unverkäuflich machen. Durch die Wuchshemmstoffbehandlung will man stark- und raschwachsende Sorten stauchen, damit sie in kurzer Zeit kompakte Pflanzen ergeben. Es muss dabei berücksichtigt werden, dass im Winter bei gleicher Behandlung eine Stauchung viel ausgeprägter erfolgt = oft zu kurze Pflanzen. Bei hoher Wärme im Sommerhalbjahr bauen sich die Wirkstoffe in der Pflanze rascher ab, und das Resultat ist dann oft eine zu lange Pflanze. Im Winter müssen daher die empfohlenen Gaben angepasst, reduziert und im Sommer möglicherweise sinngemäss gesteigert werden. Betriebseigene Praxisversuche können mithelfen, die bestmöglichen Konzentrationen zu jeder Jahreszeit herauszufinden (siehe Seite 15 und 16).

Wir kennen dabei 2 Applikationsmethoden:

1. Giessen

Voraussetzungen: Die Pflanzen müssen gut durchwurzelt sein! Die Giessmethode erfolgt nur bei feuchter Topferde.

Wirkung: Die Giessbehandlung hat eine nachhaltige Wirkung, weil die Wirkstoffe im Substrat gespeichert und im Laufe des Wachstums während längerer Zeit wieder abgegeben werden. Zudem wird Basacel (Wirkstoff: Chlor-cholinchlorid + Cholinchlorid) bei der Giessbehandlung relativ langsam abgebaut. Basacel reduziert nur das Längenwachstum der Internodien, ohne die Blattgrössen zu reduzieren. Zudem wird das Blattgrün dunkler gefärbt, die Pflanzen stehen stabiler im Topf, und die Blütenbildung wird zusätzlich gefördert.

Anwendung: In der Regel werden zirka 10 % des Topfvolumens als Giesslösung verabreicht. Dies entspricht für einen 8- bis 9-cm-Topf 50 bis 60 ml, für einen 10- bis 11-cm-Topf 80 bis 100 ml und für einen 12- bis 14-cm-Topf 100 bis 140 ml.

Bei Basacel-Gaben im Giessverfahren stellt man immer wieder Blattvergilbungen bis Verbrennungen fest, wenn die Lösung in Tropfenform auf den Blättern haften bleibt. Hier hilft eine einfache wie sichere Massnahme: *Sofort nach der Basacel-Giessbehandlung mit Wasser fein abbrausen!*

Weitere Schädigungen durch physiologische Störungen und Witterungseinflüsse siehe Seiten 230 bis 240!

△ Rhododendron mit zu hohem pH-Wert (Abb. 9)
▽ Aufkalken bei zu tiefem pH-Wert (Abb. 10)

△ Zu starke Wuchshemmung im Winter (Abb. 11)
▽ Blattflecken nach Basacel-Giessbehandlung (Abb. 12)

2. Spritzen

Voraussetzungen: Die Spritzlösung ist mit sehr feinen Düsen und mässigem Druck auf das Blattwerk zu bringen. Es soll eine gleichmässige Taubildung erzielt werden. Die Wirkung ist dann am grössten, wenn die Lösung relativ langsam antrocknet, also abends spät oder morgens früh, bei relativ kühlen Temperaturen und hoher Luftfeuchtigkeit. Während mindestens 12 Stunden nach einer Spritzbehandlung darf nicht überbraust werden, auch sollen keine anderen Spritzlösungen (Pflanzenschutzmittel) appliziert werden.

Wirkung: Spritzbehandlungen über das Blatt können bereits nach dem allfälligen Verpflanzen vorgenommen werden, denn der Wurzelbereich wird nicht tangiert. Der Wirkstoff wird über die Blattoberhaut (Epidermis) aufgenommen. Bei sehr wüchsigen Pflanzen oder Sorten im gleichen Pflanzenbestand hat sich das Blattwerk auch besser entwickelt, folglich werden diese Pflanzen mehr Wirkstoff aufnehmen können, wodurch sie gegenüber kleineren Pflanzen mit weniger Blattmasse auch mehr gehemmt werden – natürlicher Ausgleich.

Anwendung: Da die Dosierungen bei der Spritzbehandlung in geringeren Dosierungen als bei der Giessbehandlung ausgeführt werden müssen, sollten für eine optimale Wirkung die Spritzbehandlungen bei längerer Kulturzeit und wüchsigen Sorten oder Arten 2- bis 3mal wiederholt werden.
Man beachte die arten- und oft auch sortenspezifischen Empfehlungen der Lieferantenfirmen!
In Deutschland ist zurzeit nur Basacel zugelassen.
Grundsätzlich ist bei der Spritzbehandlung zu beachten, dass es besser ist, in kleinerer Dosierung mehrmals zu behandeln als einmal in grosser.
Atrinal hat eine gewisse Stauchewirkung, wird aber besonders zum «chemischen Pinzieren» eingesetzt, wodurch eine Vielzahl von Seitentrieben gebildet werden, die insgesamt kompakter wachsen, als wenn nur wenige Triebe ungehemmt «in die Höhe schiessen»! Beispiel: Fuchsia-Hybriden.

Unkrautbekämpfung

Unkraut hat auf das gesunde und qualitativ bestmögliche Wachstum negative Auswirkungen. Durch Unkrautwuchs zwischen den Kulturpflanzen werden Wasser und Nährstoffe entzogen; zudem fehlt den Pflanzen im unteren Bereich das Licht, wodurch die unteren Blätter vergilben und die Pflanzen oft vergeilen. Als weitere Negativwirkung ist die Übertragung von Krankheiten und Schädlingen von Unkräutern auf Kulturpflanzen nicht ausser acht zu lassen.

Auch ist das Mikroklima wesentlich verändert, die Durchlüftung und Abhärtung fehlt im unteren Bereich.

Vorbeugung: Die Erdsubstrate oder Kulturflächen sollten vor dem Pflanzen oder Aussäen mit Dampf oder chemisch desinfiziert werden. Neben Unkrautsamen werden durch das Dämpfen auch Bodenpilze und Schädlinge vernichtet, zudem werden vorhandene schwerlösliche Nährstoffe aufgeschlossen. Bei der chemischen Behandlung sollte vor dem Pflanzen der Kressetest durchgeführt werden.

Direkte Bekämpfung: Neben der arbeitsintensiven Handarbeit kommen gezielte Applikationen mit Selektiv- oder Totalherbiziden in Frage. Da hier aber oft mit Schäden durch Windverwehungen und Rückständen in der Erde und im Grundwasser (Trinkwasser!) zu rechnen ist, erheischt deren Einsatz gewissenhafte Überlegungen und fachgerechte Vorsichtsmassnahmen.

Für eine schonendere Wildkrautbeseitigung wird heute auch *die Technik der Infrarot-Abbrenngeräte* verwendet.

Der wichtigste Vorteil dieser Geräte besteht darin, dass es gegenüber Herbiziden keine Resistenzen bei den Kräutern gibt. Sie sind grundsätzlich auf allen Flächen verwendbar, wie zum Beispiel: *Pflastersteine,*

Platten, Plätze, Kiesgehwege, Strassenränder, Kulturflächen usw. Die Energiekosten werden als niedrig bezeichnet, und bei einem längerfristigen Gesamtvergleich mit der manuellen Wildkrautbeseitigung schliesst die Infrarottechnik besser ab. Es wird dabei die Bodenfauna geschont und die Oberflächenfauna zum Teil geschädigt. Viele Stadt- und Gartenbauämter im In- und im Ausland haben diese Geräte bereits im Einsatz. Es wird sich zeigen, ob sie auch in der Pflanzenproduktion (Landwirtschaft, Gemüsebau, Zierpflanzenbau) Einzug halten werden.

B. F./M. B.

▽ Mangelnde Hygiene im Gewächshaus (Abb. 13)

Hygiene im Gartenbau

Unter Hygiene im Gartenbau verstehen wir Massnahmen, deren Ziel die Gesunderhaltung unserer Kulturen durch Ausschaltung und Beseitigung aller Schädigungsmöglichkeiten durch Pathogene ist → Prophylaxe.
Bei der Bekämpfung vor allem von Krankheiten bakterieller, pilzlicher und viröser Art, aber auch bei der Schädlingsbekämpfung unterscheiden wir zwischen präventiven (vorbeugenden) und kurativen (heilenden) Massnahmen. Präventive Massnahmen sind überall dort angezeigt und empfehlenswert, wo, auf die gärtnerische Praxis bezogen, Ausfälle an unseren Kulturen durch pathogene Erreger nicht ausgeschlossen werden können beziehungsweise den Pathogenen mit kurativen Methoden schlecht oder nur mit grossem Aufwand beizukommen ist. Wir alle kennen die Regel: «Vorbeugen ist besser als heilen.»
Bei der Hygiene handelt es sich also um vorbeugende (präventive) Massnahmen. Ihre Wichtigkeit ist in vielen Bereichen anerkannt, so auch im Gartenbau und hier speziell in der Produktion.
Welcher Gärtner hatte in seinen Kulturen nicht schon Ausfälle durch pathogene Erreger erlebt, die durch präventive Massnahmen hätten vermieden werden können? Wir unterscheiden zwischen den präventiven Hygienemassnahmen vor Kulturbeginn und zum Beispiel den präventiven Pflanzenschutzmassnahmen während der Kultur. In der Folge wollen wir nur auf erstere, die präventiven Hygienemassnahmen vor Kulturbeginn, näher eingehen.
Bei der **vorbeugenden Hygiene** *in der gärtnerischen Praxis gilt es, das Risiko der Krankheitsübertragungen auf ein Minimum zu verringern, indem Infektionsquellen erkannt und ausgeschaltet werden.* Als mögliche Infektionsquellen gibt es gar manche, ja zu viele, möchte man meinen, um in der gärtnerischen Praxis reell dagegen anzukämpfen. Ist die Hygiene im Bereich der verwendeten Geräte und Materialien noch irgendwie einleuchtend und zumutbar, so ist sie beim Personal, gegenüber Berufskollegen oder gar bei Kunden und Besuchern schon eher ausser Reichweite. Und doch, würden wir den Gedankengang konsequent zu Ende führen, müssten nicht die uns allen einigermassen bekannten Hygienemassnahmen, zum Beispiel in den Spitälern oder zumindest in den lebensmittelverarbeitenden Betrieben, ein Massstab sein? Ich höre die Einwände, berechtigt oder unberechtigt, ich will darüber nicht urteilen. Das, was von beiden Ansichten dazwischenliegt, nennt man Risiko, welches jeder Kultivateur selbst abschätzen und schliesslich auch selber tragen muss.
Im Bereich Vermehrung und Jungpflanzenanzuchten muss es heutzutage praxisüblich sein, die präventiven Hygienemassnahmen durchzuführen. Vor allem wenn diese Jungpflanzen für den Weiterverkauf an Berufskollegen vorgesehen sind, denn sie bezahlen dafür und haben deshalb Anrecht auf einwandfreie Jungpflanzen. In der In-vitro-Vermehrung sind lückenlose Hygienemassnahmen sogar unumgänglich.
Hygienemassnahmen in der gärtnerischen Produktion sind weitgehend eine Sache der gedanklichen Erfassung, der Organisation und des Einbaus in den Arbeitsablauf. *Das bedeutet, dass die Hygienemassnahmen am Anfang von jedem Kulturablauf stattfinden müssen, denn je jünger das Kulturstadium, desto höher sind die Ansprüche an die Hygiene.*
Was wird dem Kultivateur derzeit an **Desinfektionsmitteln** angeboten?
In Deutschland ist derzeit nur *Mennoter forte*, eine quaternäre Ammoniumverbindung, als Desinfektionsmittel im Gartenbau ausgewiesen. Sie ist anwender- und umweltfreundlich, sowohl fungizid- wie auch bakterizidumfassend und sicher wirksam. Die Anwendungsdosierung sollte nicht unter 1 Prozent liegen, auch wenn sie gelegentlich schwächer empfohlen wird. *Die Einwirkdauer muss ununterbrochen mindestens 30 Minuten betragen.* Die quaternären Ammoniumverbindungen haben keine pflanzenschädigende Gasphase und somit praktisch auch keine Wartefrist. Sie können auch in teilweise belegten Kulturräumen zur Anwendung gelangen. Aktive Pflanzen dürfen mit der 1prozentigen Brühe allerdings nicht benetzt werden.
Brühmengen: Mattendesinfektion zirka 1 bis 2 l/m^2; Sand: 1 bis 1,5 l/m^2 je cm Schicht, für glatte, saubere Flächen zirka 0,5 l/m^2.
Im Tauchverfahren, beispielsweise bei Töpfen oder Kulturplatten, kann der Verlust der Brühe mit doppelt konzentrierter Brühe ergänzt werden, aber nur innerhalb eines Arbeitstages und nur wenn die Brühe nicht allzusehr mit organischem Material verschmutzt wird. Am folgenden Tag muss die Brühe in jedem Fall wieder neu angesetzt werden.
1 Prozent einer quaternären Ammoniumverbindung eignet sich auch zum Ausspritzen und Desinfizieren leerer Gewächshäuser. Glas, Konstruktion und Fundamente sind zum Beispiel mit der Motorspritze überall gründlich abzuspritzen. Dies ist immer dann empfehlenswert, wenn die vorausgegangenen Kulturen durch Pathogene stärker verseucht waren beziehungsweise vor Neubeginn einer wichtigen oder anfälligen Kultur wie Begonia-Elatior-Hybriden, Euphorbien, Pelargonien und andere.

Im Bereich der **chemischen Substratdesinfektion** *stehen andere Verfahren im Vordergrund:*
Basamid (Dazomet) ist das einzige derzeit zugelassene chemische Bodendesinfektionsmittel. Es darf bei allen Kulturen, zum Beispiel auch vor dem Gemüseanbau, angewendet werden. Einschränkungen bestehen allerdings in Wasserschutzgebieten.

Basamid ist fein granuliert, die Aufwandmengen betragen 40 bis 60 g/m² beziehungsweise 250 g/m³. Basamid wirkt über die Gasphase. Diese entsteht erst nach der Einarbeitung ins Substrat in Verbindung mit Feuchtigkeit und Temperatur. Das Gas durchdringt den feinkrümelig bearbeiteten Boden und wird wirksam gegen pilzliche Erreger, Bodenschädlinge inklusive Nematoden und gegen Unkräuter. Ausgenommen sind Unkrautsamen in der Vollruhe. Die optimale Bodentemperatur beträgt 12 bis 20°C, die optimale Bodenfeuchtigkeit 60 bis 70% der möglichen Wasserkapazität. Unter diesen optimalen Bedingungen beträgt die Wartefrist von der Basamidanwendung bis zur Belegung der Flächen mit Kulturpflanzen etwa 10 bis 15 Tage. Der Kressetest gibt Auskunft.

Physikalische Desinfektion

Die beschriebenen Hygienemassnahmen, vor allem die der Substrat- und Bodenbehandlungen, werden in der Praxis vielfach auch physikalisch durchgeführt. Die zu desinfizierenden Substrate und Materialien werden hohen Temperaturen ausgesetzt, um die desinfizierende Wirkung zu erzielen. *Sauberste Arbeit und durchdringende Temperaturen von 90°C während mindestens 15 Minuten sind Voraussetzung, dass die pathogenen Erreger lückenlos erfasst werden.* Die Neubesiedlung der Substrate durch Mikroorganismen im weitesten Sinne erfolgt nach der physikalischen Desinfektion schneller als bei der chemischen, was vor- und nachteilig sein kann. Der Aufwand an Technik und Energie ist bei der physikalischen Desinfektion grösser, die chemische ist rationeller durchzuführen. Die physikalische Desinfektion kann auch bei tieferen Temperaturen durchgeführt werden, allerdings mit wesentlich höherem Aufwand an Energie und Zeit. Bei der chemischen Desinfektion sind bei tieferen Temperaturen mindestens die Wartefristen länger oder gar Grenzen gesetzt. Somit kann es durchaus interessant sein, vorgängig abzuklären, welches Verfahren das sinnvollste, rationellste, preisgünstigste und somit zweckdienlichste ist.

In Kulturräumen mit zusammenhängender Rinnen- oder Ebbe-Flut-Bewässerung könnte die Krankheitsübertragung über das Wasser im Sinne des Wortes «zentral» erfolgen. Gravierende Verseuchungen von Kulturen über solche Bewässerungssysteme sind bis jetzt zwar ausgeblieben, vorsorglich wird in den meisten Betrieben das zurückfliessende Wasser jedoch mit *UV bestrahlt.* Dies geschieht am besten dort, wo das Wasser gesammelt ist, bevor es in den zentralen Wasserbehälter fliesst. Eine UV-Lampe wird über die Rinne montiert. Das Wasser sollte nahe und langsam unter der UV-Lampe durchfliessen, um die möglicherweise vorhandenen pathogenen Erreger sicher abzutöten. Schl

△ Alte Töpfe werden desinfiziert (Abb. 14)

△ «Hängende Töpfe» = Schutz vor Infektionen (Abb. 15)
▽ Dämpfen der Vermehrungsbeete (Abb. 16)

△ Hygiene in Dänemark:
«Hast Du Deine Hände gewaschen?» (Abb. 17)

△ Messer in 70-%-Äthylalkohol (Abb. 18)
▽ Fussmatten zur Desinfektion (Abb. 19)

Resistenz im gärtnerischen Pflanzenschutz

Unter Resistenz verstehen wir: Ausdauer, Härtegrad, Widerstandsfähigkeit.

Im gärtnerischen Bereich beziehungsweise im Pflanzenschutz werden wir demnach im Zusammenhang mit Resistenzen mit 2 Hauptbereichen konfrontiert:

a) der *Widerstandsfähigkeit,* in diesem Fall von Pflanzen, gegenüber negativen Einflüssen wie zum Beispiel Kälte, Wärme, zuwenig oder zuviel Licht, aber auch gegenüber pathogenen Erregern wie Schädlingen, Krankheiten usw.

b) der *Möglichkeit von Pathogenen (Krankheitserregern), sich gewissen Wirkstoffen (Konzentrationen, Mengen) beziehungsweise Behandlungsverfahren anzupassen, und den daraus resultierenden Chancen, widerstandsfähige Populationen aufzubauen.*

Vereinfachend kann Resistenz etwa folgendermassen formuliert werden: Es ist die Fähigkeit von Individuen beziehungsweise Organismen, ungünstigen Einflüssen zu widerstehen. Im Zusammenhang mit Resistenzen in der gärtnerischen Praxis wird über Abschnitt a) relativ wenig diskutiert, oder – mit andern Worten – dieser Bereich wird zuwenig beachtet. Dies kann verschiedene Gründe haben:

– Einmal haben wir die Zwangslage, bevorzugt Sorten zu kultivieren, welche der Markt verlangt. Farbe, Habitus und äusserliches Aussehen, bei Gemüse und Obst beispielsweise auch Geschmack, Transport- und Lagerfähigkeit usw. sind die Kriterien.

– Sind die Kenntnisse immer vorhanden, und werden sie von Züchtern und Vertretungen immer weitergegeben, welche Sorten auf bestimmte Erreger widerstandsfähig, oder empfänglich sind? Spontan denke ich an Chrysanthemen und den Weissen Chrysanthemenrost, an Viola-Wittrokkiana-Hybriden und den Falschen Mehltau, an Rosen mit ihren Krankheiten. Die Reihe könnte beliebig fortgesetzt werden.

– Vom Pflichtenheft der Züchter her gesehen, so macht es jedenfalls den Anschein, sind ebenfalls andere Prioritäten gesetzt. Gefragt sind die Züchtungsziele: kürzere Kulturzeit, optimaler Pflanzenaufbau, bei Gewächshauspflanzen geringere Temperaturansprüche, bei Feld- und Gemüsepflanzen höhere Ernteerträge. Und die Resistenzzüchtung gegenüber pathogenen Erregern? Man nimmt sie als positive Nebenerscheinung noch gerne zur Kenntnis. Mehr echte und vor allem dauerhafte Resistenzen im Kulturpflanzenbereich gegenüber Pathogenen wären sicher gefragt und

ein dankbares, zukunftsorientiertes Betätigungsfeld.

Zur anderen Seite (Abschnitt b):

Von Resistenzen pathogener Erreger gegenüber chemischen Pflanzenschutzmitteln in gärtnerischen Kulturen wurde in vergangener Zeit in der Fachliteratur einiges geschrieben, in der Praxis aber noch viel mehr darüber geredet. Viel zuviel, wie mir scheint, weil alles, was irgendwie unwirksam erschien, als Resistenz abgeurteilt wird. Dies ist so nicht immer richtig. Sowohl Entomologie wie auch Phytopathologie sind wohl mit dem Resistenzproblem konfrontiert, haben aber auch genaue Vorstellungen, was als echte Resistenz gegenüber Pflanzenschutzmitteln bezeichnet werden kann und darf und was nicht.

Nicht jede Äusserung, Pflanzenschutzbehandlungen hätten nicht den gewünschten Erfolg gebracht, darf mit Resistenz in Verbindung gebracht und die Behandlung zum «Sündenbock» gestempelt werden. Solche Äusserungen sind oftmals nichts als Behauptungen; gezielte Labortests geben da sicheren Aufschluss. Wenn dann das Pathogen aus der Praxis bei genau gleicher Behandlung dieselbe Empfindlichkeit aufweist wie dasjenige gleicher Art aus dem Labor, kann von Resistenz kaum die Rede sein. Ich möchte noch einen Schritt weitergehen und ein praktisches Beispiel anführen: Die Bekämpfung der Weissen Fliegen ist, so scheint es, ein Dauerthema, aber nicht nur in der Gegenwart. Gegen Ende der 60er Jahre war es nicht viel anders. Damals standen einzig andere Wirkstoffe zur Diskussion.

Geredet wird heute über und angewendet wurden in den letzten Jahren vielfach die pflanzlichen und synthetischen Pyrethroide zur Bekämpfung der Weissen Fliegen, im Freiland wie auch im Gewächshaus. Bei anfänglich sehr guten Bekämpfungserfolgen liessen diese mit zunehmendem Einsatz der verschiedensten Pyrethroide unter Praxisbedingungen bald einmal zu wünschen übrig.

Was war geschehen? Durch den wohl gewünschten vermehrten Einsatz dieser Insektizidfamilie ging mit der Zeit ein Teil im Wirkungsmechanismus verloren, nämlich derjenige auf das zentrale Nervensystem der Fliegen. Gerade dieser Effekt hatte aber bei einer Behandlung die sehr bedeutende Aufgabe, die Fliegen zu aktivieren, ja sogar im wahrsten Sinne des Wortes «nervös» zu machen. Diese Nervosität unterstützte aber den Bekämpfungserfolg dieser Kontaktpräparate ganz wesentlich. Bei den Pyrethroiden ist dieser Effekt weitgehend verlorengegangen, bei anderen Wirkstoffgruppen war er so nicht existent. Was nun? Bleibt in solchen Fällen nur noch die direkte Kontaktwirkung. Diese ist aber in der Praxis eher problematisch. Erstens bedingt es, dass wir, wollen wir mit Pyrethroiden erfolgreich sein, *die Weissen Fliegen an ihrem Aufenthaltsort, das heisst blattunterseits (!), mit der Spritzbrühe treffen.* Dies ist bei niederwachsenden Pflanzen kaum lückenlos möglich, bei höherwachsenden zumindest zeitaufwendig. Zweitens sind die ausgewachsenen Tiere durch ihren gepanzerten Schild am Kopf und den betalgten Flügeldecken dermassen gut geschützt, dass zumindest Spritzbrühen mit ungenügender Benetzungskraft «abperlen» und über Kontakt so gut wie nichts ausrichten können. *Bei guter Netzkraft der Spritzbrühen und Pyrethroid (oder ein anderer Wirkstoff) und aktiven Weissen Fliegen, welche von der Spritzbrühe voll benetzt werden, wird die Bekämpfung in den meisten Fällen (immer noch) erfolgreich sein.*

Hier sei die Frage erlaubt, um wieder beim Titel zu sein: Kann aus der dargestellten Situation eine echte Resistenz abgeleitet werden?

Echte Resistenz gegenüber Pflanzenschutzmitteln ist dann gegeben, wenn ein einziger Wirkstoff oder eine Wirkstoffgruppe, während eines mehr oder weniger langen Zeitraumes gegen ein bestimmtes Pathogen eingesetzt, in der Wirkung rapide nachlässt und für die Bekämpfung völlig unbrauchbar wird.

Wie kann eine solche echte Resistenz im Bereich Pflanzenschutz entstehen?
— Vorab durch Selektion widerstandsfähiger Individuen.
— Durch die Vermehrung dieser selektierten Individuen. Je schneller die Entwicklung, je kürzer der Zyklus, desto grösser ist die Möglichkeit einer Resistenz.
— Durch Variationen, Adaptationen und Mutationen, aber auch durch verminderte Wirkstoffaufnahme oder verstärkten Wirkstoffabbau von Wirtspflanzen und Pathogenen.

Wie kann echter Resistenz im Pflanzenschutz vorgebeugt werden?
— Pflanzenschutzmittel überlegt auswählen und einsetzen.
— Pflanzenschutzarbeiten immer gründlich ausführen, auch blattunterseits.
— Empfohlene Dosierungen einhalten, Überdosierungen vermeiden.
— Wirkungsmechanismen und Wirkungsspektren der Präparate beachten.
— Sinnvolle Kombinationen machen, zum Beispiel bei der Schädlingsbekämpfung Larvizide und Ovizide mit einbeziehen.
— Wirkstoffgruppen überlegt wechseln.
— Systemisch wirkende Präparate nur einsetzen, wenn Pathogene sowie auch die Wirtspflanzen aktiv sind.
— Die Wirkung systemischer Präparate nicht überschätzen.

Was tun bei vermeintlicher oder echter Resistenz? Pflanzenschutzfachleute konsultieren und mit ihnen ein Behandlungsprogramm ausarbeiten.

Einige Fachausdrücke im Zusammenhang mit Resistenz (Resistenz = R.)

Abiotische R.	R. gegen Kälte (Frost), Hitze, Dürre, Feuchtigkeit
Jugend-R. Alters-R.	R. im Verlaufe der Entwicklung veränderlich
Monogene R. Multigene R.	R. von einem bis vielen Genen kontrolliert
Konstitutive R.	angeborene, natürliche R.
Induzierte R.	erworbene R.
Allgemeine R.	gegen mehrere Erreger resistent
Verliehene R.	erhöhte R. durch Einwirkung chemischer Stoffe
R.-Mechanismen	spezifische Eigenschaften bestimmter Pflanzenarten beziehungsweise Sorten, den Angriffen von Schaderregern zu widerstehen
Mechanische R.	R. durch morphologische Eigenschaften, beispielsweise harte Kutikula, betalgte, schützende Flügeldecken usw.
Biozid-R.	bei Schädlingen R. gegenüber Insektiziden, bei Krankheiten gegenüber Fungiziden
Rassenspezifische R.	R. abhängig vom Wirt-Parasit-Verhältnis
Resistenztest	Verfahren zur Ermittlung des R.-Verhaltens
Resistenzverlust	wenn Pathogene die angeborene Widerstandsfähigkeit eines Wirtes überwinden

Schl

Gesunde Pflanzen aus Gewebekultur

In den letzten Jahren hat man in der Anzucht von gesunden Pflanzen aus Gewebe- oder Meristemkultur gewaltige Fortschritte gemacht. *Die Meristem- und Gewebekultur ist bei einigen Pflanzenarten* **die** *Lösung schlechthin,* da die Pflanzenbestände durch Virosen und Bakteriosen und andere Schwächeerscheinungen derart verseucht werden, dass eine gesunde und ertragverheissende Kultur oft zum voraus in Frage gestellt war.

Was ist ein Meristem? Meristeme sind die obersten Vegetationspunkte eines Sprosses, in denen die Zellteilung als Auslöser des Wachstums stattfindet. Ein Meristem ist also ein kleiner Zellhaufen an der äussersten Triebspitze, der noch nicht differenziert ist und demzufolge die Fähigkeit hat, sich vorerst durch quantitative Zellteilung massenhaft zu vermehren. Dieses Meristem wird unter sterilsten Bedingungen unter dem Mikroskop mittels Skalpell in einem Labor in der Grösse von 0,5 bis 1 mm herausgeschnitten und auf eine sterile Agar-Agar-Lösung mit Nähr- und Wuchsstoffen sowie Vitaminen aufgesetzt und in einem Brutkasten unter optimalen Wärme- und Lichtverhältnissen zur Zellteilung gebracht. Aus dem winzigen Zellhäufchen bil-

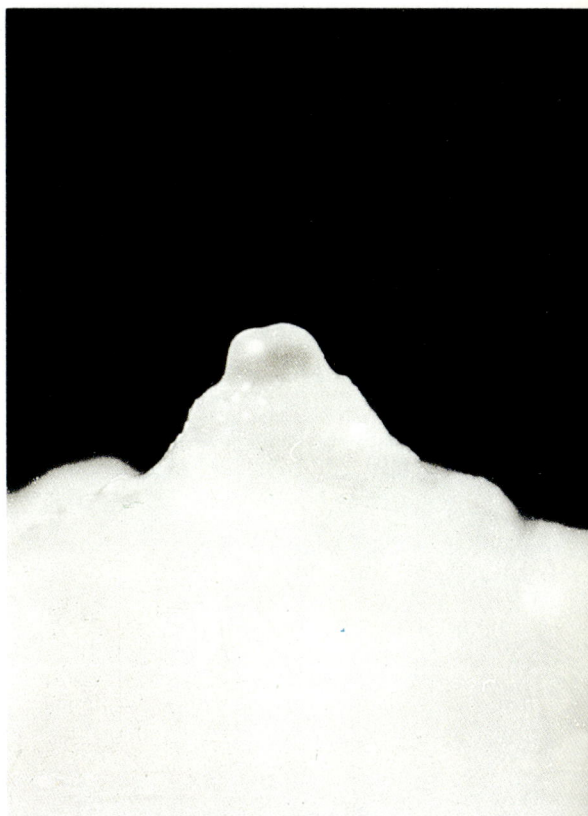

△ Triebspitze mit Meristem (Abb. 21)
▽ Gesunde Pflanze aus Gewebekultur (Abb. 22)

▽ Meristemzellgewebe (Pelargonium) (Abb. 20)

△ Saintpaulia aus Gewebekultur
▽ Saintpaulia aus Gewebekultur (Abb. 23 + 24)

△ Saintpaulia aus Gewebekultur (Abb. 25)
▽ Verkaufsfertige gesunde Jungpflanzen (Abb. 26)

den sich grössere Zellverbände, die aber noch keine Blättchen, Wurzeln, Oberhaut und Seitenknospen entwickelt haben. Durch Umsetzen auf ein anderes Agar-Nährmedium und durch gezielte Wuchs- oder Förderstoffe werden in der Folge Blättchen, Triebe und auch Wurzeln gebildet. Aus einem einzigen winzigen Meristem können sich innert Monaten Hunderte bis Tausende von gesunden und gleichförmigen Jungpflanzen entwickeln, wo sie als Mutterpflanzen als Ausgangsmaterial für Jungpflanzen Verwendung finden.

Wann spricht man von Gewebekultur? In der Fachliteratur gehen die Begriffe zum Teil weit auseinander. Allgemein wird als Gewebekultur eine etwas grössere Triebspitze als beim Meristem entnommen, deren untere Zellpartien bereits differenziert sind, das heisst, die Anlagen für Oberhaut, Blättchen und Blüten sind bereits vorhanden. Entnimmt man ein solches Gewebeteilchen in der Grösse von 1,5 bis 2 mm und legt dieses auf eine Agar-Nährstofflösung, so entwickelt sich sehr rasch ein einzelner Trieb, der als Ausgangsmaterial für gesunde Mutterpflanzen (Beispiel Geranien) verwendet wird. Bei der Gewebevermehrung können aber auch andere Pflanzenteile zur Massenvermehrung in vitro (unter Glas) herangezogen werden. Bei Saintpaulien werden beispielsweise vorbehandelte Blätter in quadratische Stücke von 1 cm² Grösse geschnitten und darauf in Petrischalen auf ein Nährmedium gelegt. Nach einigen Wochen bilden sich an den angeschnittenen Blatträndern Kallusgewebe und in der Folge eine Vielzahl von kleinen Adentivknospen. Sobald diese eine gewisse Grösse erreicht haben, werden die Blattstücke in 4 Teile geteilt und erneut in Petrischalen gelegt, wo wiederum Adventivknospen entwickelt werden. Nach weiteren Teilungen und «Umpflanzungen» gelangen die kleinen neuen Pflänzchen schliesslich in Plastikschalen und mit diesen zum Jungpflanzenproduzenten, der die Pflänzchen einzeln in Schalen mit Erdsubstrat pikiert, wo sie sich normal weiterentwickeln. Das Resultat beim Jungpflanzenempfänger: eine kürzere Kulturzeit dank freudigerem Wuchs, einheitliches Pflanzenmaterial und Sortenreinheit.

Warum sind Meristem- und Gewebekulturen gesund?
Durch vorausgegangene Wärmebehandlungen und strenge Selektion werden die sortentypischen Pflanzen mit all ihren positiven Eigenschaften auf möglichst gesundes Material vorbehandelt. Aus diesem Grunde sind Meristeme immer gesund und das daraus entstandene Pflanzenmaterial ebenfalls. Sorgen wir dafür, dass mittels der notwendigen Hygiene (siehe Seite 15) die aus Meristem- und Gewebekultur erzeugten Jungpflanzen auch gesund bleiben!

Biologischer Pflanzenschutz

Bio heisst Leben, logos bedeutet Gesetz oder Lehre, zusammenhängend also lebensgesetzlich. Mit dem biologischen Pflanzenschutz strebt man ein Gleichgewicht zwischen Schädlingen und Nützlingen an. Allgemein wird heute auch ein Pflanzenschutz ohne Einsatz von chemisch erzeugten, oft giftigen Stoffen, die an und in den Pflanzen unerwünschte Rückstände hinterlassen können, angestrebt. Gesünder leben ist die Devise, nachdem man jahrzehntelang mehr auf eine gesteigerte Produktion mit allen uns zur Verfügung stehenden Mitteln achtete.

Im Rahmen der Darstellung von Schadbildern und ihren Verursachern als tierische Schädlinge oder als Krankheiten im Bereich der Mykosen (Pilze), Bakteriosen und Virosen sollen auch die uns bis heute bekannten Nützlinge vorgestellt werden. Ihre Bedeutung besonders im Anbau von Konsumgütern, die der Ernährung dienen (Gemüse, Obst und Beeren), muss daher ebenfalls Erwähnung finden. Da auch die Forschung intensiv in die biologische Richtung arbeitet, kommen stets neue Erkenntnisse dazu. Dieses Thema kann daher nie abschliessend behandelt werden.

Vor allem muss auch die Gesamtheit aller das Wachstum hemmenden oder fördernden Faktoren wie geeignetes Klima, Standort, pH-Wert, Fruchtwechsel, Sortenwahl, bestmögliche Aussaat- und Pflanzzeit, Bewässerung und Düngung und anderes mit einbezogen werden. Diese Faktoren bilden die Grundlagen für ein gesundes Wachstum unter optimalen Bedingungen. Schädlinge und Krankheiten an Pflanzen sind meist auf einen Mangel oder Überschuss eines oder mehrerer Faktoren zurückzuführen. Der Einsatz von Pflanzenbehandlungsmitteln sollte sich demnach nur auf Notfälle (meist klimatisch bedingt) beschränken.

Nützlinge

Spinnen: Durch die kunstvoll gesponnenen Netze haben sich die Spinnen sinnreiche Einrichtungen geschaffen, Insekten zu fangen und zu verzehren. Man lasse die Spinnentiere im Garten ruhig gewähren; sie helfen uns, viele Schädlinge zu vernichten.

Raubmilben: Neben den schädlichen Milbenarten (Spinnmilben, Pockenmilben, Weichhautmilben, Kräuselmilben, Gallenmilben) gibt es auch Raubmilben, die spezialisiert sind, bestimmte Arten ihrer schädlichen Artgenossen aufzufressen. Die Raubmilbe *Phytoseiulus persimilis* wird heute in spezialisierten

△ Spinne im Netz (Abb. 27)
▽ Raubmilbe (gelborange) und Spinnmilbe (Abb. 28)

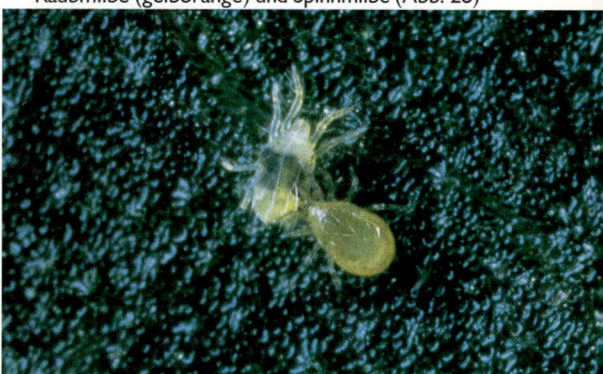

△ Amblyseius-Raubmilbe und Thrips (Abb. 28a)
▽ Florfliege (Abb. 29)

△ Florfliegeneier (Abb. 30)
▽ Florfliegenlarve (Abb. 31)

▽ Marienkäfer mit Larven (Abb. 32)

Betrieben massenweise vermehrt und besonders für den Einsatz im Gewächshaus bei Gurkenkulturen mit Spinnmilbenbefall in den Handel gebracht. Solange die Kulturpflanzen Spinnmilbenbefall aufweisen, kann sich auch die Raubmilbe ernähren und vermehren. Bei einer starken Reduktion des Spinnmilbenbefalls geht infolge Entzug der Ernährungsgrundlage auch der Bestand der Raubmilben zurück = biologisches Gleichgewicht. Bei starkem Spinnmilbenbefall vermehren sich auch die Raubmilben sehr rasch.

Die Raubmilbe *Amblyseius cucumeris* und weitere Arten werden efolgreich in verschiedenen Kulturen des Gemüse- und Zierpflanzenbaus im Gewächshaus gegen Thripsarten eingesetzt. Sie benötigt für eine gute Entwicklung eine relative Luftfeuchte von über 65 % und Temperaturen nicht unter 18 °C.

Eine weitere Raubmilbe, die *Hypoaspis miles,* ist eine noch wenig bekannte, bodenbewohnende Raubmilbe mit grosser Verbreitung. Sie wird im Gewächshaus gegen Trauermückenlarven und andere Bodenschädlinge eingesetzt. Die aktiven Raubmilben suchen bis in tiefere Bodenschichten nach dem Schädling. Leider ist diese Raubmilbe zurzeit in Deutschland noch nicht erhältlich.

Florfliegen: Besonders bemerkenswert an diesem Nützling sind die bis 3 cm langen, glasklaren und fein durchnetzten Flügel, die langen Fühler und die grossen, goldig glänzenden Augen. Sie legen ihre Eier auf die Blattunterseiten von verschiedenen Bäumen und Sträuchern. Je bis 20 Eier sitzen an dünnen langen Fäden beisammen. Die ausschlüpfenden Larven in der Grösse von 7 bis 8 mm Länge haben sich auf Blattläuse spezialisiert. Während ihres relativ kurzen Lebens von 18 bis 20 Tagen vertilgen sie je zwischen 200 bis 500 Blattläuse. Auch andere Schädlinge werden nicht verachtet.

Laufkäfer: In Europa gibt es mehrere hundert Arten dieser räuberischen Käfer, deren grösste bis 4 cm lang werden können. Im Juni legen die Weibchen insgesamt 20 bis 60 Eier in kleine Erdhöhlen oder in Laubhaufen ab. Die Larven fressen grosse Mengen an Raupen, Puppen und auch Schnecken sowie deren Eier im Boden. Gefördert werden sie durch Schaffung von geeigneten Schlupfwinkeln wie leere Töpfe, die mit Laub gefüllt sind und leicht eingegraben werden, und ähnliches.

Marienkäfer: Es gibt verschieden gefärbte Arten in der Grösse von 3 bis 8 mm. Sie legen auf die Blattunterseiten von verschiedenen Pflanzen Häufchen von je 10 bis 20 Eiern ab. Die Larven sind meist graublau gefärbt und weisen gelbe Punkte auf. Durch intensiven Frass von Blattläusen (500 bis 1 000 pro Larve) wachsen sie sehr rasch heran und werden in dieser Zeit zwischen 1,5 und 8 mm lang. Auch die Marienkäfer fressen munter weiter und können während eines Lebensalters inklusive Larvenstadium insgesamt bis zu 3000 Blattläuse verzehren! Sie überwintern als Käfer an geschützten Stellen und sind im Frühjahr die ersten, die in der freien Natur Gräser und Sträucher nach Blattläusen absuchen und hier ihre Eier ablegen.

Ein bereits bekannter Marienkäfer, der australische *Cryptolaemus montrouzieri,* kann sowohl im Gewächshaus wie auch bei der Innenraumbegrünung Einsatz finden. Die Raumtemperatur darf nur wenig unter 18 °C fallen, damit sich dieser Räuber der Woll- und Schmierläuse wohl fühlt. Neben dem adulten Käfer fressen auch die Larven eine Vielzahl dieser Schaderreger. Die Cryptolaemus-Larven sind wie die Wolläuse auch mit einer Wachsschicht bedeckt.

Lindorus lophantae, ein schwarzer Warmhaus-Marienkäfer, wird gegen alle Stadien der Deckelschildlaus eingesetzt. Der adulte Käfer frisst ein Loch in den Schild und frisst die Deckelschildläuse von innen auf. Die gelbe, behaarte Larve des Lindorus ist noch gefrässiger als der Käfer und ernährt sich vor allem von jüngeren Stadien dieses Schaderregers. Der adulte Käfer bevorzugt sowohl hohe wie auch tiefere relative Luftfeuchte, wogegen die Lindorus-Larve eher nur eine hohe Luftfeuchte liebt. Die Entwicklungszeit des Lindorus beträgt bei 25 °C etwa 4 Wochen.

Ohrwurm: Der Ohrwurm gilt zum Teil als Schädling, weil er vereinzelt an Wurzeln (Orchideen), in Früchten und zarten Triebteilen frisst. Anderseits ist bekannt, dass er grosse Mengen an Blattläusen und andere Kleininsekten verzehrt. Seine Aktivität ist auf die Nacht ausgerichtet, tagsüber sucht er geeignete Schlupfwinkel auf. Durch verkehrt aufgehängte Töpfe oder Feuerwehrschlauchteile, die mit lockerer Holzwolle gefüllt sind, lockt man den Ohrwurm an gefährdeten Bäumen an, wo er sich wohl fühlt und nützlich macht.

Schlupfwespen: Es gibt sehr unterschiedliche Arten, die sich je auf eine bestimmte Spezies von Schädlingen spezialisiert haben. Die wespenähnlichen Insekten sind zum Teil sehr klein (zirka 1 mm), andere wiederum bis einige Zentimeter gross. Typisch ist ihr langer Hinterleib mit dem Legestachel. Damit wird dem befallenen Schädling ein Ei in den Körper gelegt, das dort ausschlüpft. Die Larve frisst in der Folge den Schädling von innen her auf. Die Verpuppung geschieht ebenfalls im Schadinsekt, von wo aus die Wespe im Frühjahr wieder ausschlüpft und erneut Eier ablegt. Im Gartenbau ist die *Schlupfwespe Encarsia formosa* die wohl wertvollste, sie

△ Marienkäferlarven vertilgen Blattläuse (Abb. 33)
▽ Adulter Lindorus (Abb 33a)

△ Parasitierte Deckelschildlaus (Abb. 33b)
▽ Ohrwurm (Abb. 34)

△ Parasitierte Blattläuse (Abb. 35)
▽ Parasitierte Blattläuse (Abb. 36)

△ Parasitierte Kohlweisslingsraupe (Abb. 37)
▽ Parasitierte Larven der Weissen Fliege (Abb. 38 + 39) ▷

wird in Spezialbetrieben herangezogen und zur Bekämpfung der Weissen Fliege eingesetzt. Sie legt ihre Eier in die Larven der Weissen Fliege ab, die in der Folge schwarz werden und absterben. Andere Arten wiederum befallen die Raupen des Kohlweisslings oder andere Schädiger.

Eine Schlupfwespenart hat sich auf die San-José-Schildlaus spezialisiert. Im Obstbau hat man Beispiele angetroffen, wo bis zu 90 % der San-José-Schildläuse parasitiert waren. Der Schaden wird so in Grenzen gehalten.

Weitere Schlupfwespenarten können von Zuchtbetrieben bezogen werden:

- *Aphidius* werden erfolgreich gegen die grüne Gurken- und die Pfirsichblattlaus auch bei tieferen Temperaturen (12 bis 15 °C) eingesetzt. Eine Verbesserung des Befallsrückganges kann zusätzlich bei gleichzeitigem Einsatz von räuberischen Gallmücken erzielt werden.

- *Aphelinus abdominalis* eignet sich zur Bekämpfung der gestreiften Kartoffelblattlaus im Gewächshaus. Sie ist auch bei Temperaturen um 13 °C aktiv. Die Blattlaus wird durch die Schlupfwespe angestochen und ausgesaugt.

- *Dacnusa und Diglyphus* werden in der Regel zusammen gegen Minierfliegen im Gewächshaus eingesetzt. Die Dacnusa-Schlupfwespe legt ihre Eier in die Larve der Minierfliege, wogegen die Diglyphus die Minierfliege abtötet, um die Ernährung der Schlupfwespenlarve in der Mine sicherzustellen. Die Dacnusa bevorzugen eher Temperaturen unter 20 °C (10 bis 15 °C). Die Diglyphus setzt man eher bei über 20 °C, also z. B. in den Sommermonaten, ein.

- *Leptomastix dactylopii,* eine weitere Schlupfwespenart, die sehr flugtüchtig ist und bei geringer Wirtsdichte die Schmierlaus Planococcus parasitiert. Die Entwicklung erfolgt wie bei andern Schlupfwespen. Die Entwicklungsdauer ist etwa bei 35 °C. 12 Tage und bei 18 °C etwa 45 Tage, also gegenüber der Schmierlaus beträchtlich kürzer. Die Leptomastix-Schlupfwespe kann innerhalb von 14 Tagen 60 bis 100 Nachkommen produzieren.

△ Leptomastix sticht Wollaus an (Abb. 39a)
▽ Adulte Diglyphus (Abb. 39b)

△ Raubgallmückenlarven an Blattläusen (Abb. 44)
▽ Blindschleiche (Abb. 45)

Parasitierte Kommaschildläuse (Abb. 43)

Waldohreule (Abb. 46)

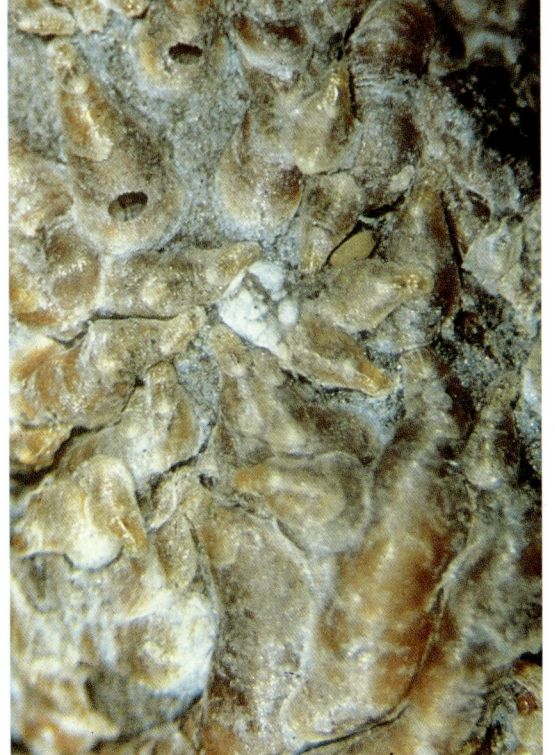

Parasitierte Blutläuse durch Blutlauszehrwespe (Abb. 40)

Blutlauszehrwespen: Blutläuse befallen an Apfelbäumen besonders die Rinden, wo sie Zellwucherungen verursachen. Durch ihre Wachs- und Wollabsonderungen ist eine Bekämpfung mit Insektiziden oft schwierig. Hier ist die Blutlauszehrwespe *Aphelinus mali* ein willkommener Helfer. Die aus Amerika stammende Wespe hat sich in Deutschland eingebürgert. Sie wird aber durch den Einsatz von Insektiziden stark reduziert.

Gallmücken: *Aphidoletes aphidimyza* ist eine etwa 2 mm grosse, räuberische Gallmücke. Nicht die adulte Mücke, sondern die Larve verzehrt eine grosse Anzahl von Blattläusen. Sie werden vorzugsweise mit Aphidius- und Aphelinus-Schlupfwespen bei Temperaturen über 18 °C und einer relativen Luftfeuchte von 70 bis 90 % in aufkommende Blattlauskolonien eingesetzt.

Schwebfliegen: Verschiedene Arten dieser wespenähnlichen Insekten werden 7 bis 15 mm gross. Sie legen ihre Eier meist in den Bereich von Blattlauskolonien ab, wo die Larven bis zu ihrer Verpuppung je 200 bis 900 Blattläuse vertilgen.

Raubwanzen: Ausser einer Vielfalt von etwa 800 verschiedenen pflanzenschädigenden Wanzenarten, die in Mitteleuropa leben, gibt es einige nützliche Arten, die sich von Pflanzenschädlingen ernähren. So ist die Sichelwanze auf Blattläuse und andere Insekten spezialisiert, während die Blumenwanzen von Blattläusen und Blattsaugern leben. Verschiedene Arten der Gattung *Orius* ernähren sich von Spinnmilben und Gallmückenlarven. Die Gattung *Anthocoris* hat sich auf die Eier der Blattsauger und auf Blattläuse spezialisiert. Von der Weichwanze *Pilophorus perplexus* ist bekannt, dass sie sich von Spinnmilben und Blattläusen ernährt. Das Stadium der verschiedenen Wanzenarten ist äusserst interessant. Es lohnt sich, die schädlichen von den nützlichen Arten unterscheiden zu können.

△ Schwebfliege (Abb. 41)
▽ Blattlaus + saugende Aphelinus (Abb. 41 a)

▽ Raubwanze, Orius (Abb. 42)

Entwicklungskreislauf der Gallmücke

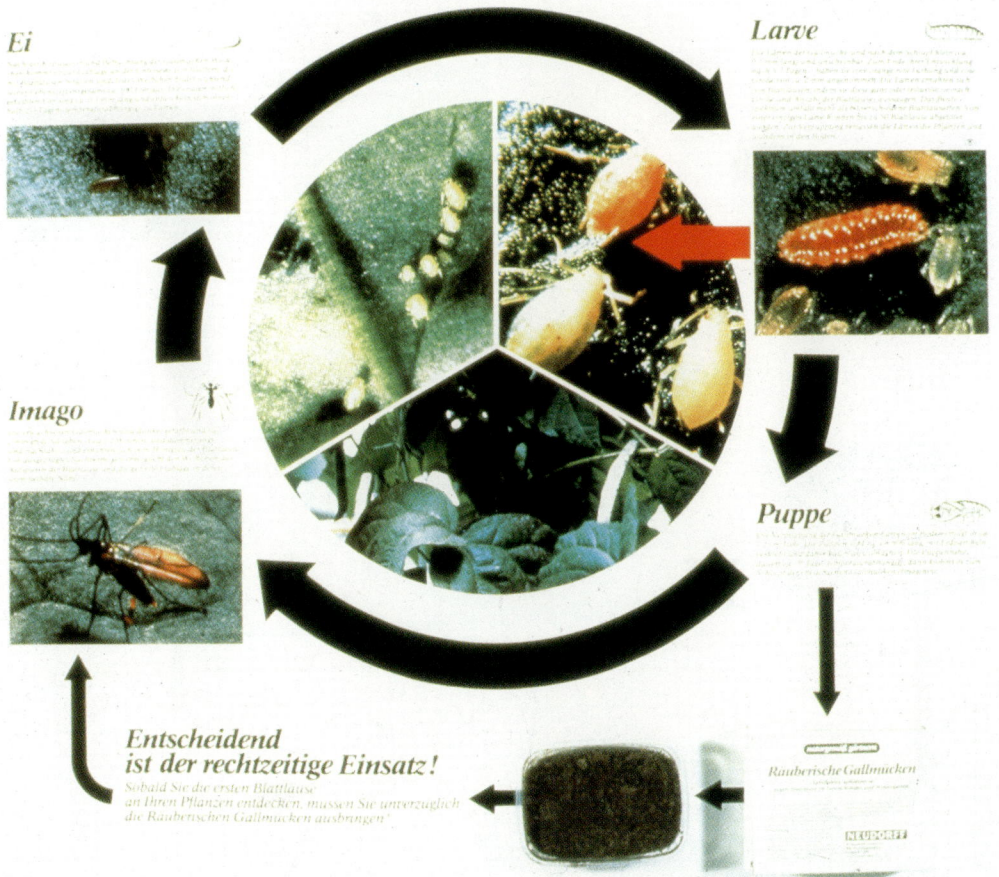

Biologie und Anwendung der

Räub. Gallmücke (Aphidoletes aphidimyza)

gegen Blattläuse im Gewächshaus
und im Wintergarten

(Abb. 42 a)

Entwicklungskreislauf der Florfliege

Biologie und Anwendung der

Florfliege (Chrysopa carnea)

gegen Blattläuse und andere weichhäutige Insekten im Freiland
und im Gewächshaus

Puppe

Imago

Larve

Ei

**Entscheidend
ist der rechtzeitige Einsatz!**

Sobald Sie die ersten Blattläuse
an Ihren Pflanzen entdecken, müssen Sie unverzüglich
die Florfliegen ausbringen.

(Abb. 42 b)

Entwicklungskreislauf der Schlupfwespe

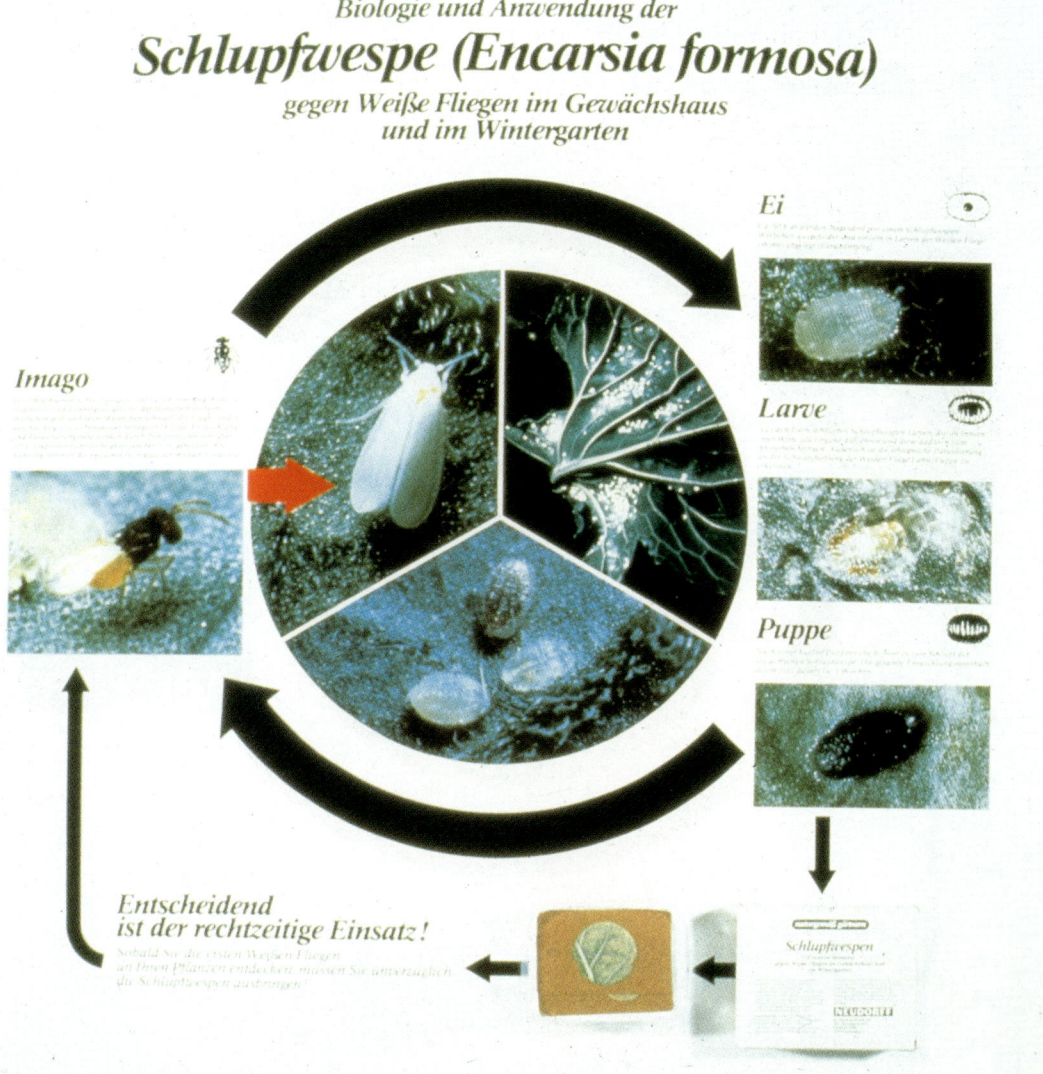

(Abb. 42c)

Entwicklungskreislauf der Raubmilbe

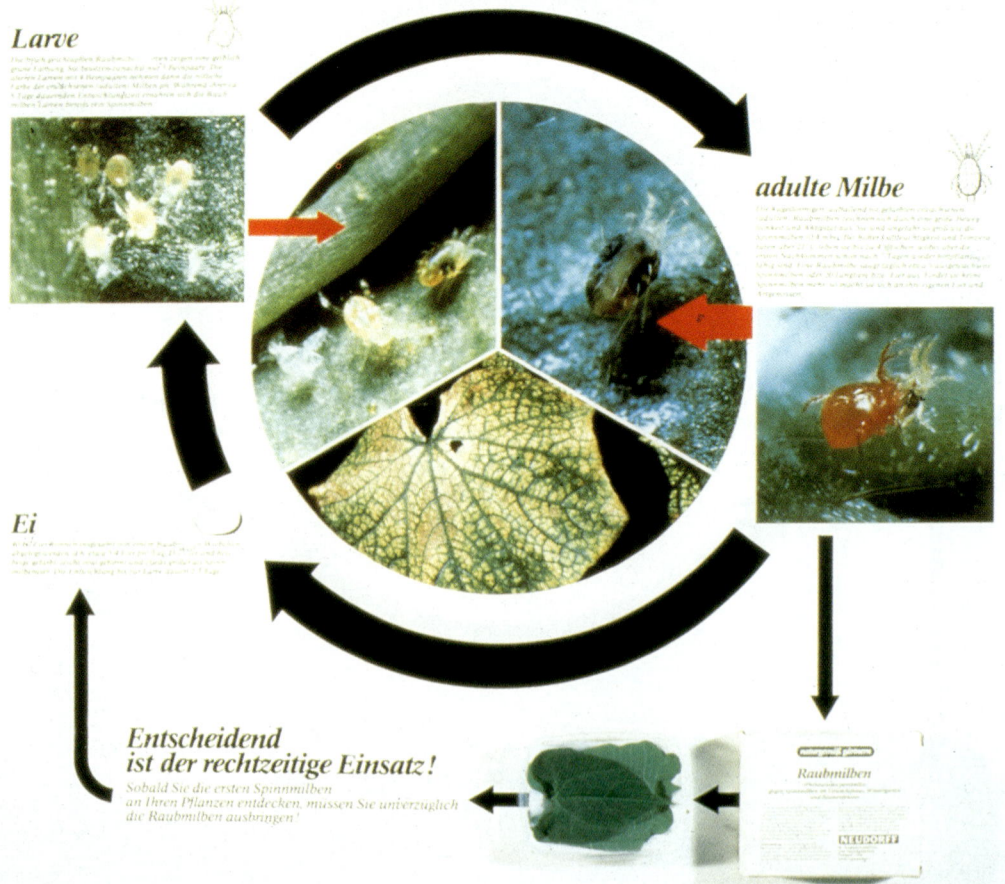

Biologie und Anwendung der
Raubmilbe (Phytoseiulus persimilis)
gegen Spinnmilben im Gewächshaus, Wintergarten
und im Blumenfenster

(Abb. 42 d)

Blindschleichen: Die zu den Echsen gehörende fusslose, 50 cm bis 1 m lang werdende Blindschleiche lebt tagsüber versteckt in feuchten Wiesen oder in locker aufgeschichteten Steinmauern, mit entsprechenden Hohlräumen (Trockenmauern) auch im Garten. Die Hauptnahrung sind Insekten, Nacktschnecken, Schneckeneier und auch Würmer. Durch Errichten von geeigneten Schlupfwinkeln kann sie heimisch gemacht werden.

Igel: Die Igel sind als Vertilger von Schnecken, Raupen, Puppen, aber auch von Mäusen und anderem sehr nützlich. Sie verbergen sich in Schlupfwinkeln wie Laubhaufen, Tannreisighaufen usw. Durch solche Anziehungspunkte kann man den Igel anlocken und heimisch machen.

Vögel: Verschiedene Vogelarten vertilgen eine Vielzahl von Schadinsekten und Wirbeltieren im Garten und in Feldkulturen, wie beispielsweise Frostspannerraupen, Gespinstmottenlarven, Kohlweisslingslarven an Gemüse und Obstanlagen, deren Bestand in der Folge stark reduziert wird. Gefördert werden diese nützlichen Vogelarten durch zahlreich angebrachte Nistkästen im Bereiche des Gartens oder der Obst- und Gemüsekulturen. In der freien Landschaft werden Sitzstangen von 2 bis 3 m Höhe für Greifvögel montiert. Mit ihren scharfen Augen können beispielsweise Mäusebussarde ein weites Feld gegen Feldmäuse kontrollieren. Dadurch konnte in den letzten Jahren die Mäuseplage vielerorts stark eingedämmt werden.

Andere lebende Organismen

Nematoden: Eingesetzte insektenparasitierende Nematoden *Heterorhabditis sp. und Steinernema* zeigen gute Erfolge gegen die Larven von Dickmaulrüsslerkäfern und besonders Trauermückenlarven, die in letzter Zeit grosse Schäden anrichten.

Nützliche Pilze: *Verticillium lecanii* zeigt bei richtiger Anwendung eine gute Wirkung gegen bestimmte Schädlinge (Läuse, Weisse Fliegen, Trauermücken usw.), sind in Deutschland aber nicht zugelassen.
Zur vorbeugenden Bekämpfung von Fusariumpilzen werden im Zierpflanzenbau Mycelien von *Streptomices griseoviridis* (Strahlenpilze) im Anfangsstadium der Kulturen (Gerbera, Cyclamen, Poinsettien usw.) eingesetzt. Das Pulver (Sporen) wird im Wasser aufgelöst und auf die Pflanzen gegossen oder gespritzt. In Praxisversuchen wurde festgestellt, dass behandelte Pflanzen einen geringeren Befall von Botrytis cinerea (Graufäule) aufgewiesen hatten. Ein Präparat, das Metarhizium anisophiae-Sporen

enthält, kommt besonders gut zur Wirkung, wenn es schon in das Pflanzsubstrat gemischt wird. Es schaltet die Larven der Dickmaulrüssler und der Wurzelbohrer aus. Das Präparat ist in Deutschland zugelassen, aber zurzeit noch nicht verfügbar.

Bakterienpräparate: *Bacillus thuringiensis* ist seit Jahren von verschiedenen Firmen im Handel (Seite 276). Es wird als Pulver angeboten und muss in Wasser aufgelöst und aufgespritzt werden. Besonders gegen die Raupen des Frostspanners, der Gespinstmotten, des Kohlweisslings, der Kartoffelkäferlarve, von Trauermückenlarven und anderer zeigt es

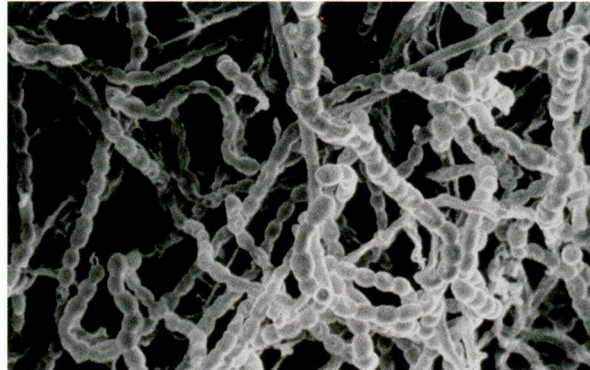

△ Mycelien von Streptomices (Abb. 46 a)
▽ Ohne und mit Streptomiceseinsatz (Abb. 46 b)

▽ Granulose Virus im Schalenwickler (Abb. 46 c)

△ Waldkauz mit Jungtier (Abb. 47)

△ Pinguicula mit Trauermücken
▽ (Abb. 48 + 49)

eine sichere Wirkung, ist geruchlos und hinterlässt keine giftigen Nachwirkungen.

Nützliche Viren: Granuloseviren gegen Apfelwickler ist eine weitere mikrobiologische Bekämpfungsmöglichkeit, die insbesondere im Obstbau Erfolge gebracht haben. Sie wirken äusserst selektiv, es werden keine nützlichen Organismen beeinträchtigt. Die Granuloseviren sind sehr temperaturtolerant. Es sind zwei Behandlungen vor der Blüte erforderlich.

Insektivoren

Aus dem grossen Sortiment der Pflanzeninsektivoren (fleischfressende Pflanzen) haben sich in einzelnen Gärtnereibetrieben einige grossblättrige *Pinguiculaarten* als sehr nützlich erwiesen. Besonders in Vermehrungshäusern, wo mit Trauermücken und ihren Larven gerechnet werden muss, oder in Erika- oder Azaleenkulturen, wo mit saurem Torf gearbeitet wird, fühlen sich diese Pinguiculaarten als teilweise Sumpfbewohner recht wohl. Die Fangerfolge gegen dieses Schadinsekt sind stets sichtbar, wenn sie auf den klebrigen Blättern haften bleiben und bald nur noch Beine und Flügelreste übrig sind.

Pflanzen gegen Krankheiten und Schädlinge

Tagetes als Rand-, Zwischenpflanzung oder als Gründüngung, die später eingepflügt wird, können Bodennematoden stark reduzieren. Besonders wirkungsvoll sind die niederen Sorten der *Tagetes-Patula-Hybriden*. Die Tagetespflanzen veranlassen durch ihre Wurzelausscheidungen die Nematoden zum frühen Schlüpfen ihrer Jungen. Da sich diese aber von den Tagetes nicht ernähren können, sondern durch den Geruch eher vertrieben werden, sterben sie ab. Gemäss französischen Versuchen konnten durch Anbau von Tagetes-Patula-Hybriden bis 90% weniger Nematoden im Boden nachgewiesen werden.

Ackerschachtelhalm als Brühe zeigt eine gute Wirkung gegen verschiedene Pilzkrankheiten.

Brennesseln als Jauche wird gegen Blattläuse und Spinnmilben eingesetzt.

Knoblauch als Zwischenpflanzung von Erdbeeren vertreibt Erdbeermilben, Blattläuse und hemmt auch Pilzkrankheiten.

Rainfarn. Die Brühe wird gegen Insekten, Erdraupen, Blatt- und Wurzelläuse eingesetzt.

Rhabarberbrühe aus Blättern und Blüten wird gegen Lauchmotten und Bohnenblattläuse empfohlen.

Wermutkraut und Blüten wirken gegen Ameisen, Raupen und Blattläuse.

Wurmfarn: Winterspritzung gegen Schild- und Blutläuse. Im Frühjahr bis Herbst auch gegen Blattläuse und Schnecken. Da diese obgenannten Pflanzenbrühen selten eine stark abtötende Wirkung auf Schädlinge und Krankheiten zeigen, sollten sie eher vorbeugend (zur Stärkung unserer Nutzpflanzen) und wiederholt angewendet werden.

Geruchslockstoffe

Pheromonfallen: Die Tatsache, dass viele Weibchen von fliegenden Insekten (Mücken, Fliegen, Käfer, Falter) die Männchen mit Sexualduftstoffen anlocken, hat man sich bei der Bekämpfung einiger Borkenkäferarten zunutze gemacht. Einige dieser Stoffe werden heute synthetisch hergestellt. Die Fallen sind so konstruiert, dass die Männchen wohl angelockt werden und eindringen können, der Austritt ist ihnen aber verwehrt. Periodisch werden die Käfer eingesammelt und vernichtet.

Gegen fliegende Insekten stellt man geeignete Gefässe (Flaschen, Büchsen und anderes) auf, die mit *süsslichsaurer Flüssigkeit* zu 30 bis 40 % gefüllt sind (Most, Essig und frische Hefe). Davon werden auch Wespen angelockt. Sie versuchen darin zu trinken, werden betäubt und fallen hinein, wo sie ertrinken.

Bierfallen: Im Bereiche, wo Schneckenfrass zu befürchten ist, helfen glattwandige Gefässe (Becher, Büchsen und anderes), die bodeneben in die Erde eingelassen sind. Diese werden zu 30 % mit Bier gefüllt. Der Geruch lockt die Schnecken an, und sie fallen hinein. Jeden Tag muss das Bier gewechselt werden.

Apfel- und Kartoffelschalen gegen Schnecken: Wenn man gefährdete Pflanzen (Salat, Tagetes, Salvia, Zinnia usw.) ohne chemischen Einsatz schützen will, legt man etwas abseits dieser Pflanzen einige Häufchen mit frischgeschnittenen Apfel- oder Kartoffelschalen. Auch Melonenschalen leisten gute Dienste. Durch den Geruch werden die Schnecken angezogen beziehungsweise von den gefährdeten Pflanzen abgelenkt, wo sie laufend eingesammelt und vernichtet werden können. Durch diese «List» gelingt es uns vor allem im biologisch bewirtschafteten Hausgarten, den Schädling unter Kontrolle zu halten.

Kartoffeln gegen Drahtwürmer: Gräbt man halbierte Kartoffeln mit der Schnittfläche nach unten

△ Tageteszwischenpflanzung gegen Nematoden (Abb. 50)
▽ Kräuterjauche gegen Schädlinge (Abb. 51)

△ Borkenkäferfalle (Abb. 52)
▽ Sägewespenfalle (Abb. 53)

etwa 3 bis 5 cm tief in den mit Drahtwürmern verseuchten Boden ein, lockt der Kartoffelgeruch die Drahtwürmer an. Sie bohren sich durch Frassgänge in die Kartoffeln ein und können bei periodischen Kontrollen (Holzstäbe in die Kartoffeln stecken) entfernt und vernichtet werden.

Optische Lockfallen

Gelbe Klebefolie: Im Gewächshaus zeitigen diese gelben Folien (Lockfarbe), die mit einem Klebestoff beschichtet sind, gegen Trauermücken, Weisse Fliegen, Minierfliegen und andere sehr gute Erfolge.

Weisse Sägewespenfallen: Die von der Eidgenössischen Forschungsanstalt Wädenswil entwickelten Fallen «Rebell» zeigen nicht nur im Obstbau, sondern auch bei gefährdeten Himbeeren sehr gute Erfolge. Bereits nach wenigen Tagen bis Wochen sind die Fallen vollbesät mit diesen spezifisch angelockten *Apfelsägewespen Hoplocampa testudinea,* den *Pflaumensägewespen Hoplocampa flava* und *H. minuta* sowie vor allem Stechmücken, Fliegen und anderen Insekten. Nützlinge haben sich praktisch keine darin verirrt. Beste Auslegezeit: 1 Woche vor dem Blütebeginn.

Gelbe Fruchtfliegenfallen: Auch die gelben Fallen «Rebell» sind nach dem gleichen Prinzip entwickelt wie die weissen. Ihre Einsatzzeit ist ab Ende Mai. Je nach Baumgrösse nimmt man 2 bis 10 Fallen. Damit kann man eine ausreichende Befallsminderung erzielen. Auch hier werden neben den spezifischen Fruchtfliegen noch eine Reihe weiterer Schadinsekten angelockt.

Weitere dieser «Rebell»-Lockfallen sind erhältlich:
– Blaufallen gegen Thripse
– Rotfallen gegen Holzbohrer
– Orangefallen gegen Möhrenfliegen.

Diese verschiedenen «Rebell»-Lockfallen haben aber für den Produzenten eine weitere gute Anwendungsmöglichkeit: Sie werden seit Jahren im Obstbau zur Befallserhebung der Schaderreger verwendet. Ist eine gewisse Menge der Schaderreger auf der Falle, wird eine Behandlung empfohlen. Diese Erkenntnisse könnten auch auf anderen Anwendungsgebieten zum Einsatz kommen.

Bretter gegen Asseln und Schnecken: Gewissermassen zu den optischen Lockfallen gehört auch das Auslegen von Brettern, alten Säcken oder dergleichen. Da diese lichtscheuen Tiere gerne feuchte und dunkle Stellen aufsuchen, können die Bretter gewendet und eine Vielzahl von Schädigern eingesammelt werden. Auch kochendheisses Wasser hilft beim Abtöten der Tiere. B. F./M. B.

Das Pflanzenschutzgesetz

Den Schutz der Kulturpflanzen regelt das Pflanzenschutzgesetz vom 15. September 1986; eine Nollierung steht bevor. Es soll auch die Gefahren abwenden, die durch die Anwendung von Pflanzenschutzmitteln oder -massnahmen für die Gesundheit von Mensch und Tier sowie für den Naturhaushalt entstehen können. Dies soll durch die Verpflichtung auf den **Integrierten Pflanzenschutz** geschehen, der biologische, biotechnische, pflanzenzüchterische und kulturtechnische Massnahmen bevorzugt.

Pflanzenschutzmittel dürfen nur nach **guter fachlicher Praxis** angewendet werden. Wichtig ist, dass der Einsatz nur dann erfolgen soll, wenn er notwendig ist, und dass die Gebrauchsanleitung befolgt wird. Ausserdem wird hier festgelegt, dass der Anwender eine ausreichende Ausbildung haben muss, die er durch Fort- und Weiterbildung ergänzt. Auch die Massnahmen zum Schutz des Anwenders gehören dazu. Auf den **Schutz der Hände beim Ansetzen der Spritzflüssigkeiten** ist besonders zu achten (70–90 % der Gesamtbelastung). Beim Ausbringen von Pflanzenschutzmitteln in geschlossenen Räumen ist besonders auf geeignete Schutzkleidung zu achten. Wer Pflanzenschutzmittel in seinem Betrieb oder für andere anwendet, muss die erforderliche Zuverlässigkeit und die **fachlichen Kenntnisse** haben. Falls er diese nicht im Rahmen einer Berufsausbildung erworben hat, kann verlangt werden, dass er eine Prüfung ablegt (Pflanzenschutz-Sachkundeverordnung). Wenn ein Anwender wiederholt die Bestimmungen missachtet, kann ihm das Ausbringen von Pflanzenschutzmitteln verboten werden.

In der Bundesrepublik Deutschland dürfen Pflanzenschutzmittel nur vertrieben werden (anbieten, verkaufen oder abgeben), wenn sie von der Biologischen Bundesanstalt zugelassen worden sind. Die **Zulassung** wird nur erteilt, wenn das Pflanzenschutzmittel hinreichend wirksam ist und bei bestimmungsgemässer Anwendung keine unvertretbaren schädlichen Auswirkungen auf die Gesundheit von Mensch und Tier, das Grundwasser und den Naturhaushalt entstehen. Bei der Zulassung wirken das Bundesgesundheitsamt und das Umweltbundesamt mit. Die Biologische Bundesanstalt legt die Gebrauchsanleitung fest, um schädliche Auswirkungen zu verringern, darüber hinaus können auch bestimmte Anwendungsbestimmungen erlassen werden oder der Gebrauch der Mittel eingeschränkt werden (z.B. Ausbringungsverbot in Wasserschutzgebieten). Dabei werden die Präparate auch nach dem Chemikaliengesetz eingestuft. Der besondere Schutz gilt dem Anwender (Festlegung von Schutzkleidung), dem

Konsumenten (Höchstmengen der zur Erntezeit noch erlaubten Pflanzenschutzmittelrückstände), aber auch dem Naturhaushalt (Bienenschutz, Nützlingsschonung, Abbauverhalten, Einwirkung auf das Bodenleben). Die Anwendung einer Reihe von Wirkstoffen ist verboten (Pflanzenschutz-Anwendungsverordnung)!

Das Ausbringen von Pflanzenschutzmitteln in der **freien Landschaft** ist nur erlaubt, wenn die Fläche landwirtschaftlich oder gärtnerisch genutzt wird. Ausnahmen kann die zuständige Naturschutzbehörde genehmigen.

Die Zulassung erfolgt immer für bestimmte **Indikationen** (Schaderreger/behandelte Kultur). Der Einsatz ausserhalb dieser Indikation ist nach dem derzeit gültigen Pflanzenschutzgesetz nicht verboten, jedoch fällt dann die Produkthaftung (Wirkung, Verträglichkeit) von der Vertreiberfirma weg, er geschieht also immer auf eigene Verantwortung (wird im Zierpflanzenbau zuweilen praktiziert). Bringt man aber Erntegut (insbesondere Obst und Gemüse) in den Verkehr, das die erlaubte Höchstmenge von Pflanzenschutzmitteln oder Abbauprodukten überschreitet, macht man sich strafbar (Höchstmengenverordnung). Die Kontrolle und Bestimmung der Rückstände im Erntegut ist für den Anbauer praktisch nicht durchführbar. So ist er gezwungen, sich an die geprüften und zugelassenen Indikationen zu halten, da ihm hier bei Einhaltung der Gebrauchsanleitung auch die Einhaltung der Höchstmengenverordnung garantiert wird. Verliert ein Pflanzenschutzmittel durch Zeitablauf die Zulassung und erhält kein Anwendungsverbot, so ist ein Aufbrauchen des Präparates noch möglich.

Mit Verabschiedung des «neuen» Pflanzenschutzgesetzes ist die Indikationszulassung festgeschrieben, d.h., ein Pflanzenschutzmittel darf nur noch in den Indikationen angewendet werden, die in der Gebrauchsanweisung enthalten sind.

Pflanzenschutzmittel dürfen im Einzelhandel nur von sachkundigen Verkäufern abgegeben werden. Die Präparate müssen unter Verschluss gehalten werden, so dass eine Selbstbedienung nicht möglich ist.

Chemikaliengesetz – Gefahrstoffverordnung

Das **Chemikaliengesetz** vom 14. März 1990 soll die Gefahr von Krankheiten und Unfällen durch chemische Stoffe im Privatleben und am Arbeitsplatz, aber auch die Schädigung der Umwelt so weit wie möglich beseitigen oder zumindest eindämmen. Grundlage dazu ist die Anmeldung aller Stoffe und Zubereitungen, die in den Verkehr gebracht werden, bei der Bundesanstalt für Arbeitsschutz (BAU) und ihre Einstufung und Kennzeichnung nach der

Gefährlichkeit auf der Verpackung. Während die Stoffe nur chemische Elemente oder Verbindungen sind, versteht man unter Zubereitungen Mischungen oder Lösungen von Stoffen, also auch Pflanzenschutzmittel.

Verordnung über gefährliche Stoffe

Die Verordnung über gefährliche Stoffe wurde am 26. Oktober 1993 in Kraft gesetzt und regelt den Umgang mit gefährlichen Stoffen und Zubereitungen. Bestimmungen zum Verkauf, der Lagerung und der Beseitigung von Gefahrstoffen sind hier zusammengefasst. Pflanzenschutzmittel müssen in verschlossenen, gekennzeichneten und belüfteten Schränken oder Räumen gelagert werden, so dass sie weder die menschliche Gesundheit noch die Umwelt gefährden können. Die Behältnisse dürfen nicht denen von Lebensmitteln ähneln.

Es wird gefordert, dass Gefahrstoffe nur von Personen, die Sachkenntnis haben, in Verkehr gebracht werden dürfen. Sie müssen eine Prüfung darüber abgelegt haben. Über die Abgabe von sehr giftigen und giftigen Präparaten muss der Einzelhändler Aufzeichnungen führen, die vom Erwerber zu quittieren sind. Die Einstufung und Kennzeichnung von Wirkstoffen der Schädlingsbekämpfungsmittel wird in Anhang I geregelt. Dabei spielt hauptsächlich die **akute Toxizität**, angegeben als LD_{50} (Dosis, bei der 50 % der Versuchstiere sterben) oder LC_{50} (Konzentration, bei der 50 % der Versuchstiere sterben), eine Rolle. Dabei wird noch die Aufnahmeform unterschieden, und zwar als oral (durch den Mund und

Darm), dermal (über die Haut) und inhalativ (über Mund und Lunge).

Einstufung von Pflanzenschutzmitteln

Akute Toxizität bei der Ratte als LD_{50} in mg/kg Körpergewicht oder als LC_{50} (letale Konzentration) in mg/l/4 Stunden.

Form der Mittel	fest	flüssig	gasförmig
Sehr giftig T+			
LD_{50} oral	bis 5	bis 25	
LD_{50} dermal	bis 10	bis 50	
LC_{50} inhalativ			bis 0,5
Giftig T			
LD_{50} oral	5–50	25–200	
LD_{50} dermal	10–100	50–400	
LC_{50} inhalativ			0,5–2
Mindergiftig Xn			
LD_{50} oral	50–200	200–2000	
LD_{50} dermal	100–1000	400–4000	
LC_{50} inhalativ			2–20

Reizend Xi

Stoffe, die nach Kontakt die Haut, Augen oder Atmungsorgane nachhaltig entzünden oder reizen, auch wenn sie nach einer bestimmten Zeit entfernt wurden.

Gefahrensymbole und Gefahrenbezeichnungen

(Schwarzer Aufdruck auf orangegelbem Grund)

T+	T	Xn	Xi

Sehr giftig	Giftig	Mindergiftig	Reizend

△ Vorbildlicher Selbstschutz (Abb. 54)

Applikationsmethoden

Behandlungsarten

Bei den Behandlungsarten unterscheiden wir zwischen

a) *Pflanzenschutzmitteln, die Trägerflüssigkeiten zum Ausbringen benötigen wie:*
   Spritzmittel und Wasser, Spritzpulver und Wasser, Giessmittel und Wasser
   und

b) *Pflanzenschutzmitteln, die in ausbringbarer Form in den Handel gebracht werden:*
   Stäubemittel, Streu- oder Ködermittel, Räucher- oder Verdampfungsmittel, Beizmittel und Aerosole.

Die Erfahrung in den letzten Jahren hat gezeigt, dass beim Einsatz von Behandlungsmitteln mit Trägerflüssigkeiten (Wasser usw.) auch im Zierpflanzenbau vermehrt nicht nur die herkömmlichen Methoden mit normalen Motor- oder Elektrospritzen (grossvolumiges Spritzverfahren, High Volume = HV) zur Anwendung kommen, sondern auch die Verfahren mit reduzierter Trägerflüssigkeit (Low Volume = LV). Werden beim HV-Verfahren über 400 l/ha ausgebracht, so sind es beim LV-Verfahren noch 5 bis 400 l/ha Brühmenge. Man benötigt dabei Angaben über Flächen und Volumen der zu behandelnden Kulturen und über Spezialgeräte, um die hochkonzentrierte Sprühbrühe zu vernebeln. Am häufigsten wird die Mittelgruppe mit Trägerflüssigkeit eingesetzt. Bei der Spritzherstellung unterscheiden wir:

– **Suspension** als pulverförmige Erzeugnisse; die Substanzen sind nicht wasserlöslich und schweben als Staubteilchen im Trägerstoff. Wird die Brühe nicht in Bewegung gehalten, sinkt die Substanz ab und bildet am Boden einen Satz.

– **Emulsion** ist eine ölige Flüssigkeit, nicht wasserlöslich, und sie schwebt frei als winzige Tröpfchen im Trägerstoff. Die Brühe wird meist milchig, sie kann über mehrere Stunden ohne Bewegung im Wasser schweben; steht sie über Tage, steigt die Emulsion an die Wasseroberfläche (Rahm bei Milch).
Zur besseren Haft- und Netzfähigkeit werden vor allem für Suspensionen Zusatzstoffe verwendet. Die Spritzbrühe wird dadurch verbessert (Regenbeständigkeit) und sinkt im Tank nicht so rasch ab.
Nachfolgend werden die wichtigsten Handelsformen für die Anwendung umschrieben.

Das Spritzen

Beim **Spritzen** werden sowohl Emulsionen wie Suspensionen verwendet. Als herkömmliche Methode wird Wasser als billiger Trägerstoff zum Ausbringen des Wirkstoffes eingesetzt.
Das Behandlungsmittel kann damit auch sehr gut mit allen Pflanzenteilen in Kontakt gebracht werden. Die Verwehungsgefahr bei niederem Druck unter 5 bar ist klein. Als Nachteile sind anzugeben: der relativ grosse Wassertransport, die Verwehungsgefahr bei feinen Düsen (unter 0,8 mm) und Hochdruckspritzen wegen der Nachbarkulturen (Unkrautvertilger usw.). Es wird als vorbeugende und bekämpfende Massnahme gespritzt. Wenn möglich auf trockene bis taufeuchte Pflanzenteile, am frühen Vormittag und gegen Abend, vor oder nach der grössten Tageshitze, solange die Spritzbrühe noch rasch antrocknen kann. Die Spritzbrühe sollte wenn möglich gleichentags ausgebracht werden, um zu vermeiden, dass sich der Wirkstoff im Wasser abbauen kann. Suspensionen müssen nach jedem Spritzunterbruch aufgerührt werden, da die Substanz im Wasser absinkt. Das Spritzen kann auf alle Wirkungsarten, wie Fungizide, Insektizide, Akarizide, Herbizide usw., und bei allen oberirdischen Pflanzenteilen angewendet werden.

△ Spritzen mit Doppelsprühdüsen (Abb. 55)

△ Wirkung des Heissnebelgerätes (Abb. 56)
▽ Räuchern in Salatkulturen (Abb. 57)

Das Behandeln von trockenstehenden Pflanzen bei grosser Hitze über 25 bis 28 °C und bei tiefen Temperaturen unter 6 bis 8 °C wird nicht empfohlen. Einerseits verdampft die Brühe bei hohen Temperaturen, anderseits sind bei tiefen Temperaturen die Schädlinge träge, die Assimilation und Aufnahme ist schwach, die Brühe trocknet schlecht an, und somit besteht erhöhter Pilzbefall usw. Wegen Verdünnung der Spritzbrühe wird eine Behandlung auf regennasse Pflanzen nicht empfohlen.

Häufige Fehler, die vom Anwender gemacht werden und die die Wirksamkeit der Pflanzenschutzmittel mindert oder sogar verhindert, sind:
– *Behandlungen im Gewächshaus bei zu hohen Temperaturen* (oder zu tiefen)
– *Ausbringen von zuwenig Spritzbrühe bei krautigen oder behaarten Pflanzen,* dies fördert die Resistenzprobleme
– *Nichteinhalten der Spritzintervalle bei hartnäckigen Schädlingen*
– *Nichtabwechseln des Wirkstoffes nach erfolgten Spritzintervallen eines Pflanzenbehandlungsmittels.*
Das Spritzen ist die am meisten verbreitete Pflanzenschutzmassnahme, es werden manchmal auch Blattdünger oder Blattreinigungsmittel den Spritzbrühen beigemischt.

Das Nebeln

wird nur im Zierpflanzenbau angewendet. Es ist eine schnelle und einfache Ausbringmethode. Sie bringt einen geringen Wassertransport mit kleiner Brühmenge mit sich, somit ist hochkonzentrierter Sprühnebel die Folge. Es besteht nur eine schwache Verbrennungsgefahr der Pflanzenteile, da der Wirkstoff auf dem Blatt nicht zusammenfliessen kann. Der biologische Abbau der Rückstände auf den Blättern wird begünstigt. Die Luftfeuchtigkeit wird, da nur kleine Brühmenge, nicht unnötig erhöht, dies ist vor allem im Herbst und im Winter wichtig. Es entsteht keine Spritzfleckenbildung. Dank geringen Aufwandmengen werden gegenüber dem Spritzverfahren sowohl der Boden und das Grundwasser besser geschützt. Die Anwendung ist nur im geschlossenen Gewächshaus möglich. Bei richtigem Einsatz von Selbstschutz- und Schutzmassnahmen entsteht keine höhere Gefährdung für den Ausbringer; das Gesundheitsrisiko kann sogar verringert werden, weil die Arbeitszeit mit giftigen Stoffen stark reduziert wird. Bei der Anwendung im Nebelverfahren werden vielfach zur besseren Wirkung, grösseren Wurfweite und zu längeren Schwebefähigkeiten des Nebels sogenannte Nebelzusatzstoffe eingesetzt. Nach angewandtem Verfahren sollten die Räume während mindestens einer Stunde geschlossen bleiben und vor dem Eintreten gut durchlüftet werden.

Bei der Nebelmethode werden grundsätzlich 2 Arten unterschieden:

– **Heissnebel.** Bei ihm bleibt der Nebel viel länger im Raum, bevor er absinkt. Die Verteilung ist gut, und es wird jeder Winkel im Gewächshaus erreicht.

– **Kaltnebel.** Mit ihm können auch nur kleine Teile oder einzelne Kulturen im Gewächshaus besprüht werden. Kaltnebel sinkt innerhalb von Minuten ab, und die Tröpfchengrösse und Menge kann je nach Gerät eingestellt werden. Die Wirkung auf die Pflanze mit Kaltnebel kommt dem von Aerosolen gleich. Für den Einsatz von Pflanzenbehandlungsmitteln mit Nebelgeräten (Pulsfog, Swingfog, Colfogger usw.) bestehen spezielle Mittelzubereitungstabellen. Die Behandlung erfolgt nach Pflanzenvolumen und Flächenangaben.

Das Giessen

als einfache Ausbringmethode kommt meistens nur in kleinem Umfang in den Betrieben zur Anwendung. Vor allem zur örtlichen Behandlung von diversen Schädigern, zum Beispiel zur Desinfektion von Saatschalen, Anzuchten, Stellagen und eventuell bei Bodenschädlingen. Man benötigt keine speziellen Geräte. Nachteilig wirken sich der grosse Wassertransport, der Wasserverbrauch (Luftfeuchte) und der hohe Arbeitsaufwand aus. Das Giessen wird zum Behandeln von Bodenpilzen und -schädlingen sowie beim Einsatz von Wachstumsreglern angewendet. Die Applikationsmethoden ohne zusätzlichen Trägerstoff sind meistens einfach auszubringen.

Das Streuen

erfolgt rasch, mit Streugerät oder auch direkt aus der Packung. Die Körnung der Mittel ist dem Schädiger angepasst – Granulat- bis Köderform (Schnecken). Die Streubehandlung erfolgt vielfach gegen Schnecken, Werren, Unkraut, tierische Schädlinge und zur Bodendesinfektion.

Das Stäuben

wird spezifisch und bei wenigen Kulturen erfolgreich angewendet. Es können keine Konzentrationsfehler entstehen, und Pflanzenteile sind somit besser gegen Beschädigungen geschützt. Der Einsatz bei grosser Bodenfeuchte, nach Hagelschäden und im Überwinterungsraum wird als grosser Vorteil gewertet. Ungeeignet ist die Anwendung bei Wind oder vor Regen. Im Hausgarten sollten dem Einsatz solcher Mittel gegenüber Spritzmitteln vermehrt der Vorzug gegeben werden, da diese einfacher auszubringen und weniger giftig sind.

Beim Räuchern

sind keine Geräte notwendig. Es wird mit geringem Aufwand und meist am Abend ausgeführt. Es kann nur in geschlossenen Räumen eingesetzt werden. Die Pflanzenteile müssen oberirdisch trocken sein und bleiben (Taubildung vermeiden).
Wie bei den letzten 2 Behandlungsarten wird keine unerwünschte Feuchtigkeit im Erdreich und in Räumen ausgebracht. Räuchermittel sind als Fungizide und Insektizide im Handel, sie sind aber stärker giftig und in die Giftklassen 2 bis 4 eingeteilt. Achtung: Keine Nachtabsenkung wegen Niederschlag und keine hohen Temperaturen!

Das Verdampfen

erfolgt mit speziellen Geräten, wird einfach ausgeführt und kann nur in geschlossenen Räumen nach Arbeitsschluss eingesetzt werden. Bekannt sind Schwefelverdampfer gegen Echten Mehltau, zudem weisen sie eine gute Nebenwirkung gegen Spinnmilben auf. Weitere Erzeugnisse sind weniger bekannt. Vor- und Nachteile sonst wie beim Räuchern.

Das Sprühen mit Aerosolen

kommt im Zierpflanzenbau nur zur örtlichen Bekämpfung von Schädlingen in Frage. Vermehrt eingesetzt wird es in Haus und Garten, da die Methode einfach und gezielt ausgebracht werden kann. Die gebrauchsfertige Sprühdose ist nicht billig und kann je nach Produkt durch noch nicht verbotene Treibgase die Umweltschäden fördern (Ozon). Schutzmassnahmen sind unumgänglich beim Einsatz und nur mit Spezialfiltern inklusive Vollmaske (Augen) zu empfehlen.

Das Beizen

als Anwendungsmethode wird zum Teil nur noch in Haus und Garten bei Gemüsesamen usw. oder im Grossen in Spezialbetrieben benötigt. Es entsteht praktisch kein Präparatsverlust, die Wirkstoffmenge ist gering, das behandelte Saatgut ist aber nur bedingt lagerfähig, bei der Nassbeize nur kurzfristig.
Diese verschiedenen Applikationsmethoden werden je nach Betriebsart regelmässig eingesetzt, weitere Anwendungsarten sind möglich, aber selten und demzufolge hier nicht aufgeführt.
Auch bei Blumenzwiebeln und -knollen, die für Pilz und Thripsbefall gefährdet sind, kann die Nassbeize vorbeugend mit Erfolg eingesetzt werden. B. F.

Behandlungsgeräte

Wir stellen fest, dass bei den Anwendungsmethoden eine Einteilung der Pflanzenschutzmittel, die mit oder ohne Trägerstoff (Wasser) ausgebracht werden, auch bei den verschiedenen Geräten zutrifft. Das heisst, dass grundsätzlich dort, wo beispielsweise Wasser für eine Spritzbrühe benötigt wird, die Ausbringgeräte oder Apparate grössere Dimensionen aufweisen, aufwendiger und meist auch teurer sind. Es gibt aber auch einfache und kostengünstige Handgeräte, die im Kleineinsatz gute Dienste leisten zum Ausbringen von Spritzbrühen und Pulver.

Die Handzerstäuber

mit maximal ½ bis 1 Liter Inhalt, aus Kunststoff oder andern Materialien und verstellbaren Einzelsprühdüsen. Sie eignen sich für kleine Pflanzenpartien, bei Versuchen und vor allem in Haus und Garten.

Die Kolbenspritzen

mit 1 bis 1½ Liter Inhalt erfüllen den ähnlichen Zweck wie erstgenannte.

Die Druckspeichergeräte

aus Kunststoff und andern korrosionsbeständigen Materialien sind in Grössen von 1 bis 10 Litern Inhalt und zirka 3 bis 6 bar Druck konzipiert. Sie sind vielseitig anwendbar, werden aber im Zierpflanzenbau nur wenig eingesetzt, da sie etwas unhandlich in der Bedienung sind.

Die Rückenspritzen mit Inhalt von 10 bis 20 Litern sind die am meisten verwendeten Kleingeräte im Zierpflanzenbau. Sie werden vor allem in Messing oder Kunststoffausführung angeboten. Die Bedienung ist relativ einfach, der Spritzdruck schwankt durch die einfache Handbedienung. Eine Rückenspritze mit Benzinmotor hilft wenn nötig die Druckunausgeglichenheit zu beheben. Sie werden vor allem im Kleineinsatz häufig verwendet, sei es zur Blattdüngung, Wuchshemmstoffbehandlung, Unkrautbekämpfung, wobei empfohlen wird, für die Unkrautbekämpfung eine separate Rückenspritze einzusetzen, da so Hormonschäden durch schlecht gereinigte Geräte vermieden werden können.

Motor- und Elektrospritzen

werden zu den Grossgeräten im Pflanzenschutzeinsatz gezählt. Die kleinsten mit 50 und die grössten mit bis 500 Litern Tankinhalt werden je nach Betriebsart eingesetzt. Motorspritzen sind gegenüber elektrifizierten (kein Anschlusskabel) beweglicher, dafür aber auch schwerer, was umständlich ist in Betrieben mit unebenem Gelände. Der Spritzdruck liegt je nach Geräteart bei 15 bis 60 bar und kann

stufenlos oder in mehreren Etappen eingestellt werden. Spritzen mit hohem Druck können dort eingesetzt werden, wo hohe Bäume (Obstkulturen) oder grosse Flächen (Erika- und andere Spezialkulturen) vorhanden sind. Dabei wird aber das Spritzgun und nicht eine normale Doppelsprühdüse benötigt. Die grösseren Geräte sind meist mit einem Rührwerk ausgestattet, damit vor allem Suspensionen in der Brühe nicht absinken können.

Der Pflanzenschutzeinsatz mit hand- und motorbetriebenen Spritzen ist aufwendig und arbeitsintensiv. Es werden heute auch neue Methoden und Geräte eingesetzt, um den Rationalisierungsaspekt zu berücksichtigen beim Behandeln mit Spritzmitteln und Pulvern.

Das Heissnebelgerät (Pulsfog, Swingfog usw.) ist eine der neuzeitlichen Thermalnebeltechniken, um das Low Volume (reduzierte Aufwandmenge) einzusetzen. Dieses thermopneumatische System funktioniert wie folgt:

1. Die Sprühflüssigkeit wird pneumatisch zerrissen und
2. durch Zuführung von Wärmeenergie (Kondensation) in allerkleinste Tröpfchen vernebelt.

Es entstehen so nur noch Tröpfchengrössen (Nebel) von durchschnittlich zirka 10 bis 20 Micron (ym). Dieser Schwingbrennmotor enthält folgende Merkmale:

- eine regelbare Benzindirekteinspritzung
- eine Flattermembrane mit Luftdüse, am Einfach- oder Doppelvergaser
- eine automatische Zündung für den Start
- eine flaschenförmige Brennkammer, die direkt in ein Auspuffrohr mündet
- kleiner Wirkstofftank von maximal 5 bis 10 Litern.

Dieser Reaktionsmotor (Schwingbrenner) enthält keine beweglichen Teile (Kolben usw.). Der Vergaser mit der Flattermembrane gewährleistet die kontrollierte, pulsierende (Pulsfog) Verbrennung des Benzins in der Brennkammer mit regelbaren 80 bis 100 Explosionen/Sekunde. Die Zündkerze wird bei der Selbstzündung nur für das Starten des Nebelgerätes benötigt, anschliessend setzt sich die pulsierende Verbrennung automatisch fort.

Der Einsatz eines Heissnebelgerätes hat viele Vorteile, die bereits bei den Behandlungsarten beschrieben wurden. Diese Vorteile können nur umgesetzt werden, wenn der Benützer das Gerät und seine Einsatzmöglichkeiten genau kennt, die Aufwandmengen richtig dosiert oder eigene Werte bei seinen Spezialkulturen erarbeitet und so erfolgreich einsetzen kann. Die Hersteller solcher Thermalnebelgeräte sind bemüht, an die Benützer und Interessenten detaillierte Unterlagen und Informationstabellen zur Wirkstoffzubereitung abzugeben. Ein Beratungsservice hilft dem Kunden, die Gerätetypen der Betriebsstruktur und der Grösse aufzuzeigen.

Das Kaltnebelgerät ist einerseits eine alte Methode, um den Wirkstoff auf die Pflanzen auszubringen. Anderseits sind sie durch die Technik einer neuen Generation von Nebelgeräten (Colfogger, Turbofogger usw.) für den Zierpflanzenproduzenten interessant geworden. Es bestehen viele Parallelen mit der Heissnebeltechnik, wie zum Beispiel geringer Arbeitsaufwand, gute Blütenverträglichkeit, hohe Konzentrationen mit Low-Volume-Applikation usw. Der wichtigste Vorteil gegenüber des Heissnebels besteht darin, dass der Kaltnebel innert Minuten auf die Kulturen absinkt.

Das heisst für den Benützer, dass die Methode auch in undichten oder gelüfteten Glashäusern angewendet werden kann. Die Arbeit kann so nach einiger Zeit in diesen behandelten Kulturräumen wieder aufgenommen werden. Durch das schnelle Absinken des Nebels können ohne weiteres auch in grossen Kulturräumen nur kleine Flächen, einzelne Tische oder Kulturen behandelt werden. Der fast unsichtbare Nebel wird als Nachteil bezeichnet. Die Auswahl an tragbaren Kaltnebelgeräten ist klein, und nur für den Zierpflanzenbau erprobte sind zu empfehlen. Die Bedienung der Geräte (Turbofogger) ist äusserst einfach, sie sind auch handlich (leer 7 kg). Die Gebläseleistung des Elektromotors kann stufenlos eingestellt werden. Des weitern besteht die Möglichkeit, die Durchflussmenge des Mittels zu regeln; somit kann die Tröpfchengrösse selber bestimmt werden (0 bis 100 Mikron). Dank des pneumatischen Systems (Turbofogger) kann mit einer speziellen Wirbelstromdüse eine Nebelwurfweite von 12 bis 18 m erreicht werden. Diese Geräte eignen sich in erster Linie im Kleinbetrieb von bis zu maximal 2 000 m² Betriebsgrösse oder mit einer Glashausgrösse bis zirka 1 000 m². Demgegenüber werden fahrbare Kaltnebelgeräte für Mittel- und Grossbetriebe ab 5 000 m² Hochglasfläche empfohlen. Die *LVM-Kaltnebler* sind mit einem Ventilator, einer Steuerung mit Zeitrelais und Schaltuhr (24 h), einem Tank mit eingebautem Rührwerk und diversem Zubehör ausgerüstet. Mit Hilfe der Steuerung wird beim Einsatz des Gerätes zuerst der Ventilator eingeschaltet, nach vorgegebener Zeit wird anschliessend die Spritzbrühe aufgerührt und versprüht. Bei dieser neuen Generation von Kaltnebelgeräten ist die Anwesenheit von Spritzpersonal während des Einsatzes nicht erforderlich. Die Unfallgefahr wird somit auf ein Minimum herabgesetzt.

Der Pulverzerstäuber aus Kunststoff hat 100 g bis 1 kg Fassungsvermögen, ist leicht zu bedienen und kann für viele Stäubemittel eingesetzt werden. Er

△ Kaltnebelgerät (Turbofogger) (Abb. 58)
▽ Kaltnebelgerät LVM (Abb. 59)

wird auch im biologischen Landbau zum Ausbringen von Steinmehl usw. verwendet. Ein solches Gerät findet sich sicher in jedem Gärtnereibetrieb.

Die Granulatstreugeräte «Kyoritsu» leisten gute Dienste beim flächenmässigen Ausbringen von Mikrogranulaten wie Bodenherbizide, Insektizide usw., aber auch zum Stäuben von Überwinterungsräumen. Diese Geräte sind aus Leichtmetall, das kleine (Midget) mit einem Fassungsvolumen von zirka 0,4 Liter, das grössere Modell (T-8 G) mit 4,3 Liter. Die Bedienung ist einfach, die Ausbringmenge des Mittels kann sogar reguliert werden. Ein Gerätetyp, der sicher in einem Betrieb mit viel Granulateinsatz nicht fehlen darf.

Der Schwefelverdampfer ist, wie der Name sagt, in erster Linie für den Einsatz in Spezialbetrieben mit Echten Mehltau-anfälligen Kulturen vorgesehen. Der Schwefel hat zusätzlich eine positive Nebenwirkung auf Spinnmilbenbefall. Der Verdampfer funktioniert ähnlich einer keramischen Heizplatte, das Einfüllgefäss mit Schwefel wird darüber erhitzt, wobei der Wirkstoff in eine Dampfphase übergeht und sich im Raum verteilt. Das Gerät hängt einsatzbereit über den Kulturen zur vorbeugenden Bekämpfung der Schaderreger. Es kann auch über eine einfache Zeitschaltuhr gesteuert werden, damit beim Verdampfen nachts keine Bedienung nötig ist.

Wartefristen

Bei den Nutzpflanzen, die der Ernährung dienen, müssen nach der letzten Behandlung mit Pflanzenschutzmitteln Wartefristen eingehalten werden, damit sich die applizierten Wirkstoffe auf den Pflanzen weitgehend wieder abbauen können. Wir sprechen hier von Höchstmengen, das heisst, die nachgewiesenen Rückstände sind in so geringen Mengen vorhanden, dass sie bei normalem Konsum die Gesundheit des Menschen nicht schädigen können.

In den Tabellen der Schaderreger und Wirkstoffe, am Ende des Werkes auf den Seiten 248–268, die sich auf Nutzpflanzen (Obst-, Wein-, Beeren- und Gemüsebau) beziehen, sind die einzuhaltenden Wartefristen jeweils vermerkt. Bei den entsprechenden gemäss Pflanzenschutzmittel-Verzeichnis zugelassenen Wirkstoffen sind die Wartefristen in Tagen aufgeführt. Diese Zahlen sind mit den einzuhaltenden Wartefristen identisch = Zeitpunkt von der letztmöglichen Behandlung bis zur Ernte. Sind längere Wartezeiten möglich, so sinken auch die Rückstandswerte unter die Toleranzgrenze. B. F.

△ Kyoritsu-Handzerstäuber (Abb. 60)
▽ Schwefelverdampfer (Abb. 61)

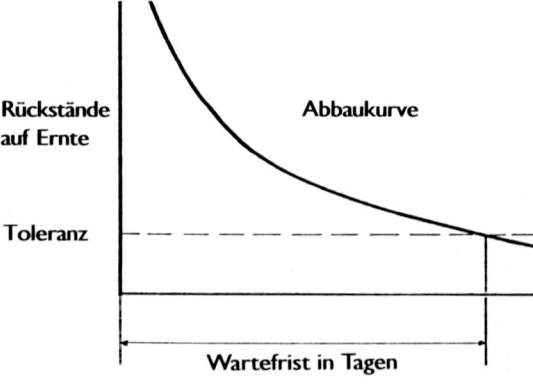

Erkennungsmerkmale der Schadbilder von Schädlingen

Zu den Schädlingen zählt man lebende Tiere, die an den Pflanzen saugen und fressen. Schädlinge können in vielfacher Hinsicht an den Pflanzen Schäden verursachen:

1. **Saugen:** Sie entnehmen den Pflanzen Säfte, wodurch diese geschwächt werden. Die Einstichstellen zeigen oft eingetrocknete Zellen und Deformationen.

2. **Fressen:** Ganze Pflanzenteile werden durch Nagen oder Fressen verspeist = Löcher an den Pflanzen.

3. **Honigtauabsonderungen:** Eine Gruppe von Schädlingen verursacht zusätzlich sekundäre Schäden, die zum Teil grösser sind als die Primärschäden, indem sie Honigtau absondern, der an der Oberfläche kleben bleibt. In der Folge setzen sich schwarze Russtaupilze darauf fest, und die Blätter werden schwarz und unansehnlich. Die Pflanzen sind zusätzlich durch reduzierte Photosynthese geschwächt.

4. **Vektoren:** Viele Insektenarten können durch ihren Speichel oder durch die Saugrüssel Krankheitserreger übertragen (Pilze, Bakterien, Viren).

5. **Giftabsonderungen:** Verschiedene Schädlinge sondern beim Saugen Giftstoffe ab, die an den Pflanzen Verkrüppelungen hinterlassen oder Gallenbildungen entstehen lassen (Milben, Läuse, Wanzen usw.).

Die Schädlinge, die nachfolgend einzeln beschrieben sind, werden in folgende Gruppen zusammengefasst:

Nematoden oder Fadenwürmer (Älchen)

Mollusken oder Weichtiere (Schnecken)

Milben. Sie besitzen 8 Beine

Krustentiere (Asseln)

Tausendfüssler

Insekten. Sie weisen eine klare Dreiteilung des Körpers auf, Kopf, Brust und Hinterleib, und besitzen 6 Beine und 2 Fühler. Man unterteilt sie in:

a) **Geradflügler**
(Werren, Heuschrecken)

b) **Fransenflügler**
(Thrips)

c) **Schnabelkerfen**
(Blattläuse, Schildläuse, Wanzen, Zikaden, Blattsauger)

d) **Käfer**
(Maikäfer, Kartoffelkäfer, Erdflöhe, Himbeerkäfer, Lilienhähnchen, Dickmaulrüsslerkäfer, Borkenkäfer, Riesenbastkäfer)

e) **Schmetterlinge**
(Wickler, Eulen, Spinner, Kohlweisslinge, Motten, Miniermotten, Gespinstmotten, Glasflügler)

f) **Hautflügler**
(Wespenarten)

g) **Fliegen**
(Kirschenfliege, Himbeerrutenfliege, Trauermücken)

Biologie der Insekten

Die Insektenarten machen eine mehr oder weniger deutliche Metamorphose durch. Wir unterscheiden dabei:

1. **Ohne deutliche Metamorphose**
Ei → Larve → Insekt = Springschwänze
(Die Flügel fehlen)

2. **Unvollständige Metamorphose**
Ei → Larve → Insekt = Wespen, Wanzen

3. **Vollständige Metamorphose**
Ei → Larve → Puppe → Insekt = Käfer, Schmetterlinge, Fliegen, Mücken und andere.

h) **Wirbeltiere**
Schliesslich gehören aus der Gruppe der *Wirbeltiere* noch die Mäuse und einige Vogelarten (Sperlinge) zu den Schädlingen.
M. B.

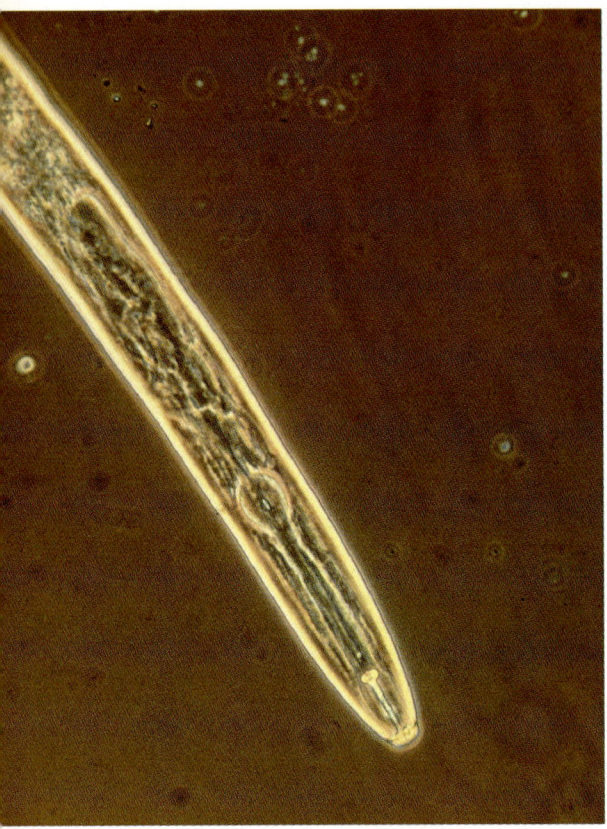

△ Mundstachel bei Nematode (Abb. 62)
▽ Blattälchenbefall an Sinningia (Abb. 63)

Blattälchen
Aphelenchoidesarten

Schadbild: An den Blättern, von den Haupt- und Seitenadern begrenzt, anfänglich wässerige gelbliche Flecken, die später braun bis schwarz werden, worauf die Blätter oder Pflanzenteile absterben.

Ursache: 0,5 bis 1,8 mm lange dünne Fadenwürmer, die mit ihrem Mundstachel die Zellwände durchbohren. Sie saugen die Zellen aus. Dadurch kommt es zum Zusammenbruch des Gewebes. Vom Auge kaum wahrnehmbar, ist meist nur das Schadbild festzustellen. Die Eiablage erfolgt im Gewebe, die Entwicklungsdauer beträgt bis zur erneut möglichen Eiablage nur 2 bis 3 Wochen.

Vorbeugung: Pflanzen oberirdisch trocken halten, damit die Älchen nicht aus den Spaltöffnungen austreten und im Wasserfilm in weitere Blätter gelangen können. Befallenes Pflanzenmaterial entfernen. Tröpfchenbewässerung und andere Giessanlagen haben sich gut bewährt. Nässe meiden. Tagetes als Gründüngung oder Zwischenpflanzung vertreibt wegen Geruchsbildung die Nematoden.

Bekämpfung: In Deutschland ist dafür kein PSM ausgewiesen. Das früher eingesetzte E 605 forte darf dafür nicht mehr benützt werden.

Wirtspflanzen: Topfpflanzen: Aphelandra, Begonien, Calceolaria, Chrysanthemen, Crossandra, Farne, Saintpaulia, Sinningia und andere.
Freilandpflanzen: Anemone jap., Aster dumosus und andere Arten, Chrysanthemum leuc., Doronicum, Helenium, Penstemon und andere.

Verschiedenes: Nematoden lassen sich in einem Glas Wasser nachweisen. Man legt zum Beispiel ein geschnetzeltes Blatt ins Wasser. Nach gewisser Zeit treten die Nematoden aus dem Gewebe und schwimmen frei im Wasser. Im Gegenlicht (Lampe, Sonne) kann man die schlängelnden Bewegungen gut feststellen.

△ Befall an Saintpaulia (Abb. 64)

▽ Befall an Asplenium (Abb. 66)

△ Befall an Anemone japonica (Abb. 65)

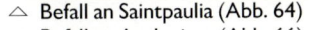
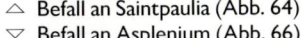

△ Befall an Chrysanthemum (Abb. 67)
▽ Starker Befall an Chrysanthemen (Abb. 68)

Stengelälchen
Ditylenchus ssp.

Schadbild: Triebe von befallenen Pflanzen verkürzt und verdickt, meist mit aufgehellten wulstartigen Ausbuchtungen, die später aufplatzen können. Triebe krumm gebogen, sie brechen gerne ab. Blätter über den Befallsstellen gekräuselt bis gewellt.

Ursache: Stengelälchen befallen Sprosse, Blattstiele, Knollen und Zwiebeln. Die Eiablage erfolgt im Gewebe. Bei nassen Pflanzen steigen die Fadenwürmer durch den Wasserfilm in obere Pflanzenteile. Sie bewegen sich auch im Gewebe vorwärts.

Vorbeugung: Pflanzen vorsichtig von unten giessen. Im Freiland gefährdete Kulturen überdecken. Gesundes Pflanzenmaterial zukaufen. Tagetes als Gründüngung oder Zwischenkultur. Fruchtwechsel.

Bekämpfung: Stark befallene Pflanzen vernichten. Nur ein Granulat zum Einarbeiten vor Kulturbeginn steht zur Verfügung mit dem Wirkstoff in den Tabellen auf der Seite 267. Vor Kulturbeginn zur Sicherheit einen Kressetest durchführen!

Wirtspflanzen: Hortensien, Hyazinthen, Narzissen, Phlox paniculata und andere.

△ Befall an Hydrangea
▽ (Abb. 71 + 72)

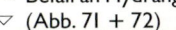

△ Stengelälchen an Hydrangea (Abb. 69)
▽ Befall an Phlox (Abb. 70)

Wurzelgallälchen

Meloidogyne ssp.

Schadbild: Das Pflanzenwachstum bleibt zurück. Bei trockenwarmer Witterung welken befallene Pflanzen trotz feuchten Erdballen. Verkrüppelungen im Wuchsbild. An den Wurzeln deutlich sichtbare gallenartige Verdickungen sogar bis Walnussgrösse.

Ursache: Nematoden dringen in die Wurzel ein. An den Befallsstellen bilden sich Zellwucherungen. Die Wasser- und Nährstoffzirkulation ist stark gehemmt bis unterbrochen, daher die Welkeerscheinungen.

Vorbeugung: Erde gründlich dämpfen oder chemisch desinfizieren. Nur gesunde Jungpflanzen zukaufen. Tagetes als Zwischenpflanzung oder Gründüngung vor der gefährdeten Kultur. Fruchtwechsel durchführen.

Bekämpfung: Stark befallene Pflanzen vernichten. Nur vorbeugende Bekämpfung ist möglich mit dem Wirkstoff in den Tabellen auf der Seite 267.

Wirtspflanzen: Cyclamen, Hortensien. Gemüse: Endiviensalat, Tomaten und andere.

Wartefristen: Siehe in der Tabelle auf der Seite 264.

△ Wurzelgallälchen an Cyclamen (Abb. 73)
▽ Befall an Endivien (Abb. 74)

▽ Befall an Tomaten (Abb. 75)

Freilebende Wurzelälchen
Pratylenchus ssp.

Schadbild: Gegenüber gesunden Pflanzenbeständen starke Wachstumshemmung und zum Teil Wurzelmissbildungen. Oft grosser flächenbezogener Befall. Die Wurzeln zeigen braune Verfärbungen, die später in Fäulnis übergehen können.

Ursache: Diese sogenannten «wandernden» Nematoden saugen die Wurzeln von aussen her an oder dringen in sie hinein ohne nachfolgende Gallenbildung. Sie wechseln ihren Platz und können grossflächig auftreten.

Vorbeugung: Tagetes als Vor- und Zwischenkultur zeigt grosse Schutzwirkung. Unbedingt Fruchtwechsel einhalten! Boden chemisch desinfizieren mit zum Beispiel Basamidgranulat 60 g/m². Dampfsterilisation geht zuwenig tief.

Bekämpfung: Nur vorbeugender Einsatz vor Kulturbeginn ist möglich mit dem Wirkstoff in den Tabellen auf der Seite 267.

Wirtspflanzen: Chrysanthemen, Helleborus, Primula, Rhododendron simsii, Senecio, Rosenkulturen, Viola und andere.
Gemüse: Lauch, Zwiebeln.

Wartefristen: Siehe in der Tabelle auf der Seite 264.

△ Wurzelälchen an Viola (Pensées) (Abb. 76)
▽ Befall an Rhododendron simsii (Abb. 77)

▽ Befall in Lauchfeld (Abb. 78)

△ Schnecken an Salat (Abb. 79)
▽ Schneckenfrass an Hosta (Abb. 80)

Schnecken

Gastropoda

Schadbild: An Blättern und Blüten Rand- oder Lochfrass und glänzende Schleimspuren. Bei Sämlingen und Jungpflanzen oft Totalschaden.

Ursache: Nackt- oder kleine Gehäuseschnecken in meist grauer Farbe. Die Gehäuse sind gelb, grau oder bunt gestreift. Überwinterung als Eier oder Tiere im Boden. Schnecken sind meist nur nachts aktiv, Ausnahme bei trüber feuchter Witterung. Sie sind zwitterig, jedes Tier kann Eier legen und sich zahlreich vermehren.

Vorbeugung: Lockfallen mit Bier ausbringen. Durch Apfel- oder Kartoffelschalen von gefährdeten Pflanzen ablenken. Siehe auch unter Biologischem Pflanzenschutz Seite 37.

Bekämpfung: Schneckenkörner streuen oder Paste ausbringen. Wirkstoffe: aus der Tabelle auf der Seite 270. Vorsicht, essbare Pflanzenteile nicht behandeln!
Einsammeln am Morgen oder bei nasser Witterung.

Wirtspflanzen: Zierpflanzen: Anthurium, Cinerarien, Cyclamen, Dahlien, Hosta, Lilien, Poinsettien, Saintpaulia und viele andere.
Gemüse: Viele Gemüsearten.
Beeren: Erdbeeren.

Nützlinge: Wie Igel, Blindschleiche usw. sind zu fördern mit geeigneten Schlupfwinkeln.

△ Frassschaden an Braktee Euphorbia p. (Abb. 82)
▽ Befall an Zinnien (Abb. 83)

△ Schneckenfrass an Rosenkohl (Abb. 81)
▽ Befall an Gladiolen (Abb. 84)

△ Spinnmilben (Abb. 85)

Spinnmilben

Tetranchidae

Schadbild: Fahler Farbton auf Blättern und Blüten. Blätter sind oberseits mit weissgelben Punkten gesprenkelt, bei starkem Befall mit feinem Spinngewebe überzogen, auf dem die meist rötlichen Milben sich rasch bewegen.

Ursache: Starke Saugtätigkeit der bis 0,5 mm grossen Spinnmilben, die Zellen trocknen in der Folge aus = Austrocknen der Blätter und Blattfall. Vermehrung durch Eier. Die Larven besitzen 6 Beine, die ausgewachsenen Milben 8. Bei trockenwarmer Witterung rasche Ausbreitung mit Generationsfolgen von nur 12 bis 20 Tagen.

Vorbeugung: Im Gewächshaus trockenwarmes Klima meiden. Im Freien tagsüber Kulturen mit Wasser übersprühen. Für kühles Mikroklima sorgen. Durch Wechsel der Wirkstoffe Resistenzbildung vermeiden. Schwefelhaltige Mittel wirken vorbeugend und hemmen die Entwicklung.

Bekämpfung: Akarizide in kurzen Intervallen besonders blattunterseits gründlich spritzen. In Gewächshäusern auch räuchern. Wirkstoffe im Gemüsebau: aus den Tabellen auf den Seiten 268–269.
Empfehlenswert sind nützlingsschonende Wirkstoffe!

Wartefristen: Siehe in den Tabellen auf den Seiten 254–263.

Wirtspflanzen: Zierpflanzen: Abutilon, Anthurium, Hibiscus, Hedera, Kakteen, Nelken, Palmen, Rosen und andere.
Gemüse: Bohnen, Gurken.
Obst: Apfel, Birnen, Pfirsich, Zwetschgen.
Koniferen: Chamaecyparissus, Picea.

Nützlinge: Einsetzbar sind Raubmilben wie Phytoseiulus persimilis und Amblyseius cucumeris + mackenziei. Siehe in der Tabelle der Nützlinge ab Seite 271.

△ Schadbild an Efeugeranien (Abb. 86)
▽ Gespinstfäden an Gerbera (Abb. 87)

△ Schadbild an Hydrangea (Abb. 88)

△ Gespinst an Chrysanthemum (Abb. 89)
▽ Spinnmilben an Chrysanthemum (Abb. 90)

△ Spinnmilben an Rosen
▽ (Abb. 91 + 92)

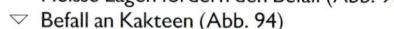

△ Heisse Lagen fördern den Befall (Abb. 93)
▽ Befall an Kakteen (Abb. 94)

▽ Befall an Hydrangeablattunterseite (Abb. 95)

△ Befall an Edelnelken (Abb. 96)
▽ Befall an Gurken (Abb. 97)

△ Spinnmilbeneier an Obstbaum (Abb. 98)   △ Spinnmilben an Pfirsich (Abb. 99)
▽ Spinnmilben an Pfirsich (Abb. 100)

Weichhautmilben

Tarsonidae

Schadbild: Junge Triebspitzen, Blätter und auch Blüten sind kleiner ausgebildet, die Blattränder meist nach oben eingebogen. An Saintpaulien lange Behaarung in allen Richtungen. Bei starkem Befall Verkrüppelungen, Verdickung der Organe oder Absterben derselben. Bei Brombeeren bleiben die Beeren rot und hart, sauer und ungeniessbar.

Ursache: Weichhautmilben sind nur 0,12 bis 0,25 mm gross und von Auge unsichtbar. Ihre Körper sind durchscheinend, sie verstecken sich in kleinsten Nischen im Pflanzenkörper. Vermehrung durch Eier. Larven haben 6, die Milben 8 Beine. Schäden durch Saugen an äusseren Zellschichten = Verkrüppelungen.

Vorbeugung: Vermehrung und Verbreitung wird durch feuchte Luft und mässige Temperatur gefördert. Im Gewächshaus Klimakorrektur: trockener und wärmer.
Wirkstoffe wechseln wegen Resistenzgefahr.

Bekämpfung: Zurzeit ist kein Pflanzenschutzmittel mit einer Indikation gegen Weichhautmilben zugelassen.
Empfehlenswert sind nützlingsschonende Wirkstoffe!

Wirtspflanzen: Aphelandra, Aralien, Azaleen, Begonien, Columnea, Fatshedera, Gloxinien, Hedera, Impatiens, Kalanchoe, Saintpaulia, Solanum, Streptocarpus, Gerbera und viele andere. Beeren: Brombeeren, Erdbeeren und andere. Koniferen: Taxus.

Nützlinge: Bedingt einsetzbar sind Raubmilben und Raubwanzen. Siehe in der Tabelle der Nützlinge ab Seite 271.

△ Weichhautmilben an Saintpaulia
▽ (Abb. 102 + 103)

▽ Befall an Dizygotheca (Abb. 104)

▽ Weichhautmilben an Sinningia (Abb. 101)

△ Befall an Hedera helix (Abb. 105)
▽ Erfolg nach Akarizidbehandlung (Abb. 107)

△ Befall an Aster dumosus (Abb. 106)

△ Befall an Rhododendron simsii (Abb. 108)
▽ Befall an Cyclamen (Abb. 109)

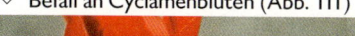

△ Befall an Begonia-Elatior-Hybriden (Abb. 110)
▽ Befall an Cyclamenblüten (Abb. 111)

△ Brombeermilben (Abb. 112)
▽ Birnenpockenmilben (Abb. 113)

△ Erdbeerweichhautmilben (Abb. 114)

Birnenpockenmilben

Eriophyes pyri (Psylla pyri)

Schadbild: Auf den Blättern zuerst weissgraue Flecken, die sich später rötlich verfärben. Auf der Blattunterseite deutliche Öffnungen, in denen sich die Milben verstecken.

Ursache: Die Milben überwintern in den Knospenschuppen und befallen beim Austrieb die jungen Blätter, worauf es zu Wucherungen kommt. Während des Jahres bilden sich mehrere Generationen.

Vorbeugung: Schwefelhaltige Präparate, während des Austriebs angewendet, kann grössere Schäden vermeiden.

Bekämpfung: Stark befallene Blätter einsammeln und verbrennen. Vorbeugender Einsatz von Schwefel ist möglich.

Wartefristen: Siehe in den Tabellen auf den Seiten 249–253.

Befallspflanzen: Birnen, aber auch Äpfel, Quitten, Pflaumen und Zwetschgen.

Rebenpockenmilben
Colomerus vitis

Schadbild: Bei Befallsbeginn weisse bis rötliche, mit zunehmendem Alter rostbraune Filzgallen auf der Blattunterseite. Oberseits deutliche Ausstülpungen.

Ursache: Die Pockenmilben überwintern in den Knospenschuppen. Beim Austrieb Befall der jungen Blätter, worauf es zu den Verfilzungen kommt. Es bilden sich 2 Generationen pro Jahr.

Vorbeugung: Gefährdete Bestände im Winter mit Mineralölprodukten gründlich spritzen. Austriebsbehandlungen mit schwefelhaltigen Produkten.

Bekämpfung: Ab Austrieb gründlich spritzen. Wirkstoffe: aus den Tabellen auf den Seiten 267–268.

Wirtspflanzen: Weinreben.

Wartefristen: Siehe in der Tabelle auf der Seite 257.

△ Rebenpockenmilben
▽ (Abb. 115 + 116)

△ Johannisbeergallmilben (Abb. 117)
▽ Zwetschengallmilben (Abb. 118)

Johannisbeergallmilben
Acalitus ribis

Schadbild: Befallene Knospen besonders der schwarzen Johannisbeeren schwellen zu grossen runden Gallen an, ein Austrieb unterbleibt. Schliesslich trocknen sie ein und fallen ab = kahle Triebe.

Ursache: Die Milben können in sehr grosser Zahl (2000 bis 3000 pro Knospe) in den befallenen Knospen überwintern. Beim Austrieb befallen sie die jungen Blättchen. Im Laufe des Jahres mehrere Generationen.

Vorbeugung: Befallene Triebe frühzeitig ausschneiden und verbrennen. Während des Austriebs bis zur Blüte schwefelhaltige Mittel einsetzen.

Bekämpfung: Gründliche Spritzung vor Austrieb mit Schwefel hilft.

Wirtspflanzen: Johannisbeeren rot, gelb und schwarz, auch Stachelbeeren.

Zwetschgengallmilben
Phytoptus similis

Schadbild: Im Frühjahr auf den Blättern 1 bis 3 mm grosse hellgrüne Gallen, die sich im Sommer rot verfärben. Bei starkem Befall können auch die Früchte Deformationen aufweisen.

Ursache: Diese freilebende Milbenart überwintert unter Borken oder in Rindenritzen. Die Milben steigen im Frühjahr zu den Knospen und saugen an den jungen Blättern, worauf es zu den Beutelgallen kommt.

Vorbeugung: Losgelöste Borken abkratzen. Gründliche Winterspritzung. Vorbeugend mit Schwefelpräparaten spritzen.

Bekämpfung: Vorbeugend hilft Schwefel vor dem Austrieb.

Wirtspflanzen: Zwetschgen, Pflaumen, Mirabellen. *Nur Winterspritzungen durchführen!*

Ahorngallmilben

Eriophyes ssp.

Schadbild: Auf den Blattoberseiten zuerst grüne, dann zunehmend rot gefärbte, 3 bis 4 mm lange zipfelartige Gallen mit einem Durchmesser von 1 bis 2 mm. Oft sind grössere Blattflächen dicht mit Gallen besetzt.

Ursache: Die Milben überwintern in Rindenritzen und oberirdisch in Gras und Laub unter Ahornbäumen und Sträuchern. Im Frühjahr erfolgt die Eiablage an die Blattunterseiten. Durch die Saugtätigkeit entstehen die Gallen, die jedoch allgemein keinen nennenswerten Schaden anrichten.

Vorbeugung: Einsammeln des Laubes unter den Ahornpflanzen im Herbst. Winterspritzung an den Stamm mit einem Mineralöl.

Bekämpfung: Bei regelmässig gefährdeten Pflanzen vor Austrieb im Frühjahr gründlich spritzen.

Wirtspflanzen: Verschiedene Ahornarten wie Acer campestre, A. saccharinum.

△ Ahorngallmilben
▽ (Abb. 119 + 120)

△ Kellerasseln (Abb. 121)
▽ Befall an Kaktus (Abb. 122)

Kellerasseln
Isopoda

Schadbild: Oberirdische Pflanzenteile weisen knapp über der Erdoberfläche lochartige Frassstellen auf. In tiefen Löchern sitzen die Asseln in Ruhestellung eingekugelt.

Ursache: Bis 2 cm lange, breitovale, graue, zu den Krebstieren gehörende Asseln mit 7 Beinpaaren und bänderartigem Schuppenpanzer. Vermehrung durch Eier. Sie lieben Feuchtigkeit und Schatten und verstecken sich tagsüber. Schäden meist im Gewächshaus und Keller, weniger im Freien. Nur als Hygieneschädling bekämpfbar.

Vorbeugung: Mögliche Schlupfwinkel vermeiden. Lockköder einsetzen.

Bekämpfung: Feuchte Stellen vermeiden, unter Pflanzentischen durchlässigen Boden ohne Humuspartikel, z. B. grober Kies.

Wirtspflanzen: Blumenzwiebeln im Lagerraum, Knollen, Cyclamen, Kakteen, Orchideen.

Verschiedenes: Siehe auch unter biologischem Pflanzenschutz.

△ Tausendfüssler (Abb. 123)
▽ Hundertfüssler (Abb. 124)

Tausendfüssler, Hundertfüssler
Myriapoda

Schadbild: An Sämlingen oder Jungpflanzen Frassschäden am Wurzelhals, an Orchideen Frasslöcher an den Bulben.

Ursache: Die Tausendfüssler sind zirka 3 cm lang, grauschwarz mit glänzenden Querbändern mit je 2 Beinpaaren.
Die Hundertfüssler sind hellbraun und lockerer gegliedert mit je einem Beinpaar.
Beide halten sich tagsüber versteckt, nachts sind sie aktiv und nagen dann an toten und lebenden Pflanzenteilen.

Vorbeugung: Für Sämlinge sind optimale Klimabedingungen zu schaffen, damit keine Wachstumsstörungen eintreten. Bretter auslegen und die Tausendfüssler darunter einsammeln.

Bekämpfung: Nur bei starkem Auftreten bekämpfen, denn sie sind durch den Abbau von organischer Substanz im Boden auch nützlich.

Befallspflanzen: Erdbeeren, Gurken, Gemüsesämlinge, Orchideenpflanzen.

Thripse – Blasenfüsse

Thysanopterarten (Thrips tabaci u. ä.)

Schadbild: Bei Befallsbeginn auf den Blättern weisse bis gelbe Punkte und Flecken und zum Teil kleine schwarze Kothäufchen. Bei starkem Befall wird die Blattunterseite silbrigweiss. Jüngere Pflanzenteile wie Blätter, Blüten und auch Früchte (Erbsen) verkrüppeln und trocknen ein.

Ursache: Thripse gehören zu den Fransenflüglern und sind I mm lang, schmal, gelblich bis schwarz gestreift und haben 6 Beine. Sie saugen die Oberhautzellen aus. Vermehrung durch Eier. Unter günstigen Voraussetzungen (trockenwarme Luft) dauert die Generationsfolge vom Ei zur Larve bis Vollinsekt nur 20 bis 30 Tage, daher ist der Befallsdruck im Sommer sehr gross. Bei Gladiolen Totalausfall.

Vorbeugung: Ideale Klimabedingungen schaffen (kühl und feucht). Im Freien tagsüber von oben beregnen. Stete Kontrolle und frühzeitiger Pflanzenschutz. Gladiolenknollen durch Nassbeize behandeln.

Bekämpfung: Beim ersten Auftreten in Abständen von 8 bis 10 Tagen wiederholt spritzen, Blattunterseiten gut benetzen. Wirkstoffe: aus den Tabellen auf den Seiten 267–268.
Empfehlenswert sind nützlingsschonende Wirkstoffe!

Wirtspflanzen: Zierpflanzen: Cyclamen, Fatsia, Fatshedera, Ficusarten, Gladiolen, Zantedeschia und viele andere.
Gemüse: Erbsen, Kefen, Lauch, Gurken, Kohlarten.

Wartefristen: Siehe in den Tabellen der Seiten 254–263.

Nützlinge: Raubmilben der Gattung Amblyseius, Raubwanzen der Gattung Orius können im Gewächshaus eingesetzt werden, laut den Tabellen ab Seite 271.
Im Obst- und Weinbau ist die Raubmilbe Typhlodromus heimisch.

▽ Blasenfüsse: Thrips (Abb. 125)

△ Starker Thripsbefall an Gladiolen
▽ (Abb. 126 + 127)

△ Starker Thripsbefall an Gladiolen (Abb. 128)
▽ Befall an Ficus elastica (Abb. 129)

△ Befall an Sinningia (Abb. 130)
▽ Befall an Erbsen (Abb. 131)

Blütenthrips
Frankliniella occidentalis

Schadbild: Die Schäden beschränken sich nicht nur auf die Blüten, sondern bei einigen Pflanzenarten auch auf die Blätter. An den Blüten durch Saugtätigkeit helle Flecken, eingetrocknete Blütenränder oder verstreuter Blütenstaub. An den Blättern Verkorkungen.

Ursache: Diese kalifornische Thripsart ist 1,3 bis 1,5 mm gross, gelb-orange gefärbt und sehr beweglich. Sie kann hüpfen und fliegen. Bei grosser Wärme (20°C) wird aus einem Ei bereits ein Vollinsekt, anderseits überleben sie auch bei sehr tiefen Temperaturen. Oft totaler Kulturschaden.

Vorbeugung: Vermeiden von Boden- und Lufttrockenheit, hohen Temperaturen oder Hitzestau. Von Vorteil ist eine Schadschwellen-Erhebung mit Blaufallen durchzuführen.

Bekämpfung: Infolge rascher Resistenzbildung Wirkstoffe rasch wechseln. In Abständen von 5 bis 6 Tagen in 4 bis 5 Behandlungen mit starkem Druck gründlich spritzen. Bei blühenden Pflanzen auch sprühen mit Aerosolen. Wirkstoffe: aus den Tabellen auf den Seiten 267–268.

Wirtspflanzen: Anemonen, Chrysanthemum, Cyclamen, Dianthus, Eustoma, Gerbera, Kalanchoe, Lilien, Pelargonium, Primulaarten, Saintpaulia, diverse Grünpflanzen und viele andere.

Nützlinge: Raubmilben der Gattung Amblyseius, Raubwanzen der Gattung Orius können im Gewächshaus eingesetzt werden, laut den Tabellen ab Seite 271.

△ Blütenthrips vergrössert (Abb. 133)
▽ Befall an Eustoma (Lysianthus) (Abb. 135)

△ Befall an Streptocarpus (Abb. 136)
▽ Befall an Gerbera (Abb. 137)

▽ Blütenthrips an Saintpaulia (Abb. 132)

Rosenzikaden

Typhlocyba rosae

Schadbild: Rosenblätter deutlich weiss gesprenkelt, ausgeprägter als bei Spinnmilbenbefall. Auf der Blattunterseite sitzen zahlreiche bis 3 mm lange, gelblichweisse bis grünliche Larven und Vollinsekten mit langen Flügeln. Bei leichter Berührung fliegen oder springen sie weg.

Ursache: Vollinsekten besitzen dachartig gefaltete Flügel und starke Springbeine. Sie legen im Herbst ihre Eier in die Rinde ab. Ab Frühjahr entwickeln sich die Larven durch Saugtätigkeit an der Blattunterseite. Bei starkem Befall starke Fleckung der Blätter und Blattfall. Begünstigung durch sonnigheisse Lagen und lange Trockenperioden.

Vorbeugung: In der Umgebung von Rosenrabatten gelbe Lockfallen aufstellen. Periodischer Pflanzenschutz mit Insektiziden.

Bekämpfung: Bei Befallsbeginn von unten her wiederholt gründlich spritzen, dabei auch den Boden benetzen, da sich Zikaden rasch an den Boden absetzen. Wirkstoffe: Insektizide analog Blattlausbekämpfung (ohne Pirimicarb).

Wirtspflanzen: Gartenrosen in allen Formen sowie Hainbuchen.

△ Rosenzikaden tot nach Behandlung (Abb. 138)
▽ Rosenzikaden, starker Befall (Abb. 139)

Werren – Maulwurfsgrillen

Gryllotalpa gryllotalpa

Schadbild: Besonders im Gemüsegarten werden Sämlinge und Setzlinge im Wurzelbereich abgefressen oder durch Wühlarbeit emporgehoben, worauf sie welken und eintrocknen.

Ursache: Fingerdicke Gänge 3 bis 4 cm unter der Oberfläche, die später in die Tiefe münden, wo oft eine eigrosse Höhle bis zu 300 braune Eier oder ausgeschlüpfte Jungtiere anzutreffen sind. Die Werre ist 4 bis 6 cm lang, glänzend braun, sie besitzt 2 Flügel und vorne 2 schaufelartig ausgebildete Grabbeine. Eiablage im Juni und im Juli. Winterschlaf der Jungtiere im Boden.

Vorbeugung: Im Winter Komposthaufen (oft Schlupfwinkel) umarbeiten und die Jungtiere einsammeln.

Bekämpfung: Glattwandige Töpfe oder Büchsen ebenerdig eingraben. Mit Latten «Leitplanken» stellen, damit die nachts wandernden Tiere in die Fallen gelenkt werden. Ein Löffel Salatöl in die abwärtsführenden Gänge giessen und mit Wasser nachfüllen. Die Werren erscheinen sofort nach oben und können eingesammelt werden. (Kein Wirkstoff ausgewiesen.)

Wirtspflanzen: Salat, Kohlarten und andere Gemüsearten. Kartoffeln, aber auch diverse Zierpflanzen.

△ Werrennest mit Eiern (Abb. 140)
▽ Werre (Abb. 141)

△ Blattläuse an Rosen (Abb. 142)

△ Blattlaus (Abb. 143)
▽ Geflügelte Blattlaus (Abb. 144)

Blattläuse
Aphididae

Schadbild: Meist an jungen Blättern und Trieben Kräuselung oder Einrollen, später Wachstumsstörungen oder Absterben befallener Teile. Infolge Honigtauausscheidung schwarzer Russtaubelag in der Umgebung. (Ameisen werden angelockt.)

Ursache: Sehr verschiedene Blattlausarten in unterschiedlichen Grössen und Farben auf zahlreichen Zier- und Nutzpflanzen. Zum Teil treten die Läuse pflanzenspezifisch auf. Ihre Saugtätigkeit und ausgeschiedenen Giftstoffe verursachen die Schäden. Vermehrung durch Eiablage von Winter bis Frühjahr. Die nachfolgenden Läuse und ihre Nachkommen sind in der Lage, das ganze Jahr hindurch ohne erneute Befruchtung lebende Läuse zu gebären. Ende des Jahres bilden sich im Freiland wieder Geschlechtstiere, welche Eier ablegen. Unter Glas ununterbrochene Fortpflanzung ohne Wintereier. Nach 10 bis 14 Tagen können Jungläuse im Sommer bereits wieder neue Läuse zur Welt bringen = sehr rasche Vermehrung!

Vorbeugung: Durch Schattierung, Lüftung und höhere Luftfeuchtigkeit bessere Klimabedingungen schaffen. Wärme und trockene Luft begünstigen die Ausbreitung.

Bekämpfung: Es steht ein grosses Sortiment von wirksamen Insektiziden zur Verfügung. Bei Nutzpflanzen nur empfohlene Wirkstoffe mit kurzer Wartefrist verwenden. Sie sind in den Tabellen auf den Seiten 267–268 aufgeführt.
Nützlinge schonen oder einsetzen wie Marienkäfer, Florfliegen, Schlupfwespen, Ohrwurm und andere.

Wirtspflanzen: Praktisch alle Zier-, Gemüse- und Obstpflanzen werden von den 1 bis 4 mm langen Läusen befallen, die zum Teil geflügelt sind.

Verschiedenes: Blattläuse übertragen auch Bakteriosen und Virosen. Spezifische Blattlausarten werden separat vorgestellt.

Wartefristen: *Bei Nutzpflanzen Wartefristen beachten!* Sie sind aus den Tabellen auf den Seiten 254–263 ersichtlich.

Nützlinge: Schlupfwespen aus der Gattung Aphelinus, Aphidius und der Gallmücke Aphidoletes; Raubwanzen aus der Gattung Orius im Gewächshaus.
Krankheitserregendes Pilzmycel der Gattung Verticillium. Alle Nützlinge sind auf den Seiten 25–37 aufgeführt.

△ Befall an Abutilon (Abb. 146)
▽ Befall an Cyclamen (Abb. 147)

△ Befall an Abutilon (Abb. 145)
▽ Schadbild an Monstera (Abb. 148)

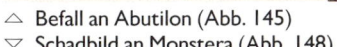

△ Befall an Callistephus (Abb. 149)
▽ Blattlauseier an Rosen im Winter (Abb. 150)

△ Grüne Pfirsichblattläuse (Abb. 151)
▽ Gelbe Blattläuse an Kartoffeln (Abb. 152)

△ Grüne Blattläuse an Brombeeren (Abb. 154)
▽ Mehlige Kohlblattlaus (Abb. 155)

△ Schwarze Bohnenblattläuse (Abb. 153)
▽ Johannisbeerblasenläuse (Abb. 156)

△ Gallmückenlarve vertilgt Blattläuse (Abb. 157)
▽ Blattläuse an Pfirsich (Abb. 158)

△ Schwarze Blattläuse an Dahlien (Abb. 159)
▽ Blattlausschaden an Chrysanthemum (Abb. 160)

△ Mehlige Zwetschgenblattläuse (Abb. 161)
▽ Blattläuse an Kirschen (Abb. 162)

△ Mehlige Apfelblattläuse (Abb. 163)
▽ Schäden durch Mehlige Apfelblattläuse (Abb. 164)

Mehlige Apfelblattlaus
Dysaphis plantaginea

Schadbild: An jungen Apfeltrieben starke Kräuselungen bis Einrollen der Blätter und gekrümmte Triebspitzen. Später werden auch Früchte befallen, die in der Folge klein und hart bleiben und starke Deformationen aufweisen.

Ursache: Die mehlige Blattlaus ist zirka 2 mm gross, rötlichgrau bis blauschwarz und ausgewachsen stark mehlig bepudert. Sie lebt in dichten Kolonien und schädigt durch ihre Saugtätigkeit und Giftausscheidungen. Hauptbefall und Vermehrung ab Ende der Blüte bis Ende Juni.

Vorbeugung: Stete Kontrolle alle 3 bis 4 Tage in der kritischen Zeit und bei Befall (mehr als 1 Kolonie auf 100 Triebe) frühzeitig Spritzbehandlungen einleiten. Wenn viele Nützlinge angetroffen werden (Marienkäfer und andere), mit nützlingschonenden Wirkstoffen behandeln.

Bekämpfung: Bei Befall gründlich und gezielt in die Kolonien spritzen. Wirkstoffe: In den Tabellen der Seiten 267–268 sind nützlingsschonende Produkte enthalten.

Wirtspflanzen: Apfelbäume.

Wartefristen: In den Tabellen der Seiten 254–263.

Nützlinge: Einheimisch sind Aphidius, Florfliege, Raubwanzen, Marienkäfer, Ohrwurm usw.

▽ Mehlige Apfelblattläuse (Abb. 165)

Apfelfaltenläuse
Dysaphis sp.

Schadbild: Die befallenen Blätter an Apfeljungtrieben weisen ab Blütebeginn gelbe bis leuchtendrote Flecken auf, die am Rand zu Falten hochgebogen sind. Im Schutze der Falten saugen die Läuse und scheiden Giftstoffe ab.

Ursache: Die Apfelfaltenlaus ist im Aussehen der mehligen Apfelblattlaus sehr ähnlich. Grösse: 1 bis 2 mm. Vermehrung durch Eier. Sie bildet dichte Kolonien.

Vorbeugung: Stete Kontrolle und frühzeitige Behandlungen einleiten. Da oft nur vereinzelte Triebe befallen werden, können diese herausgeschnitten und verbrannt werden. Nützlinge sind zu fördern.

Bekämpfung: Gezielte Spritzbehandlungen in die Blattfalten. Wirkstoffe: aus den Tabellen auf den Seiten 267–268.
Siehe auch unter Mehlige Apfelblattlaus.

Wirtspflanzen: Apfelbäume, spezifische Blattlausart.

Wartefristen: Siehe in der Tabelle auf den Seiten 260–263.

Nützlinge: Siehe unter Mehlige Apfelblattlaus.

△ Apfelfaltenlaus (Abb. 166)
▽ Schäden durch Apfelfaltenläuse (Abb. 167)

Fichtenröhrenläuse
Liosomaphis abietanum

Schadbild: Im Frühjahr zeigen sich an ausgewachsenen Nadeln gelbe bis braune Flecken, die in der Folge absterben und abfallen. Bei starkem Befall oft grosse Kahlstellen an verschiedenen Fichtenarten.

Ursache: An der Nadelunterseite saugen grüne Blattläuse mit relativ grossen Kugelaugen. Zuerst werden Altnadeln befallen, später auch Nadeln von Neuaustrieben.

Bekämpfung: Im zeitigen Frühjahr vor dem Austrieb mit Öl oder einem Blattlausmittel gründlich, das heisst auch das Innere der zum Teil sehr dichten Fichten, spritzen. Wirkstoffe: aus den Tabellen auf den Seiten 267–268.

Wirtspflanzen: Picea pungens «Glauca», Picea omorika, Picea engelmannii, Picea morinda, Picea excelsa, vereinzelt auch Pinusarten.
Bei Picea engelmannii und Picea morinda trotz dürren Nadeln kein Nadelfall.

△ Fichtenröhrenlaus (Abb. 168)
▽ Schäden durch Fichtenröhrenläuse (Abb. 169)

Fichtengalläuse

Sacchiphantes abietis

Schadbild: An den 1jährigen Trieben ananasförmige, grossschuppige Gallen von Haselnuss- bis Baumnussgrösse, die anfänglich grün gefärbt sind, später verholzen und braun werden. Die befallenen Triebe knicken leicht und trocknen ein.

Ursache: In den Gallenschuppen verbergen sich viele gelbe, kleine Galläuse von zirka 1 mm Grösse. Durch Speichelabsonderungen bei der Saugtätigkeit bilden sich Zellwucherungen. Oft starker Befall.

Vorbeugung: Stete Kontrolle und frühzeitig (Mai bis Juni) die Gallen ablesen und verbrennen.

Bekämpfung: Im zeitigen Frühjahr (etwa 10. bis 15. April), wenn an der Knospenbasis erste weisse Wachshäufchen sichtbar werden, sind die Mutterläuse gründlich zu spritzen. Von Juli bis August verlassen die Läuse die Gallen. Jetzt mit starkem Druck in die Gallen spritzen. Wirkstoffe: aus den Tabellen auf den Seiten 267–268.

Wirtspflanzen: Picea abies, Picea excelsa, Picea sitchensis. Als Nebenwirt trifft man sie auch auf der Lärche.

△ Fichtengallaus und Eier (Abb. 170)
▽ Fichtengallen an Jungtrieb (Abb. 171)

▽ Befall an Alttrieb (Abb. 172)

Tannentriebläuse
Dreyfusia nüsslini, D. picea und D. merkeri

Schadbild: Die Nadeln drehen sich und vergilben, oft sterben die Triebe ab. Auffallend sind kleine weisse Wollflocken, unter denen sich die Läuse verbergen. An den Trieben klebrige Absonderungen.

Ursache: Zweige, Triebe und seltener auch Nadeln von Jungtrieben sind besetzt mit unterschiedlichen Stadien kleinerer und grösserer Läuse. Eiablage von April bis Mai. Die Larven saugen sowohl am Stamm, an Ästen und zum Teil an Nadeln. Besonders Jungpflanzen sind gefährdet.

Vorbeugung: Sonnige und trockenwarme Lage fördert den Befall. Mit einem starken Wasserstrahl gefährdete Bäume öfters abspritzen. Stark befallene Einzeltriebe eventuell ausschneiden und verbrennen.

Bekämpfung: Vor dem Austrieb mit Öl behandeln. Nach dem Austrieb folgende Wirkstoffe aus den Tabellen auf den Seiten 267–268 einsetzen.

Wirtspflanzen: Verschiedene Abies- und Picea-arten.

△ Fichtentriebläuse (Abb. 173)
▽ Alte Fichtentriebläuse (Abb. 174)

Weisstannenblattläuse

Mindarus abietinus

Schadbild: An Jungtrieben von Weisstannen sind die Nadeln verkrümmt und die Triebe zum Teil deformiert. Bei starkem Befall Absterben der Triebspitzen. Die Nadeln zeigen eine starke Braunfärbung, die an Spätfrostschäden erinnert. Durch eine grosse Vermehrungsintensität grosse Schäden möglich.

Ursache: Die Weisstannentrieblaus ist 1 bis 2 mm gross, grau bis gelbgrün und sehr beweglich. Sie legt im Herbst ihre Eier an der Basis der Endknospen ab, wo sie nach dem Austrieb sofort die jungen Nadeln befällt.

Vorbeugung: Einzelne Befallsstellen ausschneiden und verbrennen. Keine Weisstannendeckäste mit Blattlausbefall im Garten verwenden.

Bekämpfung: Vor dem Knospenaustrieb mit Mineral- oder Rapsöl gründlich spritzen. Nach dem Austrieb sind folgende Wirkstoffe aus den Tabellen auf den Seiten 267–268 wirksam.

Wirtspflanzen: Abies alba, Abies balsamea, Abies nordmanniana, Abies pectinata.

△ Weisstannentriebläuse
▽ (Abb. 176 + 177)

▽ Weisstannentriebläuse (Abb. 175)

Wurzelläuse

Pemphigusarten

Schadbild: Befallene Pflanzen sind im Wachstum geschwächt, sie welken und vergilben von unten her. An Wurzeln, Knollen und Zwiebeln zahlreiche Läuse, die oft mit weissen Wachsfäden überzogen sind.

Ursache: Die zahlreich auftretenden Läuse saugen an den Wurzeln und können auch Viren und Bakteriosen übertragen. Zum Teil wechseln sie ihren Wirt (Pappeln).

Vorbeugung: Fruchtwechsel bei Freilandpflanzen, besonders im Gemüsebau.

Bekämpfung: Behandeln der Setzlinge oder Jungpflanzen mit Pirimicarb, bei temperiertem Boden (mindestens 15 bis 18°C). Nur im Jungpflanzenstadium anwenden.
Bei Zierpflanzen auch später möglich.

Wirtspflanzen: Zierpflanzen: Farne, Euphorbiaceen, Kakteen, Palmen, Primeln, Nelken, Tulpen und andere. Gemüse: Karotten, Petersilie, Endiviensalat, Kopfsalat und andere.

Wartefrist: Siehe in den Tabellen auf den Seiten 254–263.

△ Wurzelläuse an Abutilon (Abb. 178)
▽ Befall an Endivien (Abb. 179)

▽ Befall an Endivien (Abb. 180)

Apfelblutläuse

Eriosoma lanigerum

Schadbild: An Trieben und Ästen dichtbesiedelte Kolonien von rotbraunen Läusen, die oft unter weissen Wachsausscheidungen versteckt sind. Der giftige Speichel verursacht schwammige Auswucherungen und Risse in der Rinde = «Blutlauskrebs».

Ursache: Überwinterung als Larve oder Vollinsekt an den Wurzeln oder in Rindenritzen an den Ästen. Bei grosser Kälte (unter −18°C) sterben die oberirdischen Blutläuse ab. Neubesiedelungen erfolgen von der Wurzel her.

Vorbeugung: Dichtschliessende Leimringe, um das Aufsteigen von Blutläusen aus dem Wurzelbereich zu verhindern. Durch die Schlupfwespe Aphelinus kann ein Befall reduziert werden.

Bekämpfung: Bei Befall nach der Blüte spritzen. Wirkstoffe: aus den Tabellen auf den Seiten 267–268.

Wirtspflanzen: Apfelbäume, vereinzelt auch Birnen.

Wartefristen: Siehe in den Tabellen auf den Seiten 260–263.

△ Geflügelte Apfelblutlaus (Abb. 181)
▽ Apfelblutläuse mit Wollgespinst (Abb. 182)

Birnblattsauger (Flohart)

Psylla pirisuga

Schadbild: Besonders an Jungtrieben sind die Blätter stark verkrümmt und deformiert. Das Wachstum ist in der Folge gehemmt. Es bildet sich auch reichlich Honigtau.

Ursache: Die flugfähigen Tiere legen ihre leuchtendgelben Eier ab April in noch nicht voll entwickelte Blätter. Die anfänglich gelben, später gelbbraunen Larven saugen im Frühjahr an den Blättern. Neben der starken Saugtätigkeit schädigt der Birnblattsauger auch noch, indem er die Mycoplasmakrankheit überträgt.

Vorbeugung: Rindenpflege durch Anstrich der Stämme, damit Schlupfwinkel entzogen werden.

Bekämpfung: Nach Sichtbarwerden der ersten Blattsauger sofortige Spritzbehandlungen. Später ist wegen starker Honigtaubildung der Zutritt der Spritzlösungen zu den dichten Kolonien erschwert. Wirkstoffe: aus den Tabellen auf den Seiten 267–268.

Wirtspflanzen: Birnen.

Wartefristen: Siehe in den Tabellen auf den Seiten 254–263.

△ Birnblattsauger (Abb. 183)
▽ Schäden durch Birnblattsauger (Abb. 184)

Schildläuse
Coccidae

Schadbild: An grünen bis holzigen Pflanzenteilen rundliche, schildförmige Höcker mit brauner Oberhaut in unterschiedlichen Grössen bis 6 mm ⌀. Schildläuse schädigen durch Saugen sowie durch ausgeschiedenen klebrigen Honigtau, auf dem sich in der Folge schwarzer Russtau bildet, der schwer wegzubringen ist. Hauptsächlich an den Blattunterseiten den Hauptnerven entlang, an den Sprossen jedoch überall anzutreffen.

Ursache: Es gibt verschiedene Schildlausarten, zum Beispiel Deckelschildlaus, Schalen- oder Napfschildlaus, Kommaschildlaus. Sie befallen eine Vielzahl von Zier- und Nutzpflanzen. Vermehrung durch Eier, die unter den festen Schildern ausschlüpfen. Die Jungtiere sind beweglich und verbreiten sich über die ganze Pflanze, die Alttiere sitzen immer am gleichen Ort fest.

Vorbeugung: Frühzeitige Behandlungen sind wichtig, damit eine starke Vermehrung verhindert wird. Zukauf von «sauberen» Jungpflanzen.

Bekämpfung: Systemisch wirkende Insektizide bzw. Mineral- oder Rapsöl haben Aussicht auf Erfolg. Durch den Ölfilm unter dem Deckel werden die Luftwege abgeschnitten, die Tiere ersticken. Einzelpflanzen abwaschen mit feinem Schwamm. Wirkstoffe sind in den Tabellen auf den Seiten 267–268 aufgeführt.

Wirtspflanzen: Zierpflanzen: Aphelandra, Bromelien, Codiaeum, Farne, Ficus, Hedera, Kakteen, Monstera, Philodendron, Oleander, Rosen, Palmen, Buxus, Cotoneaster, Juniperus, Taxus, Picea und andere.
Obst und Beeren: Pfirsich, Aprikosen, Zwetschgen, Apfel- und Birnbäume, Reben.

Wartefrist: Siehe in den Tabellen auf den Seiten 254–263.

Nützlinge: Im Obstbau verschiedene Kleinvögel und Schlupfwespen.

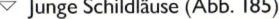
▽ Junge Schildläuse (Abb. 185)

△ Schildläuse an Asplenium (Abb. 186)
▽ Befall an Aphelandra (Abb. 187)

△ Befall an Oleander (Abb. 188)
▽ Befall an Zwetschgentrieb (Abb. 189)

△ Schildläuse an Fichte (Abb. 190)
▽ Schildläuse an Rebe (Abb. 191)

Kommaschildläuse

Lepidosaphes ulmi

Schadbild: An Ästen und Zweigen, später auch an Früchten ein dichter Belag von graubraunen, kommaähnlichen Schildläusen, die durch Saugen die Pflanzen schwächen und durch Zuckerausscheidungen starken Russtaubelag ermöglichen.

Ursache: Unter dem Deckel überwintern abgelegte Eier, die im Frühjahr ausschlüpfen und neue Standorte aufsuchen. Ausgewachsen sind die Kommaschildläuse ortsfest und unbeweglich.

Vorbeugung: Stete Kontrolle und frühzeitiger Einsatz von wirksamen Insektiziden. Vereinzelte Befallsstellen ausschneiden und verbrennen.

Bekämpfung: Abbürsten mit Drahtbürste an Ästen und Zweigen, im Winter Mineralöl spritzen. Von Mai bis Juni, wenn die Jungtiere ausschwärmen, spritzen mit folgenden Wirkstoffen: aus den Tabellen auf den Seiten 267–268.

Wirtspflanzen: Äpfel, Birnen, Pfirsiche, vor allem an schlecht gepflegten Bäumen.
Ziersträucher: Cotoneaster und andere Rosaceen.

Wartefrist: Siehe in den Tabellen auf den Seiten 254–263.

Nützlinge: Im Obstbau verschiedene Kleinvögel, Marienkäfer und Schlupfwespen.

△ Kommaschildläuse an Euonymus (Abb. 193)
▽ Befall an Cotoneaster (Abb. 194)

▽ Kommaschildläuse (Abb. 192)

△ Wolläuse an Euphorbia pulcherrima
▽ (Abb. 195 + 196)

▽ Befall an Aphelandra (Abb. 197)

Woll- oder Schmierläuse

Pseudococcus ssp.

Schadbild: An den Blattunterseiten entlang den Hauptnerven, bei Clivien zwischen den Blättern, bei Kakteen zwischen den Areolen weisse Wachsausscheidungen in flockigen Strukturen. Darunter versteckt 3 bis 5 mm lange, ovale weissbepuderte Wolläuse. Durch Saugtätigkeit Fleckenbildung und Kümmerwuchs. Durch Honigtaubildung Ansatz von Russtaupilzen.

Ursache: Diese Läuseart gehört zu den Schildläusen, sie besitzt aber keine Schilder. Ihr Schutz sind die Wollgespinste und die Wachsausscheidungen. Sie sind in allen Stadien beweglich, bilden aber oft dichte Kolonien.

Vorbeugung: Stete Kontrolle auf Befall und frühzeitiger Einsatz von geeigneten Produkten.

Bekämpfung: Durch die wolligen Ausscheidungen sind die Schädlinge gut geschützt, daher guter Druck beim Spritzen. Besonders Blattunterseiten gut behandeln. Wirkstoffe: aus den Tabellen auf den Seiten 267–268.

Wirtspflanzen: Verschiedene Zierpflanzen wie: Aphelandra, Clivien, Kakteen, Laurus nobilis und viele andere. Obst: Äpfel, Birnen, Quitten usw.

Nützlinge: Marienkäfer der Gattung Cryptolaemus im Gewächshaus.

△ Befall an Kiefer (Abb. 198)
▽ Befall an Lärche (Abb. 199)

▽ Befall an Pappel (Abb. 200)

Sackschildläuse
Iceria purchasi

Schadbild: Triebe und Astgabeln sind kolonienweise befallen. Leichte Schäden durch die Saugtätigkeit, Wollgespinste und Zuckerausscheidungen.

Ursache: Die Sackschildläuse trifft man in bestimmten Abständen von einigen Jahren, dies besonders in der Südschweiz. Die 5 mm grossen Sackschildläuse besitzen am Hinterteil Drüsen, die weisse wollige Fäden produzieren. In diesem Wollbelag sind sie gut geschützt. Sie treten oft in dichten Kolonien auf.

Vorbeugung: Vereinzelte Kolonien ausschneiden und vernichten.

Bekämpfung: Bei Befall gründliche Spritzbehandlungen. Wirkstoffe: aus den Tabellen auf den Seiten 267–268.
Biologisch: Einsatz von in Italien speziell gezüchteten Marienkäfern. Behandlung einige Jahre wiederholen.

Wirtspflanzen: Mimosen, Schirmakazien, Eiben und andere.

△ Sackschildläuse an Akazie (Abb. 201)
▽ Sackschildläuse an Taxus (Abb. 202)

▽ Sackschildläuse mit Jungtieren (Abb. 203)

Weisse Fliegen – Mottenschildläuse

Trialeurodes vaporariorum, Gewächshaus-
Mottenschildlaus
Aleyrodes proletella, Kohl-Mottenschildlaus
Bemisia tabaci, Baumwoll-Mottenschildlaus

Schadbild: Auf der Blattunterseite sitzen bis
1,5 mm lange, weiss bepuderte Fluginsekten
und ihre flachen hellgrünen, schildlausähnlichen
Larven. Blattoberseits zuerst kleine gelbe Flekken, später Vergilbung der Blätter. Bei Berührung fliegen die Insekten sofort auf. Befallsstellen sind mit Honigtau und Russtau belegt.

Ursache: Die Mottenschildlaus ist der Blattlaus und
der Schildlaus nahe verwandt, sie schädigt durch
Saugen. Vermehrung durch Eier, die an der
Blattunterseite befestigt werden. Die Larven
entwickeln sich rasch zu Vollinsekten. Trockenwarmes Klima begünstigt eine starke Vermehrung und Ausbreitung.

Vorbeugung: Verbesserung der Klimabedingungen
und stete Kontrolle. Schon beim ersten Auftreten Behandlungen durchführen. Lockfallen einsetzen wie z. B. «Soveurode», eine beleimte,
gelbe Farblocktafel (Gelbtafeln). Es können
auch Zeigerpflanzen aufgestellt werden.

Bekämpfung: Auf Blattunterseiten und in kurzen
Intervallen von 8 bis 10 Tagen gründlich spritzen. Wirkstoffe: vgl. Tabellen S. 267–268.

Wirtspflanzen: Zierpflanzen: Gerbera, Poinsettien,
Latanen, Fuchsien, Glockengeranien, Pachysta-
chys, Salvien, Zantedeschia und viele andere.
Gemüse: Tomaten, Kohlarten, Peperomia, Auberginen.

Wartefristen: vgl. Tabellen S. 254–263.

Verschiedenes: Weisse Fliegen können Viren
übertragen.

Nützlinge: Schlupfwespen der Gattung Encarsia
werden seit Jahren im Gewächshaus-Gemüse-
bau erfolgreich eingesetzt; neuerdings auch im
Zierpflanzenbau. Krankheitserregendes Pilzmycel der Gattung Verticillium kann auch eingesetzt werden. vgl. Tabelle S. 271.

▽ Weisse Fliegen mit Larven (Abb. 204)

△ Befall an Fuchsia (Abb. 205)
▽ Weisse Fliegen und Russtaupilze (Abb. 206)

△ Befall an Tomaten (Abb. 207)
▽ Befall an Euphorbia pulcherrima (Abb. 208)

△ Weisse Fliegen an Kohlpflanze (Abb. 209)

△ Klebefalle mit Weissen Fliegen (Abb. 210)

Drahtwürmer

Elateridae

Schadbild: Frassschäden an Wurzelgemüsen, Knollen und Zwiebeln. Befallene Pflanzen welken oder verkümmern, Sämlinge fallen um.

Ursache: Die leuchtendgelben bis orangeroten, 2 bis 3 cm langen und drahtigen Larven besitzen vorne 3 Beinpaare und stammen von verschiedenen Arten der Schnellkäfer ab, die zirka 1 cm lang sind. Der Käfer schädigt praktisch nicht, er ernährt sich von abgestorbenen Pflanzenteilen.

Vorbeugung: Eine tiefgründige Bodenbearbeitung. Mehr Samen als üblich ausbringen.

Bekämpfung: Im Hausgarten: Eingraben von halbierten Kartoffeln (mit Stäben markieren). Die Drahtwürmer fressen sich hinein und können leicht eingesammelt werden. Wirkstoffe: aus den Tabellen auf den Seiten 267–268 einsetzen.

Wirtspflanzen: Kartoffeln, Karotten, Sellerie, Endivien, Salat usw. Sämlinge von verschiedenen Gemüsen und Zierpflanzenarten.

Wartefrist: Siehe in den Tabellen auf den Seiten 254–263.

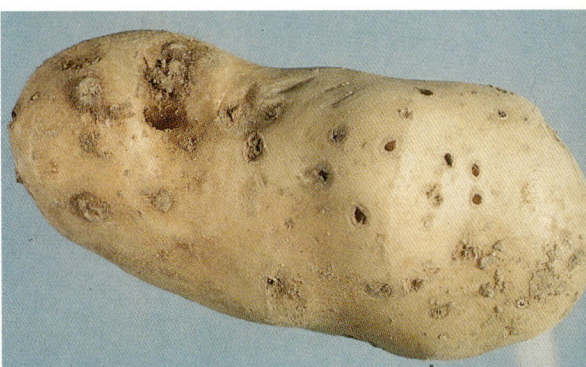

△ Kartoffel mit Drahtwürmern (Abb. 211)
▽ Drahtwurm (Abb. 212)

△ Blattwanzen (Abb. 213)

Blattwanzen
Heteroptera verschiedener Arten

Schadbild: Wanzen schädigen durch ihre Saugtätigkeit, besonders an jungen Trieben. Zum Teil sondern sie Giftstoffe ab, die befallene Pflanzenteile verkrüppeln lassen. Bei Chrysanthemen stirbt die Triebspitze ab oder verkümmert, worauf 3 bis 4 Seitentriebe teilweise ebenfalls Schäden zeigen.

Ursache: Verschiedene Wanzenarten, die Blätter, Triebspitzen oder Blütenknospen befallen. Je nach Art sind sie 5 bis 10 mm lang, gelbgrün, braun oder bunt gefärbt, sie besitzen 6 Beine, 2 kleine, flache Flügelpaare. Vermehrung durch Eierablage. Die Larven sind flügellos. Bei warmer Witterung sehr aktiv.

Vorbeugung: Während der Hauptbefallszeiten (ab warmen Frühlingstagen bis im Sommer) alle 10 bis 14 Tage gefärdete Kulturen spritzen mit Insektiziden.

Bekämpfung: Da am frühen Morgen die Wanzen kältestarr sind, Behandlungen frühzeitig vornehmen. Wirkstoffe gegen saugende Insekten: aus den Tabellen auf den Seiten 267–268 einsetzen.

Wirtspflanzen: Chrysanthemen, Dahlien, Rosen, Reben, Himbeeren, Brombeeren und viele andere.

Wartefristen: Siehe in den Tabellen auf den Seiten 254–263.

△ Wanzenschaden an Rosen (Abb. 214)
▽ Gurkenblattwanze (Abb. 215)

▽ Rhododendronnetzwanze (Abb. 216)

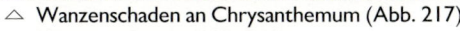

△ Wanzenschaden an Chrysanthemum (Abb. 217)

▽ Wanze an Rosen (Abb. 218)   ▽ Wanzenschaden, Triebe verkrümmt (Abb. 219)

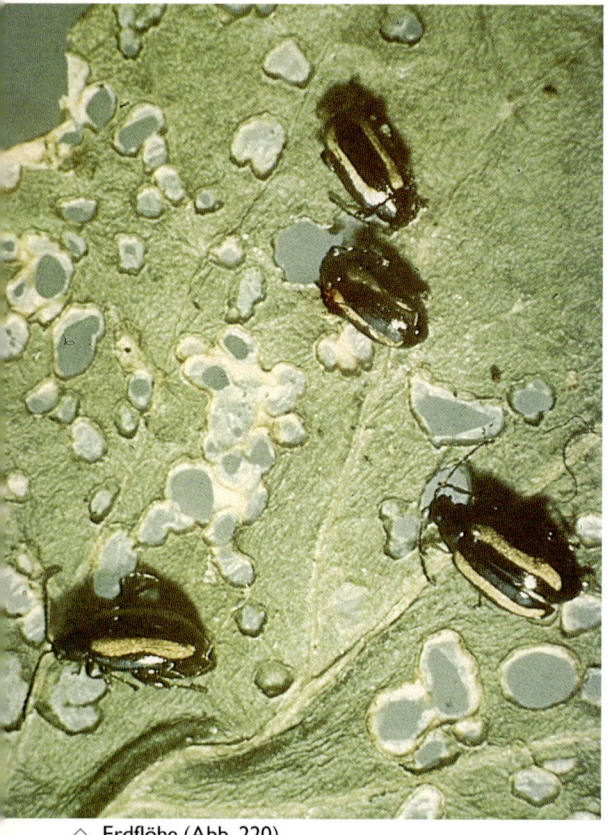

Erdflöhe
Phyllotretaarten

Schadbild: Die befallenen Pflanzen aus der Familie der Cruciferae weisen auf den Blättern siebartigen Lochfrass auf.

Ursache: Die 2 bis 3 mm grossen, schwarzen bis gelbgestreiften Käferchen sind sehr beweglich und springen oder fliegen bei Berührung fort. Sie fressen an Sämlingen oder Setzlingen, besonders an Radieschen und Kohlanzuchten, wodurch das Wachstum geschwächt wird.

Vorbeugung: Öfters bei Sonne mit kaltem Wasser überbrausen. Vor allem die Kulturbedingungen optimal gestalten, damit kein «Verhocken» der Pflanzen eintritt. Geschwächte Pflanzen werden zuerst befallen (giessen, düngen, lockern).

Bekämpfung: Am Morgen bei leichtem Tau stäuben. Bei trockener Witterung spritzen (Frühstadium) mit den Wirkstoffen gegen beissende Insekten aus den Tabellen auf den Seiten 267–268.

Wirtspflanzen: Gemüsepflanzen aus der Familie der Cruciferae, aber auch Zierpflanzen wie Arabis, Lobularia und andere.

Wartefristen: Siehe in den Tabellen auf den Seiten 254–263.

△ Erdflöhe (Abb. 220)
▽ Befall an Radies (Abb. 221)

Kohlgallrüssler

Ceuthorrynchus pleurostigma

Schadbild: Am Wurzelhals von Kohlgewächsen runde, erbsen- bis haselnussgrosse Gallen, die von weissen Larven bewohnt sind. Später Fäulnis der Befallsstellen und Absterben der Pflanzen.

Ursache: Der 2 bis 3 mm grosse, schwarze Käfer überwintert als Larve im Boden. Nach der Verpuppung Eiablage von März bis Mai an den Wurzelhals. Nach einer Sommerruhe werden im Herbst auch Rapspflanzen befallen. 1 Generation pro Jahr. Oft Verwechslung mit der Kohlhernie, doch fehlen bei ihr die Larven.

Vorbeugung: Kontrolle am Wurzelhals und vereinzelte Gallen ausklemmen. Setzlinge tief pflanzen! N-betont düngen, um den Start zu erleichtern.

Bekämpfung: Nur in der Setzlingsanzucht Spritzbehandlungen. Wirkstoffe: aus den Tabellen auf den Seiten 267–268.

Wirtspflanzen: Kohlarten, Raps, Rüben, Radies.

Wartefrist: Siehe in den Tabellen auf den Seiten 254–263.

△ Larven des Kohlgallrüsslers (Abb. 222)
▽ Rosenkäfer beim Einstich (Abb. 223)

Himbeerkäfer

Byturus tomentosus

Schadbild: Der Käfer zerstört durch Frass die Knospen, Blüten und jungen Früchte, die Larven fressen am Fruchtboden = Madigkeit der Himbeerfrüchte.

Ursache: Der Käfer überwintert im Boden. Bei Blütebeginn steigt er auf die Pflanzen und beginnt seine Frasstätigkeit, anderseits legt er seine Eier in die Blüten ab, worauf sich die Larven in den Früchten entwickeln. 1 Generation pro Jahr.

Vorbeugung: Stete Kontrolle und Käfer einsammeln.

Bekämpfung: Bereits im Knospenstadium und kurz vor der Blüte sind Insektizide, die die Bienen schonen, einzusetzen. Wirkstoffe: aus den Tabellen auf den Seiten 267–268.
Nur bei eingestelltem Bienenflug behandeln.

Wirtspflanzen: Himbeeren und Brombeeren.

Wartefrist: Siehe in den Tabellen auf den Seiten 254–263.

△ Erdbeerblüte mit Einstich (Abb. 224)

△ Schaden durch Erdbeerblütenstecher
▽ (Abb. 225 + 226)

Himbeer-Erdbeer-Blütenstecher
Anthonomus rubi

Schadbild: Besonders auch an Rosen oft beträchtliche Schäden. Der Stengel unterhalb der Blütenknospen ist an- oder abgestochen, er knickt leicht.

Ursache: Der 2,5 cm lange, schwarze Rüsselkäfer legt im Mai jeweils ein Ei in die Blütenknospe. Die 3 bis 4 mm lange, fusslose weisse Larve frisst zuerst in der Knospe, dann kriecht sie am Stengel abwärts, wo sie den noch weichen Stengel anfrisst. Nach der Verpuppung überwintert der Käfer in altem Laub oder in Rindenritzen.

Vorbeugung: Kontrolle und Käfer ablesen.

Bekämpfung: Bei Auftreten eventuell wiederholt spritzen mit folgenden Wirkstoffen: aus den Tabellen auf den Seiten 267–268.

Wirtspflanzen: Himbeeren, Erdbeeren, Rosen.

Wartefrist: Siehe in den Tabellen auf den Seiten 254–263.

▽ Eiablage in Rosenblüte (Abb. 227)

Apfelblütenstecher

Anthonumus pomorum

Schadbild: Nach der Blüte verbleiben die Blütenstände mit eingetrockneten braunen Blütenblättern und einem Bohrloch. Der Fruchtausfall
ist oft beträchtlich.

Ursache: Der Käfer überwintert in Rinden- oder
Borkenrissen und erscheint in der Regel im
März. Beim Aufspringen der Blütenknospen
legt er in jede Knospe ein Ei. Unter dem
eingetrockneten Blütendach entwickelt sich die
Larve zum Vollinsekt. Eine Generation pro Jahr.

Vorbeugung: Anbringen von Wellkartonbändern
um den Stamm im zeitigen Frühjahr. Nachts-
über kriechen die Käfer gerne in diese Unter-
schlüpfe und können frühmorgens eingesammelt werden.

Bekämpfung: Vorblüten- und Austriebspritzungen
bei mässigem Blütenansatz. Wirkstoffe: aus den
Tabellen auf den Seiten 267–268.
Bei starkem Blütenansatz ist eine Bekämpfung
in der Regel nicht nötig, ein Ausdünnen durch
einen Befall wird ertragen.

Wirtspflanzen: Äpfel, zum Teil auch Birnen.

Wartefristen: Siehe in den Tabellen auf den Seiten
254–263.

△ Apfelblüten ohne Befall (Abb. 228)
▽ Schaden durch Apfelblütenstecher (Abb. 229)

△ Kartoffelkäfer (Abb. 230)
▽ Eier und Junglarven (Abb. 231)

Kartoffelkäfer
Leptinotarsa decemlineata

Schadbild: Die Blätter der Kartoffelstauden sind mehr oder weniger stark angefressen. Bei starkem Auftreten Totalfrass, nur noch Blattrippen bleiben übrig. Der Ertrag ist in Frage gestellt.

Ursache: Der 10 mm grosse Käfer weist auf seinen gelben Flügeldecken 10 schwarze Streifen auf. Er und die orangeroten Larven sind sehr gefrässig. Der Käfer überwintert im Boden. Eiablage nach dem Austrieb der Kartoffeln an der Blattunterseite in Paketen von 20 bis 30 Eiern. Ein Weibchen legt pro Jahr bis 400 Eier ab.

Vorbeugung: Stete Kontrolle, Einsammeln der ersten Käfer, Larven und Eierpakete. Frühzeitig bei starkem Auftreten Behandlungen einleiten.

Bekämpfung: Gründlich von unten her spritzen. Wirkstoffe: aus den Tabellen auf den Seiten 267–268.

Wirtspflanzen: Kartoffeln, Auberginen.

Wartefristen: Siehe in den Tabellen auf den Seiten 254–263.

Nützlinge: Bakterienpräparat Bacillus thuringinensis sp. tenebrionis (Novodor usw.) erzielt ohne Chemieeinsatz eine sehr gute Wirkung, Es kann auch einige verwandte Blattkäferarten vernichten.

▽ Kartoffelkäfer und Larve (Abb. 232)

▽ Larvenfrassschäden an Kartoffeln (Abb. 233)

Maikäferengerlinge
Melolontha melolontha

Schadbild: Durch den Käfer Blattfrass an Laubbäumen. Durch die Larven (Engerlinge) starker Frass an Wurzeln, Knollen und Rhizomen.

Ursache: Die Maikäferpuppe überwintert im Boden. Der Käfer verlässt im April/Mai den Boden für den Reifefrass. Dann Eiablage in den Boden. Entwicklungsdauer der Larven bis zum Vollinsekt 3 Jahre. Flugjahre je nach Region.

Vorbeugung: Befallene Bäume frühmorgens kräftig schütteln, vorher Tücher darunterlegen und die Maikäfer einsammeln. Gegen Engerlinge mechanische Bodenbearbeitung.

Bekämpfung: Vor der Eiablage Spritzen der befallenen Bäume. Engerlinge in Ziergärten und Obstbäume frühzeitig giessen. Wirkstoffe gegen beissende Insekten: aus den Tabellen auf den Seiten 267–268.

Wirtspflanzen: Kartoffeln, Rüben, Rasenflächen, Beerensträucher, Jungbäume und andere.

Wartefrist: In den Tabellen der Seiten 254–263.

Nützlinge: Der Engerlingspilz Beauveria brongniartii wird auf Gerstenkörner produziert und maschinell ca. 2 cm in den Boden eingebracht. Der Pilz befällt ausschliesslich Maikäferengerlinge, ist aber in Deutschland nicht erhältlich.

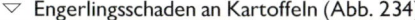
▽ Engerlingsschaden an Kartoffeln (Abb. 234)

△ Maikäfer (Abb. 235)

△ 200 Engerlinge pro m² (Abb. 236)
▽ Engerlinge (Abb. 237)

△ Dickmaulrüsslerlarven an Hydrangea (Abb. 238)
▽ Gefurchter Dickmaulrüsslerkäfer (Abb. 239)

Dickmaulrüsslerkäfer und Larven

Otiorhynchus sulcatus und O. salicicola

Schadbild: Käfer: Frassschäden zum Beispiel an Rhododendronblättern, Randfrass.
Larven: Die Pflanzen welken und sterben ab. Oft fallen die Pflanzen aus den Töpfen, weil alle Wurzeln abgefressen sind. Auch Knollen und fleischige Sprosse im Boden (Kalanchoe) werden benagt.

Ursache: Der gefurchte Dickmaulrüsslerkäfer ist 10 bis 12 mm gross, schwarz mit langen Fühlern. Tagsüber ist er lichtscheu und versteckt sich an schattigen Stellen. Er frisst nur während der Nacht. Eiablage in feuchte und humose Erde. Die Larven ernähren sich von unterirdischen Pflanzenteilen, verpuppen sich nach vollendetem Reifungsfrass. Nach einer längeren oder kürzeren Puppenruhe schlüpft der Käfer und beginnt bei wärmeren Witterungsperioden (Abenden) mit dem markanten Blattfrass.

Vorbeugung: Nicht zu leichtes Substrat verwenden. Im Frühling und Frühherbst insektenparasitierende Nematoden ausbringen.

Bekämpfung: Käfer: Spritzen mit folgenden Wirkstoffen: aus den Tabellen der Seiten 267–268.
Larven: Giessen mit larvenparasitierenden Nematoden

Wirtspflanzen: Azaleen, Begonien, Cyclamen, Hedera, Hortensien, Kalanchoe, Liatris, Primeln, Cotoneaster, Prunusarten, Rhododendronarten, Taxus, Sedum, Astilben, Bergenien und viele andere.

Verschiedenes: Die gefurchten Dickmaulrüsslerkäfer legen ihre Eier mit Vorliebe in leichte Kultursubstrate ab. Durch die Anzucht in Torfsubstraten und den Import von Baumschulpflanzen starke Ausbreitung in den letzten Jahren.

Nützlinge: 2 Arten von larvenparasitierenden Nematoden sind bekannt: Heterorhabditis sp. und Steinernema carpocapsae. Beide Arten sind mit genauer Gebrauchsanweisung einfach auszubringen.

▽ Dickmaulrüsslerlarve und Puppe (Abb. 240)

△ Larvenfrassschäden an Rhododendron (Abb. 241)   △ Welkeerscheinung nach Befall (Abb. 242)
▽ Käferfrass an Rhododendronblättern (Abb. 243)

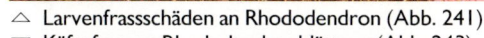

△ Befall durch Erbsenblattrandkäfer (Abb. 244)

Erbsenblattrandkäfer

Sitona lineatus

Schadbild: Am Blattrand der Erbsen bald nach dem Keimen der Saat rundliche Auskerbungen.

Ursache: Der 4 bis 5 mm lange, hell- bis dunkelbraun gestreifte Käfer frisst am Blattrand. Die Weibchen legen ihre Eier im Frühjahr in die Nähe der Erbsenpflanzen ab. Die Larven ernähren sich von den Wurzeln. Nach der Verpuppung durch den Winter steigen die Käfer im folgenden Frühjahr an die Stauden.

Vorbeugung: Stete Kontrolle und frühzeitige Behandlungen einleiten.

Bekämpfung: Einsammeln der Käfer. Spritzen im Frühstadium der Entwicklung. Wirkstoffe: aus den Tabellen auf den Seiten 267–268.

Wirtspflanzen: Erbsen.

Wartefrist: Siehe in den Tabellen auf den Seiten 254–263.

△ Speisebohnenkäfer
▽ (Abb. 245 + 246)

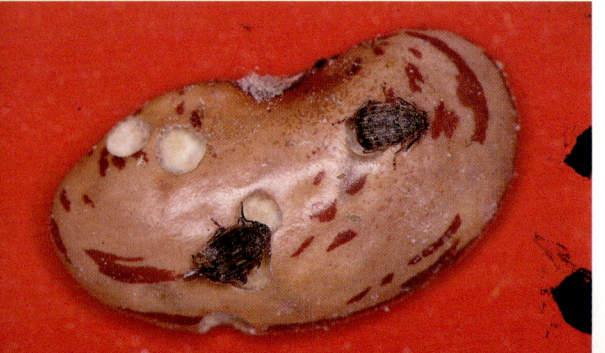

Bohnenkäfer

Acanthocelides obtectus

Schadbild: Im Samen runde Löcher, die oft durch die Samenhülle überdeckt sind, aber dunkler erscheinen. Pro Samenkorn mehrere Larven bis Käfer, die den Samen benagen. Die Keimung ist daher geschwächt oder in Frage gestellt.

Ursache: Der Speisebohnenkäfer wird meist durch Importe aus subtropischen Anbaugebieten eingeschleppt. Die Käfer sind grau und 3 bis 4 mm gross.

Vorbeugung: Vor der Saat ist befallenes Saatgut in einen Eimer voll Wasser zu legen. Befallene Samenkörner sind in der Regel leichter und schwimmen, sie können daher gut ausgesondert werden.

Bekämpfung: Nur als Vorratsschädling möglich. Kein befallenes Saatgut auslegen.

Wirtspflanzen: Bohnensamen für Saatgut, Suppen und Gemüse.

Lilienhähnchen

Lilioceris lilii, Lilioceris merdigera

Schadbild: An den Blättern zuerst Loch- und Fensterfrass, später bleiben nur noch die Mittelrippen übrig. Die Larven sind zudem mit einem schleimigen Kot bedeckt und sitzen meist in den Blattachseln.

Ursache: Beide Lilienhähnchenarten sind einander sehr ähnlich. Die Käfer sind 6 bis 7 mm lang und auf den glänzenden Flügeldeckeln leuchtend rot bis gelbrot gefärbt. Sie legen 1,5 mm grosse Eier an die Blattunterseite. Die Larven erscheinen meist ab Mai. Die Puppen und Käfer überwintern im Boden. 2 bis 3 Generationen pro Jahr.

Vorbeugung: Bei festgestellten Frassstellen Absuchen der Pflanzen.

Bekämpfung: Bei grösseren Beständen gründlich spritzen mit einem Insektizid gegen beissende Insekten. Wirkstoffe: aus den Tabellen auf den Seiten 267–268.

Wirtspflanzen: Verschiedene Lilienarten, aber auch Fritillaria und Gloriosa.

△ Lilienhähnchen mit Larve (Abb. 248)

▽ Frassschäden des Lilienhähnchens (Abb. 247)

△ Blattrandfrass durch Lilienhähnchen (Abb. 249)
▽ Frassschaden durch die Larven (Abb. 250)

△ Borkenkäferfrass an Kieferntrieb (Abb. 251)

Borkenkäfer

Ips typographus, Pitygenes chalcographus

Schadbild: An Fichten Rötung der Baumkrone von unten her. Die Nadeln werden grau und fallen ab. Zahlreiche Bohrlöcher am Stamm und Bohrmehlspuren. Bei starkem Befall löst sich die Rinde und fällt ab. Darunter typische Frassspuren, zum Teil Frassgänge ins Stammzentrum und in die Triebspitzen.

Ursache: Die unter der Rinde überwinternden Käfer von 2 bis 3 mm Grösse schwärmen von April bis Mai ab 20°C aus und suchen dabei ihren Partner zur Befruchtung. Eiablage an geschwächte Bäume an die Rinde, von wo sich Larven und Käfer einfressen.

Vorbeugung: Aufstellen von Lockfallen auf Pheromonbasis, die die Männchen durch Sexualduftstoffe anziehen. Die Weibchen bleiben so zum Teil unbefruchtet und bilden weniger Nachkommen aus. Altholz entrinden.

Bekämpfung: Gefährdete Bäume bei beginnendem Käferflug im Frühjahr gründlich spritzen. Wirkstoffe: aus den Tabellen auf den Seiten 267–268.

Wirtspflanzen: Picea, Pinus, Fagus, Zieräpfel, Pappeln, Kern- und Steinobst.

△ Borkenkäfer (Abb. 252)
▽ Frassspuren des Borkenkäfers (Abb. 253)

△ Frassspuren des Borkenkäfers
▽ (Abb. 254 + 255)

Riesenbastkäfer

Dendroctonus micans

Schadbild: An älteren Fichten in den unteren Stammteilen Bohrlöcher mit Harz- und Bohrmehlausscheidungen. Unter der Rinde im Bastteil oft grossflächige Frassgänge, die zum Teil auch ins Holz eindringen. Bei starkem Befall sterben die Bäume ab.

Ursache: Meist ist der Standort (Boden, Ernährung) ungeeignet, oder die Pflanzen sind durch Umwelteinflüsse geschwächt. Die Käfer schwärmen im März zur Befruchtung und Eiablage aus und befallen meist geschwächte Bäume.

Vorbeugung: Pheromonfallen aufstellen. Nur entrindetes Altholz in der Nähe lagern. Spechtgehäuse in der Umgebung aufstellen. Unkrautbeseitigung (freie Baumscheiben beziehungsweise Baumreihen).

Bekämpfung: Gefährdete Bäume bei beginnendem Käferflug im Frühjahr gründlich spritzen. Wirkstoffe: aus den Tabellen auf den Seiten 267–268.

Wirtspflanzen: Picea pungens «Glauca», Picea abies, Picea sitchensis und andere.

△ Riesenbastkäfer (Abb. 256)
▽ Frassschäden an Blautanne (Abb. 257)

△ Wespe (Abb. 258)

Wespen
Paravespula sp.

Schadbild: An reifenden Früchten bilden sich durch Einstiche und Frassstellen grössere Ausfälle. Die Folge ist oft ein Befall von Moniliapilzen, deren Folgeschäden noch grösser sind.

Ursache: Wespen lieben süsse Früchte wie Birnen, Pflaumen, Zwetschgen und andere bei Vollreife, an denen sie durch Lecken und Fressen grössere Löcher bilden.

Vorbeugung: Vernichten von Wespennestern in der nähern Umgebung. Beliebte Schlupfwinkel sind Dächer unter Ziegeln. Einsammeln der Königinnen von April bis Mai, wenn sie auf der Suche nach neuen Nestplätzen sind.

Bekämpfung: Weinflaschen werden umgekehrt in die Bäume gehängt. Die Öffnung ist mit einem Korken zu verschliessen. Am Boden macht man ein Loch von 3 bis 4 cm ∅. In die neue Öffnung füllt man zu 1/3 des Flaschenvolumens verdünnten Essig oder sauren Most. Die Wespen werden angelockt und ertrinken darin.

Wirtspflanzen: Verschiedene Obstarten nach der Vollreife.

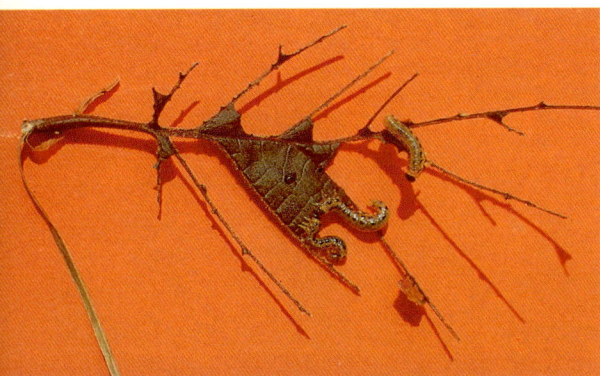

△ Larvenfrass an Johannisbeeren (Abb. 259)
▽ Befall an Stachelbeeren (Abb. 260)

Blattwespen
(Echte) Teuthredinidae

Schadbild: Oft starker Frass an Nadel- und Laubgehölzen, teilweise können nur noch die Blattadern übrigbleiben. Bei starkem Befall Wachstumsdepressionen der Pflanzen.

Ursache: Sehr artenreiche Gruppen von Blattwespen, die auch krautige Pflanzen befallen. Eine Generation pro Jahr. Nach der Eiablage der 3 bis 15 mm grossen Wespen auf die Wirtspflanzen sind die meist graugrünen Larven mit schwarzen Flecken sehr gefrässig.

Vorbeugung: Stete Kontrolle, besonders bei Beerensträuchern wie Stachel- und Johannisbeeren, wo oft Totalfrass festgestellt wird. Ablesen der ersten Raupen.

Bekämpfung: Bei Befallsbeginn frühzeitig gründlich spritzen. Wirkstoffe gegen beissende Insekten aus den Tabellen auf den Seiten 267–268.

Wirtspflanzen: An Nadel- und Laubgehölzen weit verbreitet, im Nutzgarten vor allem an Johannis- und Stachelbeeren.

Wartefristen: Siehe in den Tabellen auf den Seiten 254–263.

Sägewespen

Hoplocampa testudinae

Schadbild: An den Früchten gewundener Minierfrass vorerst an der Oberfläche, der bei grossen Früchten verkorkt. Später führen die Frassgänge ins Kerngehäuse. Die meisten der befallenen Früchte fallen ab.

Ursache: Die Larve überwintert im Boden, wo die Wespe im Frühjahr ausschlüpft. Während der Blüte erfolgt die Eiablage direkt in die Blüte und kurz darauf auch in den Blütenkelch. Die jungen Larven ernähren sich durch Minierfrass. Eine Generation pro Jahr.

Vorbeugung: Die am Boden liegenden, befallenen Früchte einsammeln und vernichten.

Bekämpfung: Unmittelbar nach dem Abfallen der Blütenblätter (kein Bienenflug mehr) Spritzbehandlung. Wirkstoffe: aus den Tabellen auf den Seiten 267–268.

Wirtspflanzen: Äpfel, aber auch Steinobstarten.

Wartefristen: Siehe in den Tabellen auf den Seiten 260–263.

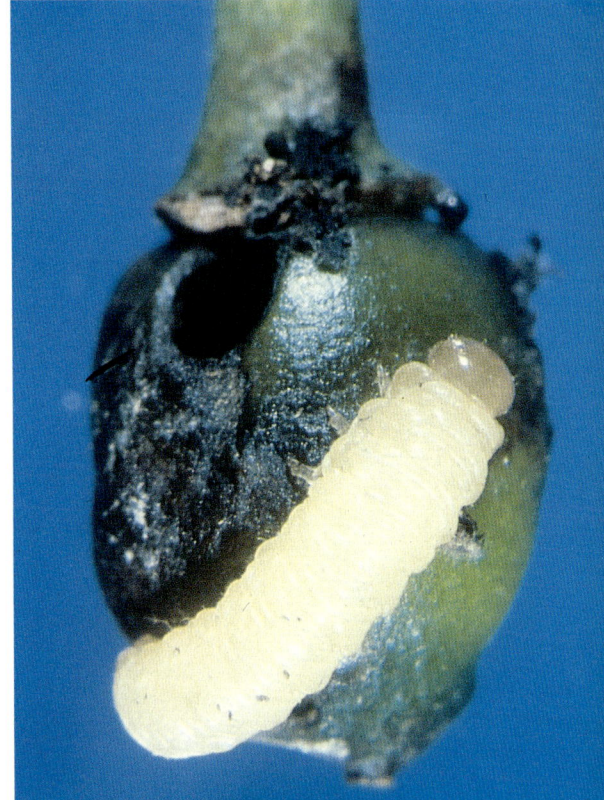

△ Sägewespenlarve an Zwetschge (Abb. 261)
▽ Sägewespenschaden an Zwetschge (Abb. 262)

△ Sägewespe (Abb. 263)
▽ Schaden an Apfel durch Sägewespenlarven (Abb. 264)

Kirschenblattwespen

Caliroa cerasi

Schadbild: Fensterfrass an der Blattoberfläche. Oft bleiben nur noch die dünnen Häutchen der unteren Blattoberhaut übrig.

Ursache: Die Kirschenblattwespen legen von Mai bis Juni ihre Eier in das Blattgewebe ab. Die ausschlüpfenden Larven sind schwarzgrün, schleimig, plump und erinnern an kleine Nacktschnecken. Nach 3 bis 4 Wochen verpuppen sie sich im Boden. Die zweite Generation schlüpft im Juli/August. Nach erneutem Blattfrass überwintern sie im Boden, wo sie sich im Frühjahr verpuppen und wieder die Kirschen befallen.

Vorbeugung: Im Hausgarten Ablesen der gut erkennbaren Larven.

Bekämpfung: Für den Hausgarten lohnt sich die Behandlung mit Pflanzenbehandlungsmitteln nicht. Empfehlenswert ist das Ablesen der Larven.
In der zweiten Generation lohnt sich in der Regel eine Behandlung nicht.

Wirtspflanzen: Kirschen, Sauerkirschen.

△ Kirschenblattwespen an Birnbaumblatt (Abb. 265)
▽ Kirschenblattwespenlarve (Abb. 266)

▽ Gallenbildung durch Rosengallwespe (Abb. 267)

Rosengallwespen

Diplolepis rosae

Schadbild: An Rosenzweigen baumnuss- bis eigrosse runde, starke behaarte Gallen in grüner, gelber bis rötlicher Farbe. Im Inneren finden wir unterteilte Kammern, in denen die Larven oder Puppen leben.

Ursache: Die Gallwespen legen ihre Eier im Frühjahr an die Triebe. Die Larven sind 5 mm lang, weiss und scheiden beim Nagen einen Saft aus, der die abnormen Wucherungen auslöst.

Vorbeugung: Die Gallen abschneiden und verbrennen. In diesem Zustand ist eine Bekämpfung praktisch nutzlos.

Bekämpfung: Da der Befall insbesondere an Strauch- und Wildrosen vorkommt, wird von einer chemischen Bekämpfung abgeraten. Solche Triebe werden mit Vorliebe in der Floristik verwendet.

Wirtspflanzen: Rosenarten vorwiegend bei Wildformen.

Rosentriebbohrer

Abwärtssteigender: Ardis brunniventris
Aufwärtssteigender: Monophadnus elongatulus

Schadbild: Die befallenen Jungtriebe an Rosen welken und trocknen ein. An den Trieben finden wir oft ein Bohrloch mit mehligem Mark. Im Sprossinnern frisst sich eine bis 15 mm lange weisse Larve durch das Mark hindurch.

Ursache: Abwärtssteigender Rosentriebbohrer: Die knapp 10 mm lange schwarze Blattwespe legt ihre Eier von April bis Mai in die weiche Triebspitze. Die Larve frisst sich 4 bis 5 cm im Triebinneren von oben nach unten, worauf der Trieb welkt und abstirbt.
Aufwärtssteigender Rosentriebbohrer: Die schwarzen Rosentriebbohrerwespen legen ihre Eier in die Blattstiele, wo sich kleine Pusteln bilden. Die grünen Larven fressen sich im Inneren oft bis 10 cm lang von unten nach oben.

Vorbeugung: Befallene Triebe ausschneiden und verbrennen.

Bekämpfung: Der Schaden hält sich in der Regel in Grenzen und muss nicht chemisch bekämpft werden.

Wirtspflanzen: Gartenrosen.

△ Larven des Rosentriebbohrers (Abb. 268)
▽ Befall durch Rosentriebbohrer (Abb. 269)

▽ Austrittsöffnung des Rosentriebbohrers (Abb. 270)

Rosenblattwespen

Caliroa aethiops

Schadbild: An den Rosenblättern oft starker Loch-
bis Skelettierfrass, bis nur noch die Blattrippen
übrigbleiben. Zum Teil verbleiben auch noch
die dünnen Blattober- oder -unterhauthäut-
chen.

Ursache: Die 4 bis 5 mm grosse schwarze Rosenblattwespe legt ihre Eier von Frühjahr bis Sommer auf die Blattunterseite ab. Die plumpen,
schneckenförmigen grünen Larven fressen vorerst örtlich an den Blättern, später werden die
Löcher grösser, und der Befall dehnt sich auf
andere Blätter aus. Die Larven überwintern
und verpuppen sich im Boden.

Vorbeugung: Vereinzelte Larven ablesen, bevor
grösserer Schaden entsteht.

Bekämpfung: Beim ersten Auftreten gründlich
spritzen. Wirkstoffe gegen beissende Insekten:
aus den Tabellen auf den Seiten 267–268.

Wirtspflanzen: Rosen.

△ Rosenblattwespe (Abb. 271)
▽ Rosenblattwespenlarve (Abb. 272)

▽ Schaden durch Rosenblattwespenlarve (Abb. 273)

△ Schadbild durch Rosenblattwespenlarve (Abb. 274)

△ Kiefernblattwespe (Abb. 275)
▽ Larve und Puppe einer Kiefernblattwespe (Abb. 276)

Rosenblattrollwespen
Blennocampa pusilla

Schadbild: Die Blattspreiten der einzelnen Fieder-blätter sind nach unten gerollt. In den Blattrol-len entwickeln sich die kleinen Blattwespenlar-ven geschützt und lange Zeit nicht sichtbar. Sie schädigen durch Loch- und Skelettierfrass.

Ursache: Die Rosenblattrollwespe ist 3 bis 4 mm lang und schwarz. Sie legt ihre Eier an die Blattränder, worauf es zum Einrollen kommt. Die bis 9 mm langen, anfangs weissen, später grünen Larven fressen das Blattgewebe zwi-schen den Nerven. Befallene Blätter vergilben und fallen mitsamt den Larven zu Boden, wo sie sich später verpuppen und im Frühjahr wieder ausschlüpfen.

Vorbeugung: Periodischer Pflanzenschutz, wie er bei Rosen angezeigt ist, schützt vor einem Be-fall.

Bekämpfung: Sofort nach Erkennen der ersten Symptome wiederholt gründlich von unten her spritzen. Wirkstoffe gegen beissende Insekten: aus den Tabellen auf den Seiten 267–268.
Vereinzelte befallene Blätter ablesen und ver-brennen.

Wirtspflanzen: Gartenrosen.

Kiefernblattwespen
Neodiprion pini

Schadbild: Die Nadeln werden von Larven abge-fressen. Durch ausgewachsene Larven oft To-talfrass, zum Teil wird auch die Rinde nicht verschont. Die erste Generation verschont den Jungtrieb meist, die zweite die Knospen. Bei starkem Befall grosse Schäden.

Ursache: Die Wespe legt ihre Eier von Frühjahr bis Sommer an ältere Triebe ab. Die gelbgrünen Larven mit braunen Kopfpartien sind sehr ge-frässig. Verpuppung der ersten Generation an der Rinde, die zweite verpuppt sich in der Bodendecke.

Bekämpfung: Kontrolle und bei erstem Befall so-fort Behandlungen einleiten. Wirkstoffe gegen beissende Insekten: aus den Tabellen auf den Seiten 267–268.

Wirtspflanzen: Pinusarten.

△ Frass der Kiefernblattwespenlarven
▽ (Abb. 277 + 278)

Lauchmotten
Acrolepia assectella

Schadbild: An jungen Blättern von Lauchpflanzen zuerst kleine Miniergänge und welke bis abgestorbene Blattspitzen. In tieferen Regionen der Blätter grössere Frassgänge, die bis in den Stengel hinunter führen und diese zum Faulen bringen.

Ursache: Die Lauchmotte legt ihre Eier an die jungen Blätter. Die ausschlüpfenden Räupchen fressen sich unterhalb der Epidermis nach unten. Dabei werden die Gänge immer grösser und treten an die Oberfläche. In der ersten Generation Befall von Juni bis Juli, in der zweiten von August bis September.

Vorbeugung: Stete Kontrolle und frühe Massnahmen einleiten. Mit den Fingerspitzen die inneren Lauchblätter abtasten und bei spürbaren Verdickungen die Raupen verdrücken.

Bekämpfung: Bei grösseren Pflanzungen periodisch spritzen. Wirkstoffe: aus den Tabellen auf den Seiten 267–268.

Wirtspflanzen: Lauch, Zwiebeln, Knoblauch.

Wartefristen: Siehe in den Tabellen auf der Seite 255.

△ Larven der Lauchmotte
▽ (Abb. 279 + 280)

Obstbaumminiermotte

Lyconetia clerkella

Schadbild: An verschiedenen Obstarten, besonders bei Äpfeln und Kirschen, an den Blättern schmale und lange Frassgänge unterhalb der Epidermis, die immer breiter werden.

Ursache: Die Miniermotte legt ihre Eier ab Mitte Mai vereinzelt auf die Blattunterseite ab. Die Räupchen fressen sich zwischen Blattober- und -unterhaut durch das Gewebe hindurch. Im Sommer Austritt an der Blattunterseite, wo sie sich in Kokons verpuppen. Pro Jahr bis 3 Generationen.

Vorbeugung: Natürliche Feinde hemmen die Vermehrung, daher Nistkästen in der Nähe aufhängen.

Bekämpfung: Bei wiederholten Insektizidbehandlungen gegen andere Schädlinge werden auch die Motten vernichtet. Die Larven im Blatt sind schwer zu bekämpfen. Wirkstoffe: aus den Tabellen auf den Seiten 267–268.

Wirtspflanzen: Kern- und Steinobstarten.

Wartefristen: Siehe in den Tabellen auf den Seiten 260–263.

▽ Miniermottenlarven an Zwetschgenblatt (Abb. 281)

△ Miniermotte (Abb. 282)
▽ Miniermottenlarve an Apfelblatt (Abb. 283)

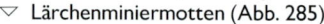
△ Azaleenmotten (Abb. 284)
▽ Lärchenminiermotten (Abb. 285)

Azaleenmotten
Gracilaria azaleela

Schadbild: Azaleenblätter mit hellgrünen, später braun werdenden Frassstellen auf der Blattunterseite. Später wickeln sich die Larven durch Herunterbiegen der Blattspitzen ein. Eintrocknen und Abfallen der Blätter.

Ursache: Der nur 5 mm grosse Kleinfalter hat eine Flügelspannweite von knapp 2 cm. Eiablage an die Blattunterseite. Die 5 bis 10 mm grossen grünen Räupchen minieren an den Blättern, später leichte Gespinstbildung. Verpuppung am Blattrand oder in den Taschen. Mehrere Generationen pro Jahr.

Vorbeugung: Kontrolle und Ablesen der befallenen Blätter.

Bekämpfung: Während der Hauptgefahrenzeit bei ersten Befallsstellen in Abständen von 8 bis 10 Tagen Blattunterseiten gründlich spritzen. Wirkstoffe gegen freifressende Schmetterlingsraupen: aus den Tabellen auf den Seiten 267–268.

Befallspflanze: Rhododendron simsi.

Nützlinge: Das Ausbringen von Bacillus thuringiensis sp., die auch gegen Gespinstmotten Anwendung findet, könnte eingesetzt werden.

Lärchenminiermotten
Coleophora laricella

Schadbild: Die einzelnen Nadeln sind durch kleine Raupen von innen her ausgehöhlt. Die äussere Nadelhälfte ist dadurch weiss bis hellgrün gefärbt und scheint fast durchsichtig. Bei starkem Befall werden auch die Triebspitzen abgebissen.

Ursache: Die Motte legt ihre Eier von Mai bis Juni einzeln in die jungen Lärchennadeln ab. Die geschlüpften Räupchen fressen sich in die rundlichen weichen Nadeln ein.

Vorbeugung: Stete Kontrolle. Meisennistkästen in der Nähe aufhängen.

Bekämpfung: Austriebspitzungen mit folgenden Wirkstoffen gegen freifressende Schmetterlingsraupen: aus den Tabellen auf den Seiten 267–268 oder zur Zeit des Falterfluges von Mai bis Juni.

Wirtspflanzen: Lärchen, aber auch Tsuga und Douglasia.

Nützlinge: Bacillus thuringiensis sp. einsetzen.

Thujaminiermotten
Argyresthia thuiella

Schadbild: Die einzelnen Schuppenblättchen von jungen Trieben werden ab Mai von der Spitze her gelb, später braun. Darin finden wir mit Kot gefüllte Miniergänge und bis 3 mm lange Raupen, die sich Ende Mai bis Juni verpuppen.

Ursache: Der Falter der Thujaminiermotte ist hellgelb und wird bis 4 mm lang. Eiablage in die Endschuppen der Jungtriebe von Juli bis August. Ab Ende August beginnt der Minierfrass, der sich durch den ganzen Winter über der Nullgradgrenze fortsetzt.

Vorbeugung: Vereinzelte befallene Triebe ausschneiden und verbrennen.

Bekämpfung: Aussichtsreich gegen den Falter und die Junglarve Ende Mai und Ende Juni sind Spritzbehandlungen. Wirkstoffe gegen beissende Insekten: aus den Tabellen auf den Seiten 267–268.
Gegen die Raupen im zeitigen Frühjahr behandeln.

Wirtspflanzen: Thuja occidentalis und Gartenformen. Juniperusarten.

Nützlinge: Bacillus thuringiensis sp. einsetzen.

△ Miniermotten an Thuja
▽ (Abb. 287 + 288)

▽ Miniermotten an Juniperus (Abb. 286)

Obstbaumgespinstmotten

Apfel: Hyponomeuta malinellus
Birnen: Hyponomeuta padellus

Schadbild: Von April bis Mai grosse Gespinste. Die Blätter werden total kahlgefressen.

Ursache: Die Falter schlüpfen im Juni aus und legen ihre Eier im Sommer an Astpartien ab. Die gelbbraunen Räupchen schlüpfen im Herbst und überwintern am Gehölz. Sie sind sehr gefrässig und bilden die Gespinste.

Vorbeugung: Winterspritzungen = Anwendung nur in der absoluten Winterruhe!

Bekämpfung: Bei ersten Befallserscheinungen gründlich spritzen. Wirkstoffe: aus den Tabellen auf den Seiten 267–268.

Wirtspflanzen: Äpfel, Zwetschgen und Pflaumen und auch Laubgehölze.

Wartefristen: Siehe in den Tabellen auf den Seiten 260–263.

Nützlinge: Spritzen des Bakterienpräparates Bacillus thuringiensis.

△ Starker Befall durch Obstgespinstmotten (Abb. 289)
▽ Raupe der Gespinstmotte (Abb. 290)

▽ Gespinstmotten an Apfelbaum (Abb. 291)

△ Gespinst mit Raupen (Abb. 292)
▽ Gespinstmottenraupen an Rosen (Abb. 293)

▽ Gespinstmotte (Abb. 294)

Weidengespinstmotten
Hyponomeuta rorellus

Schadbild: Bei starkem Befall können selbst grosse Sträucher und Bäume kahlgefressen werden. Die Zweige und Stämme zeigen oft einen netzartigen Überzug aus zähen, weissen Gespinstfäden. Eine Generation pro Jahr.

Ursache: Falterflug von Juni bis Juli. Eiablage in Häufchen an die Zweige. Die Larven ernähren sich vorerst von den Blättern, verschonen aber auch die Rinde nicht. Nach der Bildung der Gespinste überwintern die Gespinstraupen im Schutze der Gewebe. Kalte Winter können sie stark dezimieren.

Vorbeugung: Ausbürsten der Gespinste von Sommer bis Herbst.

Bekämpfung: Winterspritzungen oder zur Zeit der Eiablage und im Sommer mit Wirkstoffen aus den Tabellen auf den Seiten 267–268.

Wirtspflanzen: Salix alba, S. viminalis.

Nützlinge: Bacillus thuringiensis sp. einsetzen.

△ Weidengespinstmotten mit Netz
▽ (Abb. 295 + 296)

Heckenwickler – Rosenwickler

Cacoecia rosana

Schadbild: An verschiedenen Laubgehölzen, vor allem an Rosen und Hainbuchen, grössere Gespinstnester, die bei Rosen auch die Blütenknospen einbeziehen. An den Blättern starker Lochfrass.

Ursache: Der Schädling überwintert im Eistadium in der Erde oder an den Trieben. Die Räupchen schlüpfen von April bis Mai aus, sie werden bis 1,5 mm lang und sind grünlich gefärbt. Verpuppung ab Ende Mai bis Anfang Juli, dann wieder Flug und im Herbst Eiablage.

Vorbeugung: Eine gründliche Winterspritzung in gefährdeten Hecken oder Rosenpflanzungen tötet die Eier ab.

Bekämpfung: Die Gespinstnester ausschneiden und vernichten. Bei Befallsbeginn gründlich spritzen. Wirkstoffe: aus den Tabellen auf den Seiten 267–268.

Wirtspflanzen: Hainbuchen, Rosen und andere Laubgehölze.

Nützlinge: Das Bakterienpräparat Bacillus thuringiensis sp. zeigt eine gute Wirkung.

△ Heckenwicklerraupen (Abb. 297)
▽ Traubenwickler (Abb. 298)

Traubenwickler (Heu- und Sauerwurm)

Clysia ambiguella

Schadbild: Die Blütenanlagen sind durch Gespinstfäden dicht versponnen. Die gelb- und schwarzköpfigen Larven fressen an Knospen und Blüten im Mai bis Juni. In der zweiten Generation werden auch die Beeren befallen.

Ursache: Der Wickler überwintert als Puppe meist an Pfählen oder an der Pflanze selbst. Im Mai Eiablage an die Blütenstände, eine zweite Generation folgt von August bis September.

Vorbeugung: Pheromonfallen aufhängen. Gegen die erste Generation, Bacillus thuringiensis (Delfin), bei Auftreten der ersten Larven spritzen.

Bekämpfung: Bei grösseren Beständen gründliche Spritzungen. Wirkstoffe: aus den Tabellen auf den Seiten 267–268.

Wirtspflanzen: Reben.

Wartefristen: Siehe in den Tabellen auf der Seite 257.

Apfelwickler (Obstmade)
Cydia pomonella

Schadbild: An Obstfrüchten Bohrlöcher ins Fruchtinnere, bei Kernobst Zerstörung des Fruchtge-
häuses. Befallene Früchte fallen vorzeitig ab.

Ursache: Der Falter ist graubraun und wird bis 2 cm
gross. Er fliegt von Juni bis August in der
Abenddämmerung und legt seine Eier an Blätter und Früchte. Die Larven fressen sich ins
Fruchtinnere und verpuppen sich später in Rindenritzen. 1 bis 2 Generationen.

Vorbeugung: Nützlinge fördern. Fallobst frühzeitig
auflesen und vernichten, damit die Larven nicht
ausschlüpfen.

Bekämpfung: Mitte bis Ende Juni 1 bis 2 Spritzbehandlungen. Wirkstoffe: aus den Tabellen auf
den Seiten 267–268.
Pheromonfallen zur Flugüberwachung einsetzen.

Wirtspflanzen: Äpfel und Birnen.

Wartefristen für frühe Sorten: Siehe in den
Tabellen auf den Seiten 260–263.

Nützlinge: Der natürlich vorkommende Krank-
heitserreger der Obstmade ist ein Granulose-
Virus als rein biologisches Produkt. Für den
Hausgarten werden auch Schlupfwespen ange-
boten.
Aus der Tabelle der Seite 271.

△ Falter des Apfelwicklers (Abb. 299)
▽ Larve des Apfelwicklers (Abb. 300)

▽ Larve im Kerngehäuse (Abb. 301)

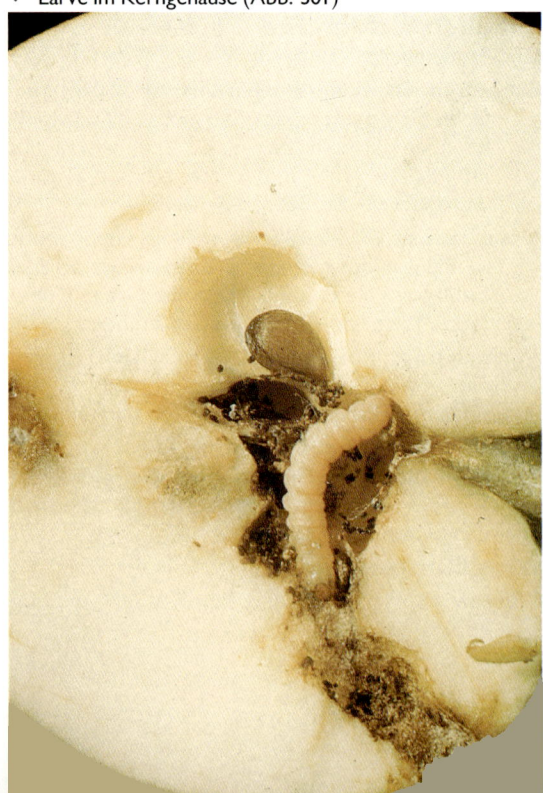

△ «Madige» Äpfel (Abb. 302)
▽ Einstich des Pflaumenwicklers (Abb. 303)

Pflaumenwickler

Grapholita funebrana

Schadbild: Die Früchte reifen vorzeitig und fallen ab. Sie weisen Bohrlöcher auf, aus denen Gummitropfen austreten. Frassgänge durch die Frucht, im Bereiche des Steins grössere Kotrückstände und eine rötlichgelbe Made.

Ursache: Der Kleinschmetterling legt seine Eier an die jungen Früchte ab. Die Larven bohren sich ein. Nach der Verpuppung Flug und erneute Eiablage. 2 Generationen im Jahr.

Vorbeugung: Am Boden im Fallaub Gespinste mit Larven der zweiten Generation einsammeln und vernichten.

Bekämpfung: Frühzeitig und gezielt während des Fluges der Schmetterlinge. Wirkstoffe: aus den Tabellen auf den Seiten 267–268 einsetzen. Pheromonfallen zur Flugüberwachung einsetzen.

Wirtspflanzen: Zwetschgen, Pflaumen, Mirabellen, Reineclauden.

Wartefristen für frühe Pflaumen- und Reineclauden: Siehe in den Tabellen auf den Seiten 260–263.

Nützlinge: Schlupfwespen, siehe Seite 271.

Apfelschalenwickler
Adoxophyes orana (Carpocaspa pomonella)

Schadbild: Ab April sind Blattbüschel mit feinen Gespinstfäden zusammengesponnen. In den Gespinsten kleinere bis grössere, gelbgrüne bis braune Raupen, die an den Blättern fressen. Ab Juli fressen sie auch an den Schalen der Früchte.

Ursache: Die Larven überwintern unter Rindenschuppen, im Frühjahr wandern sie an die Triebe, wo der Blattfrass beginnt. Eiablage an die Blattunterseiten, nach der Verpuppung in den Gespinsten.

Vorbeugung: Da die Räupchen durch dichte Gespinste versteckt und geschützt sind, ist eine Bekämpfung oft schwierig. Vereinzelte Gespinste einsammeln und verbrennen.

Bekämpfung: Austriebspritzungen oder meist zusammen mit der Schorfbehandlung. Wirkstoffe: aus den Tabellen auf den Seiten 267–268.
Pheromonfallen werden zur Flugüberwachung der Schmetterlinge eingesetzt und zeigen den Einsatzbeginn von Behandlungen auf.

Wirtspflanzen: Äpfel, Birnen, Steinobst.

Nützlinge: Für den Hausgarten werden Schlupfwespen zum Aussetzen angeboten.

Wartefristen: Siehe in den Tabellen auf den Seiten 260–263.

△ Eigelege des Apfelschalenwicklers (Abb. 304)
▽ Schäden des Apfelschalenwicklers (Abb. 305)

Knospenwickler

Roter: Spilonota ocellana
Grauer: Hedya nubiferana

Schadbild: Beim Aufbrechen der Knospen von Kern- und Steinobstarten entfalten sich die Blätter nicht. Die Blattbüschel sind mit feinen Gespinstfäden umwoben; sie bleiben dachartig geschlossen und verkümmern.

Ursache: Die kleinen Räupchen der beiden Knospenwicklerarten fressen das Knospeninnere aus. Ab Juni verpuppen sie sich, worauf der Falter seine Eier einzeln an die Knospen und die jungen Blätter ablegt. Die Überwinterung erfolgt als halbgewachsene Räupchen in Gespinstkokons in Rindenspalten und anderen Schlupfwinkeln.

Vorbeugung: Befallene Triebspitzen einsammeln und vernichten.

Bekämpfung: Gründliche Austriebspritzbehandlung. Wirkstoffe: aus den Tabellen auf den Seiten 267–268.

Wirtspflanzen: Verschiedene Obstarten.

Wartefristen: Siehe in den Tabellen auf den Seiten 258–259.

Nützlinge: Mit Bacillus thuringiensis sp. ist ein Eindämmen möglich.

△ Knospenwicklerlarve (Abb. 306)
▽ Rostroter Fichtenwickler (Abb. 307)

Rostroter Fichtenwickler

Semasia ratzeburgiana

Schadbild: Besonders bei Fichten im Alter von 20 bis 50 Jahren nach dem Austrieb tiefe Frasslöcher an den Endknospen. Beim Austrieb sind die Endschuppen versponnen, so dass eine «Kappe» an den Trieben hängen bleibt. Der Trieb ist gekrümmt, und die Vegetationsspitze ist geschädigt. Oft auch Nadelfrass.

Ursache: Der gelblichgrüne Falter in der Grösse von 12 bis 15 mm fliegt erst von Juli bis August und legt die Eier in die Nähe der Endknospen. Die Raupen sind weissgrau bis rötlich. Verpuppung im Frühsommer.

Vorbeugung: Stete Kontrolle und einzelne Befallsherde frühzeitig ausschneiden und verbrennen.

Bekämpfung: Zeit der Eiablage gegen Falter. Wirkstoffe: aus den Tabellen auf den Seiten 267–268. Beim Austrieb beziehungsweise bei Frassbeginn der Larven rechtzeitig mit einem der genannten Wirkstoffe behandeln.

Wirtspflanzen: Fichten- und auch Pinusarten.

△ Kieferntriebwickler und Frassschaden
▽ (Abb. 308 + 309)

Himbeerglasflügler

Bembecia hylaeiformis

Schadbild: Im unteren Stengelbereich der 1jährigen Ruten Frassgänge im Inneren bis hinunter zu den Wurzeln. Aus den Löchern wird Bohrmehl ausgestossen. Die Ruten brechen leicht ab oder trocknen ein. Wenn man mit der Hand flach über verdächtige Ruten streicht, kann man den Befall rasch feststellen, die Ruten brechen knapp über dem Boden ab.

Ursache: Der Glasflüglerfalter weist glasklare, durchsichtige Flügel auf. Er legt seine Eier an die Basis der Ruten ab, vereinzelt auch in den Boden. Die gelblichweissen Larven fressen sich durch die Ruten ins Mark, von wo sie abwärts bis in die Wurzeln wandern. Die Raupen treten zur Verpuppung aus den Bohrlöchern, um sich im Boden zu verpuppen.

Vorbeugung: Bei Feststellen eines Befalls sind die Bohrlöcher mit Wundsalbe auszufüllen, um das Austreten und das Verpuppen zu verhindern. Die unteren 15 cm können auch mit Raupenleim bestrichen werden. Befallene Ruten sind so tief wie möglich im Erdreich auszuschneiden und zu verbrennen.

Bekämpfung: Da gegen den Himbeerglasflügler keine chemischen Produkte zugelassen sind, ist nur eine vorbeugende Behandlung angebracht.

Wirtspflanzen: Himbeeren.

△ Himbeerglasflügler (Abb. 310)
▽ Bohrstellenmehl des Himbeerglasflüglers (Abb. 311)

△ Eigelege des Frostspanners (Abb. 312)

Frostspanner

Grosser: Operophthera brunnata
Kleiner: Erannis defoliaris

Schadbild: Beim Austrieb fressen die Räupchen an jungen Blättern und Blüten, zum Teil an Früchten der Obstbäume.

Ursache: Der Frostspanner verpuppt sich im Boden. Der ♂ Falter fliegt, der ♀ hat nur kurze Stummel und klettert zur Eiablage über den Stamm in die Baumkronen. Die braunen bis grünen Raupen sind katzenbuckelartig gebogen.

Vorbeugung: Kontrolle und frühzeitige Behandlungen. Anbringen von Leimringen im Oktober. Im März für die aufsteigenden Weibchen erneuern.

Bekämpfung: Bei starkem Befall im Raupenstadium das ungiftige Produkt Bacillus thuringiensis ausbringen. Chemische Wirkstoffe: aus den Tabellen auf den Seiten 267–268.

Wirtspflanzen: Kern- und Steinobstarten.

Wartefristen: Siehe in den Tabellen auf den Seiten 260–263.

▽ Kirschenfrostspannerraupe (Abb. 315)

△ Grüne Spannerraupe (Abb. 313)
▽ Braune Spannerraupe (Abb. 314)

Erdeulenraupen
Agrotisarten

Schadbild: An Wurzeln und Knollen sowie an erd-
nahen Pflanzenteilen grosse Frassschäden. Die
Raupen sind 3 bis 5 cm lang und besitzen 8
Beinpaare. Nachts Frasstätigkeit, tagsüber Einrollen der Raupen im Boden.

Ursache: Als Larven verschiedener Erdeulenfalter
richten sie grosse Schäden an. Eiablage von Mai
bis Juli an der Blattunterseite. Kleine Raupen
fressen auch an jungen Triebteilen. Mit zunehmender Grösse wandern sie in den Boden.

Vorbeugung: Stete Kontrolle während der Entwicklungszeit. Nachts befallene Pflanzen im
oberen lockeren Erdreich absuchen.

Bekämpfung: Zwischen die Pflanzen Köder auslegen. Abends spritzen mit folgenden Wirkstoffen: aus den Tabellen auf den Seiten 267–268.
Auch Bacillus thuringiensis zeigt gute Wirkung.

Wirtspflanzen: Cyclamen, Kalanchoe, Chrysanthemen. Verschiedene Gemüsearten, insbesondere
Salatarten.

Wartefristen: Siehe in den Tabellen auf den Seiten
254–263.

△ Erdeulenraupen an Salat (Abb. 318)
▽ Befall an Kohlrabi (Abb. 319)

△ Erdeulenraupenfrass an Chrysanthemum
▽ (Abb. 316 + 317)

△ Gemüseeulenraupe auf Kohlblatt (Abb. 320)
▽ Hopfen-Quecken-Wurzelbohrer an Karotte (Abb. 321)

Gemüseeulen
Mamestra oleracea

Schadbild: Im Gegensatz zur Erdraupe befällt die Gemüseeulenraupe alle oberirdischen Pflanzenteile, wo zuerst an den äusseren Blättern von Kohlgewächsen Loch- bis Skelettierfrass festgestellt wird. Später dringen grosse Eulenraupen ins Herz von Kohlgewächsen, worauf Fäulnis eintritt.

Ursache: Die Falter legen ihre Eier ab Mai bis Juni an die Pflanzen. Besonders die Larven der zweiten Generation sind sehr gefrässig (zirka Anfang bis Mitte August). 2 bis 3 Generationen pro Jahr. Die Puppen überwintern im Boden, worauf die Falter im Frühjahr wieder an die Pflanzen gelangen.

Vorbeugung: Morgens unter befallenen Pflanzen ein Papier auslegen und die Pflanzen kräftig schütteln. Einsammeln und vernichten.

Bekämpfung: Rechtzeitig spritzen. Vereinzelt auftretende Eulenraupen einsammeln. Bei starkem Befall Wirkstoffe mit kurzer Wartefrist gründlich spritzen. Wirkstoffe: aus den Tabellen auf den Seiten 267–268.

Wirtspflanzen: Verschiedene Kohlarten, aber auch Zuckerrüben und Mais.

Wartefristen: Siehe in den Tabellen auf den Seiten 254–256.

Hopfen-Quecken-Wurzelbohrer
Hepialus humuli

Schadbild: Die befallenen Pflanzen welken und sterben ab. Die Wurzeln sind von grossen Frassgängen durchzogen, die zum Teil mit schwarzem Kot ausgefüllt sind.

Ursache: Die Hopfen-Quecken-Wurzelbohrer oder Salatwurzelbohrer sind besonders bei den Hopfen und Gräsern verbreitet, befallen aber auch Gemüsearten wie Salat, Karotten und andere. Die bis 5 cm langen gelblichen Raupen mit schwarzem Kopf sind sehr gefrässig.

Vorbeugung: Kontrolle und befallene Pflanzenwurzeln verbrennen.

Bekämpfung: Da der Schaden meist im Spätstadium auftritt, ist eine Bekämpfung mit chemischen Mitteln bei Gemüsearten schwierig. Im Jugendstadium Bekämpfung wie Erdraupen.

Wirtspflanzen: Hopfen, Gräser, Kopfsalat, Karotten. Im Gemüsegarten bevorzugt nach Neuumbruch beziehungsweise einige Meter von Wiesen entfernt.

Nützlinge: Pilzsporen von Metarhizium anisopliae (siehe Seite 271) angiessen.

Grosser Kohlweissling Pieris brassicae
Kleiner Kohlweissling Pieris rapae

Schadbild: An den Blättern von Kohlarten unregelmässiger Loch- bis Skelettfrass sowie braungrüne Kothäufchen.

Ursache: Der Kohlweissling überwintert als Puppe an Wänden und Baumstämmen. Der weisse Schmetterling legt seine Eier von Mai bis Juni auf die Blattunterseite in Häufchen ab. Die Larven nagen zuerst an der Blattunterseite, grössere Raupen fressen Löcher, oft Totalfrass bei starkem Befall. 2 Generationen pro Jahr: Juli bis September.

Vorbeugung: Stete Kontrolle und beim ersten Auftreten stäuben in den Morgentau.

Bekämpfung: Frühzeitige Spritzbehandlungen, da die jungen Räupchen leichter abzutöten sind. Wirkstoffe: aus den Tabellen auf den Seiten 267–268.
Auch Bacillus thuringiensis als biologisches, nützlingsschonendes Produkt hat sich gut bewährt.

Wirtspflanzen: Kohlpflanzen des Gemüsegartens und Wildpflanzen der Cruciferae in Wiesen und Wäldern sowie auch Raps.

Wartefristen: Siehe in den Tabellen auf den Seiten 254–256.

△ Kohlweissling (Abb. 323)

▽ Larven des Kohlweisslings (Abb. 324)

▽ Eigelege des Kohlweisslings (Abb. 322)

Raupen (oberirdisch)

Verschiedene Falterarten

Schadbild: Unregelmässiger Loch-, Blattrand- bis Kahlfrass mit braunen bis grünen Kothäufchen.

Ursache: Die Raupen bilden das Larvenstadium von verschiedenen Schmetterlingsarten, die während der Vegetationszeit an die Blattunterseiten der Befallspflanzen ihre Eier ablegen. Die Raupen fressen sich an den weichen Blättern satt und können bei starkem Befall grosse Schäden verursachen.

Vorbeugung: Stete Kontrolle nach dem Sichtbarwerden der ersten kleinen Frassstellen. Morgens bei kühler Witterung die Pflanzen schütteln; sie lassen sich dann leicht fallen.

Bekämpfung: Möglichst im Jugendstadium gründlich auf die Blattunterseiten spritzen. Wirkstoffe: aus den Tabellen auf den Seiten 267–268.
Im Gemüsebau das giftfreie Bakterienpräparat Bacillus thuringiensis einsetzen.

Wirtspflanzen: Grosser Bereich von Zier- und Nutzpflanzen.

Wartefristen: Siehe in den Tabellen auf den Seiten 254–263.

△ Raupenfrass an Himbeeren (Abb. 325)
▽ Befall an Cyclamen (Abb. 326)

▽ Befall an Rosenblatt (Abb. 327)

Kiefernprozessionsspinner

Thaumetopoea pinivora

Schadbild: An alten Nadeln und auch an neuen vom Maiaustrieb oft starker Frass, der die Kiefern verunstaltet.

Ursache: Der Falter legt seine Eier in die jungen Nadeln ab. Die sehr farbenfrohen Raupen von 2 bis 3 cm Länge sitzen in Astgabeln oft in dichten Massen. Da sie beim Gang zu den Frassstellen alle in einer Reihe hintereinander wandern, nennt man sie «Prozessionsspinner». Die langen Gifthaare am Körper verursachen Hautekzeme und Augenentzündungen.

Vorbeugung: Einzelne Raupen im Garten ablesen und vernichten.

Bekämpfung: Bei starkem Befall gezielt das Bakterienpräparat Bacillus thuringiensis einsetzen. Aus der Tabelle der Seite 268.

Wirtspflanzen: Verschiedene Kiefernarten.

△ Larven des Prozessionsspinners (Abb. 328)
▽ Weidenbohrer(Abb. 329)

▽ Spechte als Nützlinge (Abb. 330)

Weidenbohrer

Cossus cossus

Schadbild: An den Stämmen und dicken Ästen von Apfelbäumen Löcher in der Rinde, die von herausrieselndem Bohrmehl umgeben sind. Die Raupen bohren sich durch Rinde und Holz und verursachen Wachstumsdepressionen.

Ursache: Die Raupen sind auffallend gelb bis rot gefärbt, 5 bis 8 cm lang und fressen sich meist von unsachgemäss behandelten Wunden in das Holz hinein. Sie riechen dabei stark nach Holzessig.

Vorbeugung: Bestehende Wunden mit einer Wundsalbe sauber ausstreichen. Beim Baumschnitt glatte Wunden anstreben. Buntspechte suchen diese Raupen durch Hämmern mit dem Schnabel. Spechtgehäuse in der Umgebung aufhängen.

Bekämpfung: In festgestellte Löcher ein Insektizid einspritzen. Löcher abdichten. Wirkstoff gegen beissende Insekten zum Beispiel aus den Tabellen: Schädlinge im Zierpflanzenbau auf den Seiten 267–268.

Wirtspflanzen: Alte Weidenstöcke, aber auch Äpfel, Birnen und andere Bäume.

△ Trauermückenlarven an Nelkentrieb (Abb. 331)
▽ Trauermückenlarven (Abb. 332)

Trauermücken und Larven
Lycoria ssp.

Schadbild: Frassstellen an jungen Wurzeln bei Sämlingen und Stecklingen durch die Larven. Fleischige Stecklinge werden von unten her durch Gänge angefressen, was Fäulnisherde verursacht.

Ursache: Die tagsüber sehr lebhaften 2 bis 3 mm grossen Trauermücken legen ihre Eier in feuchte Erde ab. Die 5 bis 7 mm langen, glasigweissen Larven mit schwarzem Kopf ernähren sich zuerst von abgestorbenen Pflanzenteilen, später befallen sie lebende Pflanzenteile. Entwicklungsdauer 2 bis 3 Wochen, im Winter etwas länger.

Vorbeugung: Lockfallen über den Pflanzen aufhängen oder Insektivoren aufstellen. Die Stellflächen desinfizieren durch Dampf oder den Einsatz von Insektizid-Granulaten.

Bekämpfung: In erster Linie empfiehlt sich ein biologischer Einsatz gegen die Larven mit den insektenfressenden Nematoden (keine Zulassung!).
Weitere Bekämpfungsmöglichkeiten bestehen mit Wirkstoffen aus den Tabellen auf den Seiten 267–268.

Wirtspflanzen: Stecklinge von Geranien, Hortensien, Nelken, Poinsettien, Schlumbergera und andere Pflanzen: Anthurium, Cyclamen, Primeln, Saintpaulia und diverse Gruppenpflanzen.

Nützlinge: Steinernema-Arten (Nematoden) haben sich gut bewährt.

▽ Trauermückenlarven (Abb. 333)

△ Schäden an Stecklingen (Abb. 334)
▽ Schäden an Cyclamen (Abb. 336)

△ Gelbe Klebefolien gegen Trauermücken (Abb. 335)

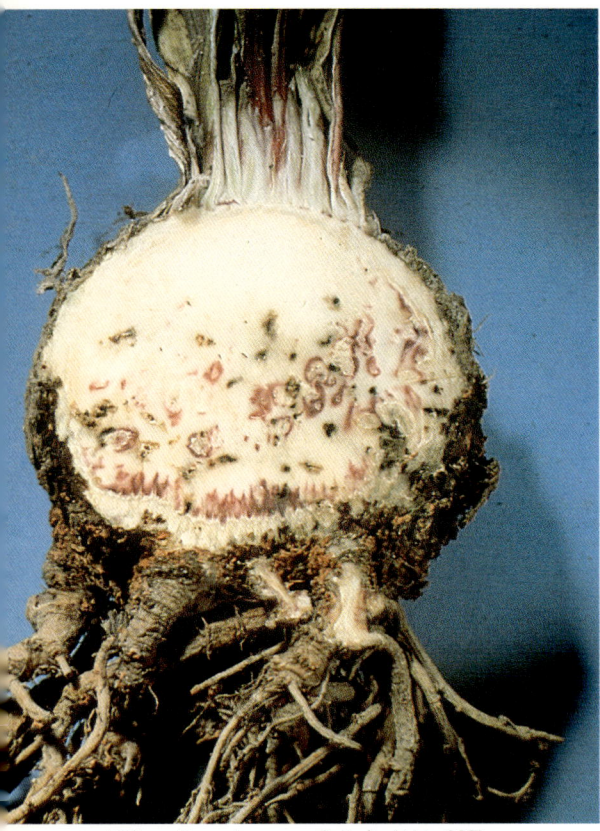

△ Möhrenfliegenlarven an Sellerie (Abb. 337)
▽ Möhrenfliegenlarven an Karotte (Abb. 338)

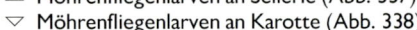

Möhrenfliegen
Psila rosea

Schadbild: Die befallenen Karotten (Möhren) weisen in der unteren Wurzelhälfte durchscheinende Frassgänge auf. Die Umgebung dieser Gänge ist dunkel gefärbt.

Ursache: Die erste Generation von ausschlüpfenden Möhrenfliegen aus überwinternden Puppen legt ihre Eier von Mai bis Juni an die Wurzelhälse der Sämlinge. Die zweite Generation folgt ab Mitte August. Die madenartigen Larven fressen sich in die Karotten ein und bilden die typischen Gänge.

Vorbeugung: Sind die Anbauflächen dem Wind ausgesetzt, muss mit weniger Befall gerechnet werden. Verzicht auf Stallmistgaben, die die Möhrenfliegen anziehen. Leichtes Anhäufeln nach 5 cm Pflanzenhöhe. Sehr frühe und nicht zu dichte Saat. Beim Auslichten die Löcher ausebnen (Schlupfwinkel für die Eiablage).

Bekämpfung: Nach Möglichkeit auf chemische Pflanzenschutzmittel verzichten (Kindernahrung). Rechtzeitiges Abdecken mit Möhrenfliegenschutznetzen. Bewilligte Wirkstoffe: aus den Tabellen auf den Seiten 267–268.

Wirtspflanzen: Karotten, Feldrübli.

Wartefristen: Siehe in den Tabellen auf den Seiten 254–256.

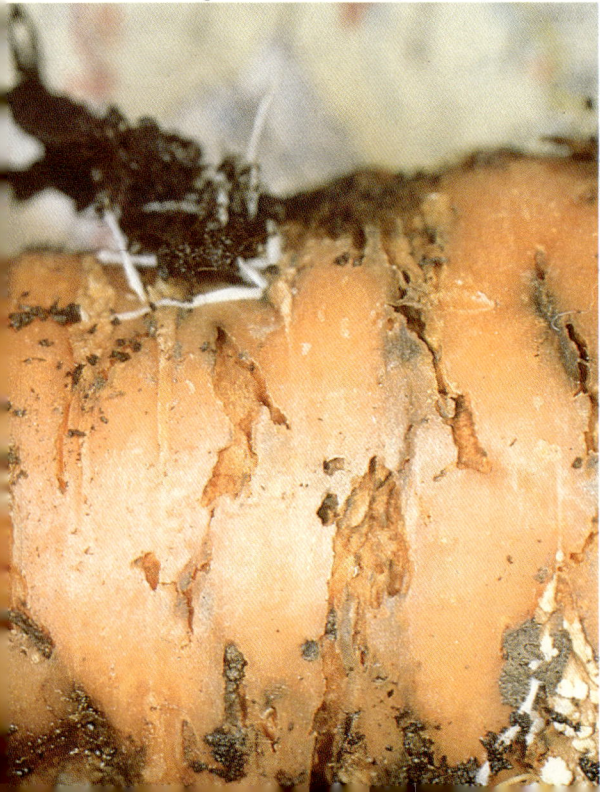

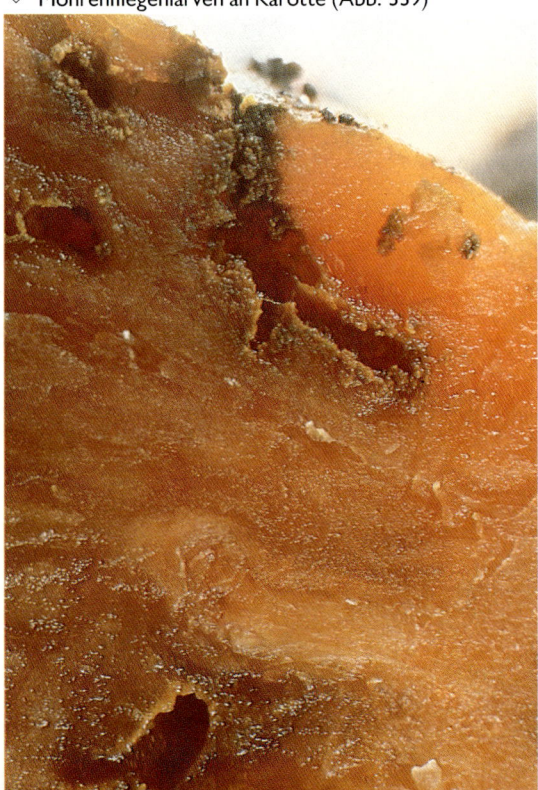

▽ Möhrenfliegenlarven an Karotte (Abb. 339)

Narzissenfliegen

Lampetia equistris

Schadbild: Beim Austrieb der befallenen Zwiebeln plötzlicher Wachstumsstillstand. Es bildet sich ein kurzer Blattschopf, der oft vergilbt und welkt. Die Zwiebelspitze ist oft weich. Dicke Frasslöcher an der Zwiebel.

Ursache: Meist wird die Narzissenfliege mit Importen eingeschleppt. In befallenen Zwiebeln 1 bis 3 weisse bis gelbe bis 18 mm lange dicke Maden, die sich bis zum Wurzelboden durchfressen. Eiablage der bis 12 mm langen hummelähnlichen Fliegen einzeln an die Zwiebeln.

Vorbeugung: Kontrolle nach Eingang. Weiche Zwiebeln auslesen und vernichten.

Bekämpfung: Zwiebeln mit Verdacht auf Befall während 2 Stunden in ein Warmwasserbad von 44°C legen, dem ein Insektizid beigegeben wird.

Wirtspflanzen: Alle Zwiebelarten der Amaryllidaceae, vor allem Narzissen und Hippeastrum.

△ Befall an Hippeastrumzwiebel
▽ (Abb. 341 + 342)

▽ Narzissenfliegen (Abb. 340)

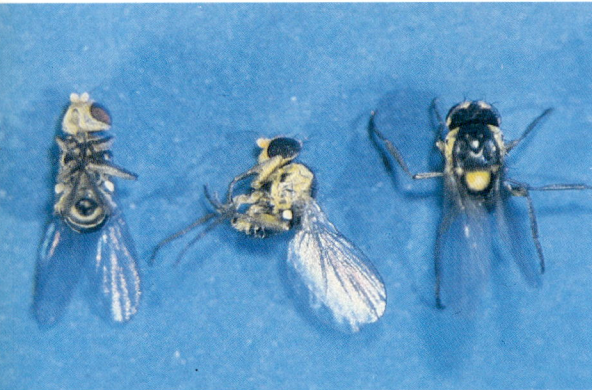

△ Minierfliegen (Abb. 343)
▽ Minierfliegenpuppe (Abb. 344)

▽ Miniergänge an Chrysanthemumblatt (Abb. 345)

Minierfliegen

Phytomyza atricornis und andere Arten (Agromyzidae)

Schadbild: An Blättern von verschiedenen Zier- und Nutzpflanzen anfänglich dünne, dann immer dicker werdende Miniergänge unter der Kutikula, die den Wert stark herabmindern. Das Wachstum ist reduziert.

Ursache: Die Fliegen legen ihre Eier in die Epidermis der Blätter. Die kleinen weissen Larven fressen sich in Zickzackgängen durch das Blatt, um sich schliesslich zu verpuppen und auszuschlüpfen. Im Sommer dauert ein Lebenszyklus vom Ei bis zur Fliege 30 Tage, in kühleren Jahreszeiten etwas länger.

Vorbeugung: Gelbe Lockfallen über den Kulturen aufhängen.

Bekämpfung: Nur systemisch wirkende Insektizide führen zum Erfolg. Wirkstoffe: aus den Tabellen auf den Seiten 267–268.

Wirtspflanzen: Chrysanthemen, Fuchsien, Primeln, Pelargonien, Chamaecyparis, Juniperus, Ilex, Lonicera, Pyracantha, Kohlarten (chemische Behandlungen sind bei Gemüsearten nicht ratsam).

Nützlinge: Mit dem Einsatz von Schlupfwespen der Gattung Dacnusa und Diglyphus kann ohne Chemie bekämpft werden (Seite 271).

△ Miniergänge an Rosenblatt (Abb. 346)
▽ Ilex mit Miniergängen (Abb. 347)

△ Gerberablatt mit Floridafliegenbefall (Abb. 348)

▽ Gerbera mit starkem Befall (Abb. 349)

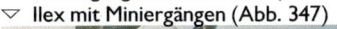

△ Schaden durch Bohnenfliege
▽ (Abb. 350 + 351)

Bohnenfliege

Phorbia platura (Hylemya platura)

Schadbild: Die Keimung nach der Aussaat ist nur vereinzelt normal. Befallene Sämlinge wachsen sehr schwach, verkümmern und sterben bald ab.

Ursache: Die kleine graue Bohnenfliege legt die Eier an keimenden Samen ab. Die weissen Larven fressen Gänge in die Keimblätter und zerstören oft auch die Keimknospe.

Vorbeugung: Samen beizen mit Trockenbeizmitteln. Nicht zu früh säen. Bei nasskalter Witterung sind die Sämlinge anfälliger.

Bekämpfung: In Deutschland keine Möglichkeit.

Wirtspflanzen: Busch- und Stangenbohnen.

△ Kohlfliegenlarven
▽ (Abb. 352 + 353)

Kohlfliegen

Phorbia brassicae (Hylemya brassicae)

Schadbild: Befallene Setzlinge von Kohlpflanzen bleiben im Wachstum zurück. Sie welken bei trockenwarmer Witterung. Die Blätter verfärben sich bleigrün. Die Seitenwurzeln sind grösstenteils bis ganz abgefressen.

Ursache: Die Kohlfliege ist in Form und Grösse einer Stubenfliege sehr ähnlich. Sie legt ihre 1 mm grossen weissen Eier an den Wurzelhals. Die Maden werden bis 1 cm gross und fressen die Wurzeln ab, auch bohren sie sich in den Strunk. Da sie 3 Generationen pro Jahr bildet, muss während des ganzen Jahres mit Befall gerechnet werden.

Vorbeugung: Kohlarten mit Vorteil relativ tief pflanzen (Ausnahme: Kohlrabi).

Bekämpfung: Das Überziehen des Kohls mit Kohlfliegenschutznetzen ist sehr erfolgreich! Nach dem Auspflanzen Setzlinge angiessen in gefährdeten Lagen. Wirkstoffe: aus den Tabellen auf den Seiten 267–268.

Wirtspflanzen: Verschiedene Kohlarten.

Wartefristen: Siehe in den Tabellen auf den Seiten 254–256.

△ Schaden durch Kohlfliegenlarven (Abb. 354)

Himbeerrutenfliegen

Pegomya rubivora

Schadbild: Im Frühjahr nur an neuen Ruten bläuliche Verfärbung der Triebspitzen, die in der Folge welken und absterben. Im Inneren der Jungtriebe leben kleine hellgelbe Larven.

Ursache: Die Rutenfliege legt ihre Eier im Frühjahr in die Triebspitzen der Jungtriebe. Die Larven fressen sich ins Ruteninnere und durch das Mark einige Zentimeter nach unten und bringen so die Ruten zum Absterben.

Vorbeugung: Sobald erste Anzeichen gefunden werden, sind die befallenen Triebe abzuschneiden und zu vernichten. Stete Kontrolle.

Bekämpfung: Bei ernsthafter Gefährdung der Himbeerbestände sind die Jungruten auf einer Höhe von 20 bis 25 cm zu spritzen. Wirkstoff: aus den Tabellen auf den Seiten 267–268, nur Jungtriebe spritzen, nicht Fruchttriebe!

Wirtspflanzen: Himbeeren.

△ Larven der Himbeerrutenfliegen
▽ (Abb. 355 + 356)

△ Gesunde Himbeeren dank Mulchen mit Hobelspänen (Abb. 357)
▽ Frass an Obstbaum durch Feldmäuse (Abb. 358)

Feldmäuse und Wühlmäuse
Microtus arvalis und Arvicola terrestris

Schadbild: Feldmäuse: Frassschäden an Blumenzwiebeln und Knollen, aber auch an vielen Gemüsearten im Wurzelbereich. An Bäumen Rindenfrass im unteren Stamm- und Wurzelbereich. Wühlmäuse: Diese schädigen durch die grossen Erdhaufen. Zudem werden auch fleischige unterirdische Pflanzenteile angefressen.

Ursache: Die Feldmaus vermehrt sich rasch, demzufolge grosse Schäden. Im Winter dringen sie auch in Treibbeetkästen und Gewächshäuser.

Vorbeugung: Aufstellen von Sitzstangen für Greifvögel. Bei Obstneupflanzungen galvanisiertes engmaschiges Drahtgeflecht im Wurzelbereich anbringen. Durch Schallgeräte mit Batterieanschluss können Mäuse ferngehalten werden.

Bekämpfung: Fallen in Gänge einführen. Auslegen von Granulatködern in die Gänge. Nur das Chlorphacinon-Präparat darf breitflächig ausgebracht werden. Wirkstoffe: aus den Tabellen auf der Seite 271.

Wirtspflanzen: Zwiebeln und Knollen, Kartoffeln, Karotten, Salatarten, Obstarten = Wurzelfrass.

△ Erdhaufen der Wühlmäuse (Abb. 359)
▽ Schöne Erdbeeren dank Vorbeuge- und Pflegemassnahmen (Abb. 360)

Erkennungsmerkmale der Schadbilder von Krankheitserregern

Pflanzenkrankheiten

Die Pflanzenkrankheiten werden in 3 Gruppen eingeteilt.

Pilzkrankheiten: Man rechnet, dass heute etwa 300 000 Pilzarten bekannt sind, von denen etwa 10 000 auf die Pflanzen schädigend einwirken können. In unseren Darstellungen haben wir uns nur auf die wichtigsten davon beschränkt.

Lebensweise: Die Pilze besitzen kein Chlorophyll, sie müssen demnach saprophytisch ihre Nährstoffe von abgestorbenen Pflanzen beziehen oder, wie es bei erkrankten Pflanzen üblich ist, als Parasit in die Pflanzenkörper eindringen. Sie verursachen dabei die bekannten Schädigungen, die in der Folge mit ausgewählten Bildern vorgestellt werden.

Pilze bestehen in der Regel aus einer Vielzahl von Pilzfäden, die in das Zellgewebe eindringen. Man nennt diese insgesamt das *Myzel*. Die einzelnen Pilzfäden, die in die Zellen eindringen und den Pflanzen Nährstoffe entnehmen, nennt man *Hyphen*. Nach der Keimung durch *Sporen* entwickelt sich ein Keimschlauch. Dieser dringt entweder durch natürlich vorhandene Öffnungen (Spaltöffnungen, Lentizellen) in den Pflanzenkörper ein oder durch Wunden, die durch einen vorausgegangenen Schädlingsbefall, Frost, Hagel oder Arbeit an den Pflanzen (Aufbinden, Pinzieren, Ausbrechen usw.) entstehen.

Einige Pilzerreger sind dazu befähigt, zellwandauflösende Enzyme zu entwickeln, so dass sie direkt durch die unbeschädigte Kutikula und Epidermis eindringen können. Die optimale Keimtemperatur liegt bei den meisten Pilzarten bei 22 bis 25 °C, die Luftfeuchtigkeit bei 90 bis 95 %.

Nach der *Infektionsphase* (inficere = hineintun) folgt die *Inkubation* (incubare = bebrüten). Auch hier wird das Durchdringen der Zellwände durch zellwandspaltende Enzyme erleichtert. An den Enden der Hyphen bilden sich verdickte *Haustorien*, die die Nährstoffe aufnehmen und weiterleiten. Während der Ausbreitung im Inneren der Pflanze erkennt man äusserlich meist noch keine Krankheitssymptome. Die Krankheit wird in der Regel erst mit dem Ausbruch der Fruchtkörper an der Oberfläche sichtbar. Oft bilden die Pilzerreger zahlreiche Fruchtkörper, die ihrerseits noch verzweigt sind. Diese nennt man *Konidien*. An ihnen bilden sich die Sporen. Diese

werden durch Wind, Wasser, Kleider und Hände, aber auch durch Schädlinge auf Nachbarpflanzen übertragen, wo sie weitere Infektionen auslösen können.

Wichtig ist es für den Gärtner, dass er bei drohender Infektion (lange feuchte Klimaperioden) prophylaktisch arbeitet, das heisst, er bringt einen schützenden Fungizidwirkstoff vor einem Befall auf die Pflanzen (besonders auch auf die Blattunterseiten), damit allfällig vorhandene oder aufliegende Sporen beim Keimen an der Oberfläche vernichtet werden. Wir kennen dabei *Aussenpilze* (Echter Mehltau und Russtaupilze), die ihre Myzelien an der Oberfläche ausbreiten, und *Innenpilze,* die in die Pflanzen eindringen und im Zellgewebe parasitisch leben und das Gewebe zum Teil vernichten. Eine weitere Schädigung durch Innenpilze ist durch die Ausscheidung von Toxinen möglich, wodurch sich zum Beispiel bei Sternrusstau die Blätter gelb verfärben und rasch abfallen.

Bakteriosen: Bakterien sind winzig klein, in der Grösse um 1 Mikron $\frac{1}{1000}$ mm); sie sind einzellig und gehören zu den *Spaltpilzen*. Bei hoher Wärme vermehren sie sich durch stete Teilung sehr rasch, um 25 bis 30 °C bei Xanthomonas zum Beispiel jede Stunde einmal. Aus einem einzigen Bakterium können sich innert 24 Stunden theoretisch 16 777 216 Stück entwickeln! Bei kühler Witterung verläuft die Vermehrung wesentlich langsamer. Daher ist es von Vorteil, gefährdete Kulturen möglichst kühl und luftig zu halten.

Bakterien dringen meistens durch Wunden in den Pflanzenkörper ein, zum Teil auch durch die Spaltöffnungen oder Lentizellen. Meist werden die Leitungsbahnen durch massenweises Vermehren und Verschleimen verstopft, so dass es oberhalb der Befallsherde zu Welkeerscheinungen und zum Absterben der Pflanzenteile kommt. Bakterien können auch Zellwucherungen auslösen (Wurzelkropf) oder Nassfäulen (Erwinia).

Bakteriosen treten besonders im Zierpflanzenbau oft verheerend auf. So bereitete in den letzten Jahren die bakterielle Welkekrankheit Xanthomonas pelargonii bei Pelargonien in vielen Gärtnereien und in der Folge auch bei Kunden grosse Probleme, indem durch Einkauf von erkrankten Jungpflanzen, durch Krankheitsübertragung durch Messer und auch durch die Verwendung von unsterilem Substrat und Gefässen (Töpfe und Balkonkisten) grosse Ausfälle zu verzeichnen waren. Auch bei Begonia-Elatior-Hybriden ist die sogenannte Ölkrankheit Xanthomonas begonii sehr gefürchtet.

Da Bakteriosen direkt nicht zu bekämpfen sind, muss im Umgang mit gesunden Pflanzen die grösstmögliche *Hygiene* praktiziert werden. So sind zum Beispiel

Stecklingsmesser und andere Werkzeuge mit 70 % Äthylalkohol oder 1 % einer quaternären Ammoniumverbindung zu desinfizieren.

Virosen: Pflanzenpathogene Viren sind von allen die kleinsten Krankheitserreger. Sie können im Ruhezustand stäbchen- bis keulenförmig sein, Grösse nur 200 nm. Viren sind keine selbständigen Organismen, sondern bestehen in der Regel aus einem *Nukleinsäuremolekül (RNS)* und sind mit einer Eiweisshülle umgeben. Um sich vermehren zu können, dringen sie in Pflanzenzellen ein, wo sie den Stoffwechsel der Pflanzen umsteuern, womit es zu den bekannten Deformationen kommt. Im Gegensatz zu den Bakterien vermehren sich Viren ziemlich temperaturunabhängig. Das macht man sich bei der Vermehrung von zum Beispiel Erdbeerjungpflanzen zunutze, indem man die Mutterpflanzen bei möglichst hoher Wärme anbaut. Sie treiben in der Folge rasch Ausläufer aus. Da sich die Viren nicht so rasch vermehren können, sind die Ablegerpflanzen am Ende der Triebe virusarm oder virusfrei. Neuerdings werden Erdbeeren vorwiegend durch die sichere Methode durch Meristeme vermehrt.

Die Übertragung von Pflanze zu Pflanze kann sehr vielfältig erfolgen, vor allem durch Blattläuse (bis 90 % aller Infektionen), durch Milben, Wanzen, Nematoden oder durch Werkzeuge wie Messer (Stecklingsschnitt) oder Schere (Baumschnitt), durch Pfropfung, durch parasitische Pflanzen (Cuscuta), sogar durch Blütenpollen (Ringfleckenvirus bei Kirschen) oder durch Samen von befallenen Pflanzen (Bohnenvirus). Das Erscheinungsbild an den verschiedenen Pflanzen ist sehr vielfältig, im Fachbuch «Pflanzenkrankheiten und Pflanzenschutz» von H. Börner sind 26 verschiedene Virosen beschrieben.

Virosen können nicht bekämpft werden, sondern es ist zu beachten, dass die Schädlinge als mögliche Überträger ausgeschaltet werden und dass auch hier *Hygienemassnahmen* unumgänglich sind. M.B.

▽ 4 Pilzkrankheiten an Rosen
von links: Sternrusstau, Rost, Falscher Mehltau und Echter Mehltau (Abb. 361)

△ Echter Mehltau an Begonia-Elatior-Hybriden (Abb. 362)
▽ Befall an Begonia-Rex-Hybriden (Abb. 363)

Echter Mehltau

Erisyphaceae, verschiedene Arten

Schadbild: Auf den Blättern, Stengeln, Stacheln und zum Teil auch auf den Blütenblättern und Früchten weisser, mehlartiger Belag, der sich flächenartig ausbreitet. Bei starkem Befall kann auch die Blattunterseite befallen sein. Wachstumsstörungen und Verkrümmungen der befallenen Teile, die im Extremfall absterben.

Ursache: Das weisse Pilzmyzel verbreitet sich netzartig über die Pflanze. Mit Saugfortsätzen werden die Oberhautzellen angezapft = Nährstoffverlust. Der Echte Mehltau ist ein Aussenpilz, er dringt nicht in tiefere Gewebeschichten ein.

Vorbeugung: Gleichmässige Temperatur, K-betonte Düngung, nicht zu dichter Stand. In Gewächshäusern Schwefel verdampfen.

Bekämpfung: Bei Befall gründlich spritzen. Wirkstoffe: aus den Tabellen auf den Seiten 248–253.

Wartefrist: Siehe in den Tabellen auf den Seiten 249–253.

Wirtspflanzen: Zierpflanzen: Begonien, Chrysanthemen, Hortensien, Kalanchoe, Rosen, Saintpaulien, Erica gracilis und andere.
Laubgehölze: Acer, Euonimus.
Beeren: Reben, Erdbeeren.
Gemüse: Gurken, Zucchetti, Melonen und andere.

Verschiedenes: Spezifischer Pflanzenschutz je nach Pflanzenart beachten.

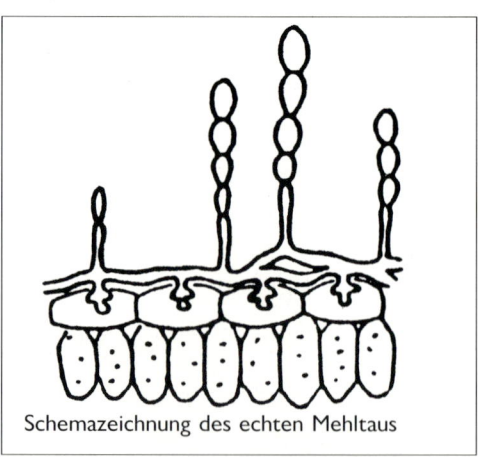

Schemazeichnung des echten Mehltaus

△ Befall an Chrysanthemum (Abb. 364)
▽ Befall an Kalanchoe (Abb. 365)

△ Befall an Saintpaulia (Abb. 366)
▽ Myzel und Konidien (Abb. 367)

△ Befall an Senecio-Cruentus-Hybriden (Abb. 368)
▽ Befall an Lupinen (Abb. 369)

△ Befall an Phlox (Abb. 370)

▽ Befall an Delphinium (Abb. 372)

△ Befall an Mahonien (Abb. 371)

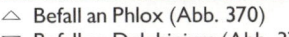

△ Befall an Rosen (Abb. 373)
▽ Befall an Fruchtknoten, Rosen (Abb. 374)

△ Befall an Rosentrieb und Stachel (Abb. 375)
▽ Befall an Rosen (Abb. 376)

△ Echter Mehltau an Rosentrieb im Winter (Abb. 377) △ Befall an Ahornblättern (Abb. 378)
▽ Starker Befall an Rosen (Abb. 379)

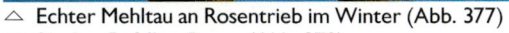

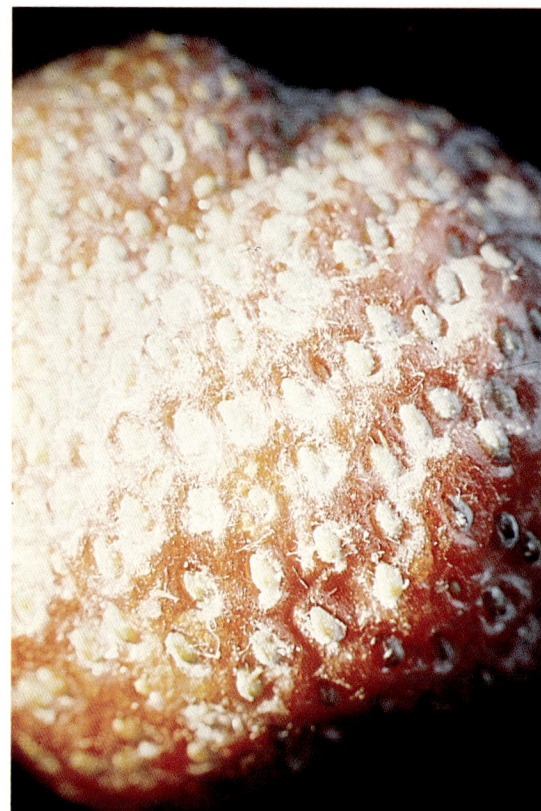

△ Befall an Erdbeerblatt (Abb. 380)　　　　　　△ Befall an Erdbeerfrucht (Abb. 381)
▽ Befall an Gurken (Abb. 382)

△ Befall an Pfirsichblättern (Abb. 383)
▽ Befall an Trauben (Abb. 385)

△ Befall an Pfirsichfrüchten (Abb. 384)

Apfelmehltau
Podospaera leucotricha

Schadbild: Nach dem Austrieb sind befallene Triebe und Blätter mit einem weissen mehligen Belag überzogen. Die Blätter rollen sich ein und fallen frühzeitig ab. Bei starkem Befall Eintrocknen der Triebe.

Ursache: Da der Pilz in Knospenschuppen überwintert, zeigt sich ein Befall schon sehr früh. Weil befallene Pflanzenteile dauernd Sporen abgeben, sind laufend Neuinfektionen möglich. Im Spätsommer wachsen Pilzmyzelien in die neuen Knospen hinein. Feuchtwarme Witterung fördert den Befall.

Vorbeugung: Rückschnitt und Verbrennen von befallenen Triebspitzen im Winter und nach dem Neuaustrieb im Frühjahr. Schwefelhaltige Schorfspritzmittel hemmen den Mehltau.

Bekämpfung: Spezifische Apfelmehltaufungizide in kurzen Abständen spritzen. Wirkstoffe: aus der Tabelle auf Seite 252.

Wirtspflanzen: Äpfel, sortenbedingter Befall.

Wartefrist: Siehe in der Tabelle auf Seite 252.

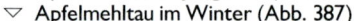

△ Apfelmehltau an Jungtrieb (Abb. 386)
▽ Apfelmehltau im Winter (Abb. 387)

▽ Apfelmehltau, Frühbefall (Abb. 388)

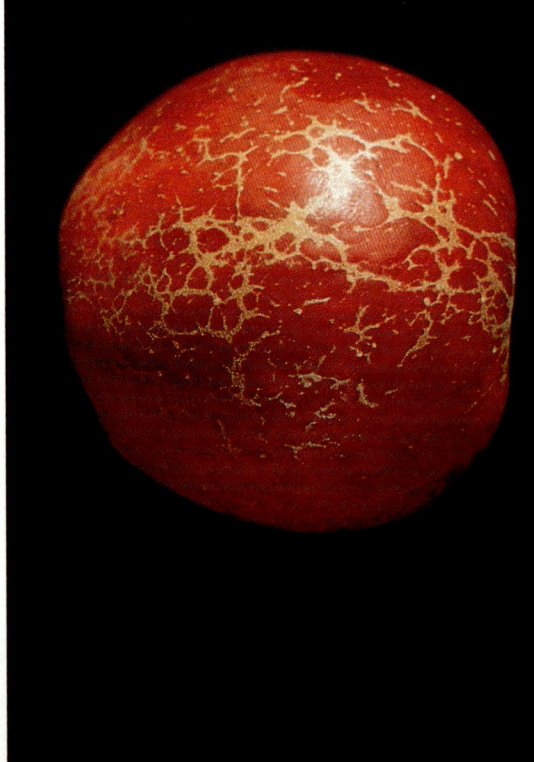

△ Gesunde Äpfel durch gute Pflege (Abb. 389)
▽ Dahlienentyloma (Abb. 390)

Dahlien-Blattfleckenkrankheit

Entyloma dahliae

Schadbild: Die Dahlienblätter weisen vor allem im unteren Pflanzenbereich zahlreiche rundliche, gelbe bis hellgrüne Flecken auf, die sich einige Millimeter vergrössern. Diese verfärben sich später graubraun und trocknen ein.

Ursache: Der Pilz Entyloma wird während der Sommermonate bei feuchter Witterung durch Regentropfen und Wind übertragen. Er nistet sich mit Pflanzenresten aus dem Vorjahr im Boden ein, wo er jedes Jahr wieder auftreten kann.

Vorbeugung: Jedes Jahr Standortwechsel. Periodisch in Abständen von 2 bis 3 Wochen Fungizide aufbringen, um einen Befall zu vermeiden.

Bekämpfung: Bei Befallsbeginn gründliche Spritzbehandlungen mit folgenden Wirkstoffen: aus der Tabelle auf Seite 248.

Wirtspflanzen: Dahlien.

Falscher Mehltau

Peronosporaceae

Schadbild: Im Gegensatz zum Echten Mehltau Befall immer nur auf der Blattunterseite weissgrauer bis mausgrauer Schimmelrasen in kompakten Flächen. Auf der Blattoberseite zuerst gelbliche Fleckenbildung, später Verfärbung je nach Pflanzenart in orangerote bis purpurrote Farbtöne. Oft starker Blattfall.

Ursache: Als Innenpilz dringen keimende Sporen durch die Spaltöffnungen ins Schwammgewebe der Blätter, wo sie sich stark ausbreiten und bäumchenartige Sporenträger bilden. Die Überwinterung erfolgt in Form von dickwandigen Dauersporen.

Vorbeugung: Nicht zu dichter Stand, K-betonte Düngung, gute Belüftung und Ventilierung in Kästen oder Gewächshäusern. Schützende Wirkstoffe ausbringen.

Bekämpfung: Gündliches und wiederholtes Spritzen auf die Blattunterseiten. Wirkstoffe: aus den Tabellen auf den Seiten 248–251.

Wirtspflanzen: Zierpflanzen: Antirrhinum, Lathyrus, Pensées, Rosen. Gemüse: Salat, Kohlarten, Erbsen, Spinat. Tabak. Reben.

Wartefrist: Siehe in den Tabellen auf den Seiten 249–251.

△ Falscher Mehltau an Erbsen (Abb. 391)
▽ Falscher Mehltau an Spinat (Abb. 392)

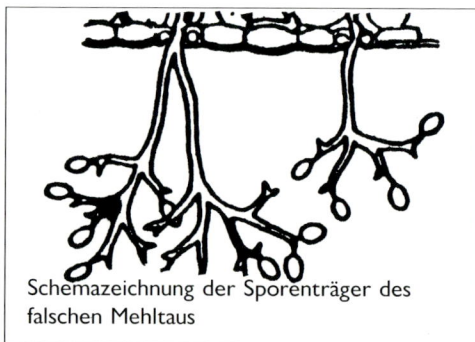

Schemazeichnung der Sporenträger des falschen Mehltaus

▽ Befall an Antirrhinum (Abb. 393)

△ Befall an Rosenblatt (Abb. 394)
▽ Befall an Rosen (Abb. 396)

△ Befall an Rosenblatt (Abb. 395)

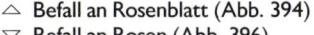

△ Befall an Viola-Wittrockiana-Hybriden (Abb. 397) △ Befall an Reben (Abb. 398)
▽ Befall an Viola (Abb. 399)

△ Gesundes Gurkenversuchsfeld (Abb. 400)
▽ Falscher Mehltau, 4 Wochen nachher (Abb. 401)

△ Sternrusstau an Rosen
▽ (Abb. 402 + 403)

Sternrusstau
Marssonina rosae

Schadbild: Ab August an Rosenblättern schwarze, braune bis violette Punkte, die sich strahlenförmig ausdehnen. In der Folge vergilben die Blätter und fallen ab. Bei starkem Befall totaler Blattverlust und schlechtere Frostresistenz.

Ursache: Der Pilz überwintert auf abgestorbenen Blättern am Boden. Von Frühjahr bis Sommer bei günstigen Bedingungen Infektion an Jungtrieben von unten her. Begünstigung durch Taubildung oder Regen. In nassen Sommern Befall schon ab Juni bis Juli. Sortenbedingte Unterschiede.

Vorbeugung: Schnittrosen vor Regenfällen schützen. Frühzeitige Fungizidschutzbeläge an die Blätter bringen, besonders an Blattunterseite, damit Sporen nicht keimen können. Periodische Wiederholungen sind nötig.

Bekämpfung: Bei beginnendem Befall sofort und gründlich spritzen. Wirkstoffe: aus der Tabelle auf Seite 248.

Wirtspflanzen: Rosen.

▽ Sternrusstau an Rosen (Abb. 404)

▽ Starker Befall an Rosen (Abb. 405)

Grauschimmelpilz

Botrytis cinerea

Schadbild: An Blättern, Blüten und Früchten braune Faulstellen, die mit einem grauen Pilzrasen überzogen sind.

Ursache: Zu enger Stand, zu hohe Luftfeuchtigkeit, zu geringe Luftbewegung und N-betonte Düngung fördern diesen Schwächepilz. Infektionsbeginn vorzugsweise auf jungen oder geschwächten Pflanzen, besonders bei Niederschlagsbildung. Die Pilzmyzelien dringen in das Gewebe ein und zerstören es = Faulen der befallenen Pflanzenteile. An dünnen Konidienfäden bilden sich zahlreiche Sporen.

Vorbeugung: Pflanzen periodisch durchputzen, weiterstellen und vorsichtig giessen, damit sie nicht lange nass bleiben. Heizen, lüften, ventilieren und K-betonte Düngung.

Bekämpfung: Bei schöner Witterung spritzen mit Wirkstoffen aus den Tabellen auf den Seiten 248–253.

Wirtspflanzen: Zierpflanzen: Begonien, Fuchsia, Chrysanthemen, Cyclamen, Geranien, Kalanchoe, Erica gracilis, Rosenblüten und andere.
Obst und Beeren: Erdbeeren und andere.
Gemüse: Verschiedene Gemüsearten.

Wartefristen: Siehe in den Tabellen auf den Seiten 249–253.

△ Botrytis an Tulpen
▽ (Abb. 407 + 408)

▽ Befall an Cyclamen (Abb. 409)

▽ Botrytis an Kalanchoe (Abb. 406)

△ Befall an Pelargonium-Zonale-Hybriden
▽ (Abb. 411 + 412)

△ Befall an Rosenblüte (Abb. 410)
▽ Befall an Crysanthemumblüten (Abb. 413)

△ Befall an Erdbeeren (Abb. 414)
▽ Befall an Traubenbeeren (Abb. 415)

△ Botrytis, Myzel und Konidien (Abb. 416)
▽ Befall an Rebentrieb (Abb. 417)

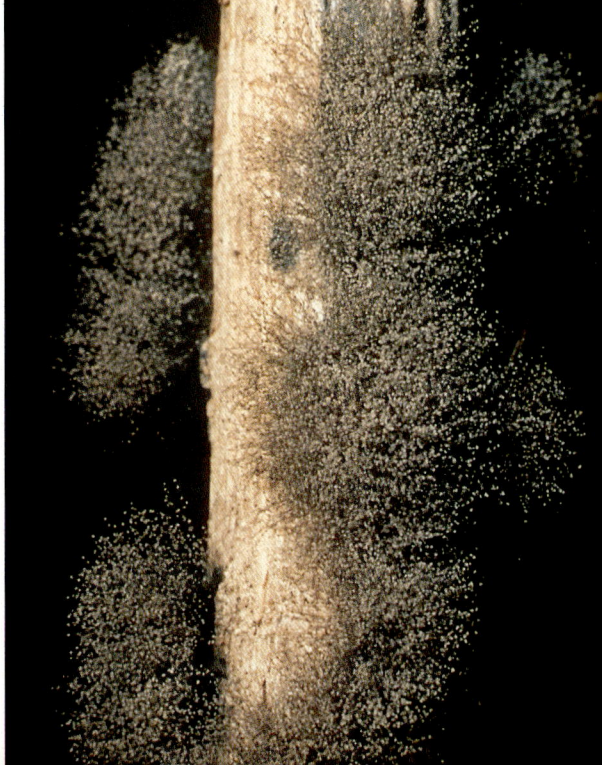

△ Rost an Rosen
▽ (Abb. 418 + 419)

Rostkrankheiten
Uredinae

Schadbild: An der Blattunterseite von verschiedenen Wirtspflanzen zuerst punktförmige, rostbraune bis dunkelbraune Pusteln, die sich zu grösseren Ringen bis Flecken ausdehnen. Auf der Blattoberseite gelbliche Flecken, später beim Absterben der befallenen Gewebeteile braune Flecken.

Ursache: Die braunen Pusteln sind die Sporenträger des Rostpilzes. Mittels Saugfortsätzen entzieht der Pilz den Zellen Nährstoffe = Schwächung der Pflanzen bis Totalverlust.

Vorbeugung: In Intervallen von 10 bis 14 Tagen während des Wachstums vorbeugende Spritzbeläge aufbringen, damit Sporen nicht keimen können. Wirkstoffe: aus den Tabellen auf den Seiten 248–253.

Bekämpfung: Gründliches Spritzen auf die Blattunterseiten. Wirkstoffe: aus den Tabellen auf den Seiten 248–253.

Wirtspflanzen: Fuchsien, Geranien, Löwenmaul, Nelken, Rosen, Malven, Hypericum und andere. Bohnen, Zwetschgen und andere.

Wartefrist: Siehe in den Tabellen auf den Seiten 249–253.

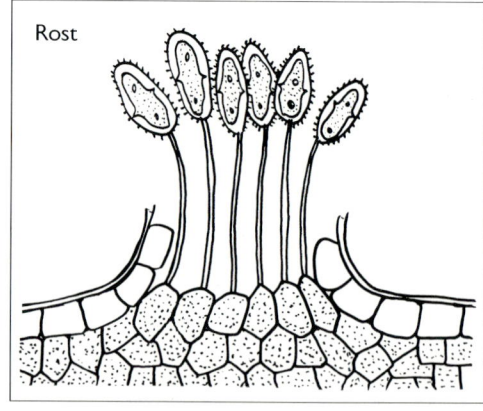

Rost

▽ Rost an Rosenblattstiel (Abb. 420)

△ Rost an Senecio-Cruentus-Hybriden (Abb. 421)
▽ Befall an Pelargonium-Zonale-Hybriden (Abb. 422)

△ Nelkenrost (Abb. 423)   △ Nelkenrost (Abb. 424)
▽ Nelkenrost an Dianthus barbatus (Abb. 425)

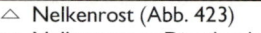

△ Rost an Fuchsia-Hybriden (Abb. 426)
▽ Befall an Anemone coronaria (Abb. 427)   ▽ Befall an Paeonienblatt (Abb. 428)

△ Befall an Schnittlauch (Abb. 429)
▽ Rost an Stangenbohnen (Abb. 431)

△ Rost an Stangenbohnen (Abb. 430)

Weisser Chrysanthemenrost

Puccinia horiana

Schadbild: Auf der Blattoberseite bis 5 mm grosse gelbe Flecken, auf der Blattunterseite weissgraue Pusteln. Bei starkem Befall Einrollen der Blätter. Die Pflanzen sind unverkäuflich.

Ursachen: Die Pusteln entlassen eine Vielzahl von Sporen, die sich rasch ausbreiten. Durch hohe Luftfeuchtigkeit wird die Neuinfektion gefördert. Übertragung durch Wind, Kleider, Verdunkelungsfolien und anderes.

Vorbeugung: Alle 2 bis 3 Wochen Fungizide auf Blattunterseiten spritzen. Durch Lüften, Ventilieren und anderes für bessere Klimabedingungen sorgen.

Bekämpfung: Bei Befall ist eine Bekämpfung schwierig. Systemische Fungizide zeigen noch den besten Erfolg. Wirkstoffe: aus der Tabelle auf Seite 248.

Wirtspflanzen: Chrysanthemen.

△ Weisser Chrysanthemenrost
(Abb. 432 + 433)

Birnengitterrost

Gymnosporangium sabinae

Schadbild: Auf der Blattoberseite anfänglich gelbe, später leuchtendorangerote runde Flecken. Auf der Blattunterseite gelbliche bis braune Auswüchse = Befallsstellen des Gitterrostes.

Ursache: Der Pilz lebt den Winter über auf dem Zwischenwirt der Gattung Juniperus. Bei günstiger feuchter Witterung gelangen die Sporen durch Wind an die Birnbäume, wo sie an der Blattunterseite keimen.

Vorbeugung: Entfernen aller möglichen Zwischenwirtspflanzen wie Juniperus sabina und Kulturformen der J. chinensis und J. virginiana. Stark befallene Blätter ablesen und verbrennen. Einsammeln der Blätter im Spätherbst.

Bekämpfung: Ab Blütenbeginn bis Anfang Juni alle 10 bis 14 Tage spritzen mit einem Schorfbekämpfungsmittel, das auch den Rost abtötet. Blattunterseite gut benetzen.

Wirtspflanzen: Birnen im Wechsel mit Juniperus.

Wartefrist: Siehe in der Tabelle auf Seite 252.

△ Gitterrost an Birnenblatt
▽ (Abb. 434 + 435)

▽ Gitterrost, Detail (Abb. 436)

Juniperusgitterrost
Gymnosporangium sabinae

Schadbild: An Zweigen und dicken Trieben spindelförmige Verdickungen, aus denen besonders bei feuchter Witterung im Frühjahr die Sporen als gelblichbraune, dickschleimige Masse austreten. Oft bilden sich grössere blasenartige, braune Ausstülpungen.

Ursache: Der Pilz ist wirtswechselnd. Ausgehend von verschiedenen Juniperusarten, wandern die Sporen im Frühjahr auf die Blätter der Birnen und lösen dort den Birnengitterrost aus.

Vorbeugung: Gründliche Kontrolle besonders nach feuchter Witterung, wo die gelben Schleimsporen deutlich sichtbar werden.

Bekämpfung: Sehr stark befallene Pflanzenteile oder ganze Bestände verbrennen, damit die Birnen in der Umgebung nicht befallen werden.

Wirtspflanzen: Juniperus sabinae, J.-chinensis-Sorten, J. virginiana, nicht aber J. communis «Hibernica».

△ Gitterrost an Juniperus
▽ (Abb. 437 + 438)

▽ Gitterrost an Juniperus (Abb. 439)

Kiefernrindenblasenrost
Endocronartium pini

Schadbild: An Zweigen und Ästen, besonders bei Verzweigungen, treten an der Rinde gelblich-rote, bis 15 mm lange Rostsporenlager aus. Die blasenartigen Befallsstellen sind verharzt. Bei starkem Befall Absterben der Triebe erst nach Jahren.

Ursache: Der Rostpilz ist wirtswechselnd zwischen 5nadeligen Kiefern und Ribes nigrum. Die Infektion erfolgt im Herbst über die Nadeln. Die typische Blasenbildung erscheint oft erst 2 bis 3 Jahre nach einem Befall = sehr langsamer Verlauf der Krankheit.

Vorbeugung: Sorgfältige Kontrolle auf gesunde Pflanzen beim Einkauf.

Bekämpfung: Erkrankte Pflanzen oder Astteile verbrennen. Die Pflanzenart, auf die der Wirt wechselt, jeweils mehrmals mit Mancozeb spritzen.

Wirtspflanzen: Pinus strobus, P. lambertiana, P. montana und Ribesarten.

△ Rindenblasenrost
▽ (Abb. 440 + 441)

Ramularia-Blattfleckenkrankheit

Ramularia primulae

Schadbild: An Blättern von verschiedenen Primelarten eckige bis kreisrunde gelbe Flecken, die mit dem Absterben der Gewebepartien braun werden.

Ursache: Der Befall konzentriert sich auf den Herbst/Winter bis ins Frühjahr bei kühlfeuchtem Klima. Bei nasser Witterung blattunterseits weissgrauer Pilzrasen, durch den Sporen freigesetzt werden.

Vorbeugung: Ab Sommer gründlich von unten her gefährdete Pflanzen mit einem Fungizid versehen. Vorsichtig giessen, damit Pflanzen rasch abtrocknen.

Bekämpfung: Bei ersten Befallserscheinungen sofort auf Blattunterseiten Spritzbehandlungen durchführen. Wirkstoffe: Siehe in der Tabelle auf Seite 248.

Wirtspflanzen: Primula vulgaris, P.-Elatior-Hybriden, P. malacoides und andere.

△ Ramularia an Primula malacoides (Abb. 442)
▽ Ramularia an Primula vulgaris (Abb. 443)

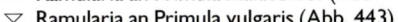

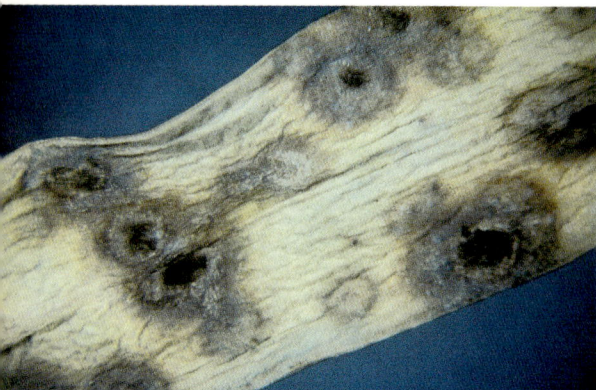

△ Nelkenschwärze
▽ (Abb. 444 + 445)

▽ Nelkenschwärze an Dianthus carthusianorum (Abb. 446)

Nelkenschwärze
Heterosporium echinulatum

Schadbild: An Blättern, Trieben und Kelchen unregelmässig grosse, hellgraue bis schwarze Flecken mit oft dunkelroter Umrandung. Später dunkelgrüner bis schwarzer Pilzrasen mit Sporenbildung.

Ursache: Durch die Sporenbildung ist eine rasche Ausbreitung durch Wind und anderes möglich. Bei verseuchten Kulturen grosse Ausfälle.

Vorbeugung: In allen Kulturstadien Kulturen gründlich mit Fungiziden gegen Infektionen schützen. Erde dämpfen, zu hohe Wärme und Feuchtigkeit meiden.

Bekämpfung: Stark befallene Pflanzen verbrennen. Gründliche Spritzbehandlungen. Wirkstoffe: Kupfer, Mancozeb, Triforin.

Wirtspflanzen: Verschiedene Nelkenarten.

Schwarz- oder Dürrfleckenkrankheit

Alternariaarten

Schadbild: Zuerst in Bodennähe schwarze Flecken an den Blättern, die in der Folge rasch eintrocknen. Auch Früchte (Tomaten), Knollen (Kartoffeln) oder Wurzeln (Karotten) können befallen werden. Bei starkem Befall grössere Ausfälle.

Ursache: Der Pilz überwintert in Ernterückständen des Vorjahres oder wird durch infiziertes Saatgut übertragen. Die Konidien dringen durch Wunden oder Frassstellen in die Pflanzen ein und verbreiten sich bei nasser Witterung stark.

Vorbeugung: Ab Juni vermehrte Kontrolle und von unten her Spritzbehandlungen mit Fungiziden. Bei Tomaten Mulchschicht auf dem Boden, um Pilzübertragungen vom Boden her zu verhindern.

Bekämpfung: Gründliche Spritzbehandlungen. Wirkstoffe: aus den Tabellen auf den Seiten 248–249.

Wirtspflanzen: Zierpflanzen: Chrysanthemen, Nelken, Cinerarien.
Gemüse: Bohnen, Karotten, Tomaten, Kartoffeln, Kohlarten, Mangold und andere.

Wartefrist: Siehe in der Tabelle auf Seite 249.

△ Befall an Kohlblatt (Abb. 448)
▽ Befall an Mangold (Abb. 449)

▽ Alternaria an Helleborus (Abb. 447)

△ Befall an Delphinium (Abb. 450)
▽ Befall an Karotten (Abb. 451)

Macrosporium-Blattfleckenkrankheit

Macrosporium pelargoni

Schadbild: An älteren Geranienblättern bis zu 10 mm grosse dunkelgrüne Flecken mit überhöhten Randzonen. Später braune Flecken und Eintrocknen der Blätter.

Ursache: Der Pilz befällt vor allem Geranienblätter, wo er seuchenartig auftreten kann. Auch junge Blätter werden nicht verschont.

Vorbeugung: Gesunde Jungpflanzen zukaufen. Schützende Beläge auf die Blätter ausbringen. Nicht N-betonte Düngung und vorsichtig giessen, damit die Pflanzen rasch abtrocknen.

Bekämpfung: Bei gründlichen Spritzbehandlungen blattunterseits keine Schwierigkeiten. Wirkstoffe: aus der Tabelle auf Seite 248.

Wirtspflanzen: Alle vorkommenden Pelargonienarten.

△ Macrosporiumbefall an Pelargonium
▽ (Abb. 453 + 454)

▽ Macrosporiumbefall an Pelargonium (Abb. 452)

Septoria-Blattfleckenkrankheit

Septoriaarten

Schadbild: An Blättern graubraune Flecken mit schwarzem Randsaum. In der Fleckenmitte schwarze Punkte. Eintrocknen der Blätter und Blattfall. Bei Azaleen rötlichgelbe Flecken.

Ursache: Begünstigung durch zu hohe Luftfeuchtigkeit. Die Sporen keimen dann rasch.

Vorbeugung: Durch Ventilation, Lüftung und/oder Heizen bessere Klimaverhältnisse schaffen. Pflanzen sollen nach dem Giessen rasch abtrocknen. Zu dichten Pflanzenstand vermeiden. Vorbeugende Fungizide aufbringen.

Bekämpfung: Gründliche Spritzbehandlungen. Wirkstoffe: aus den Tabellen auf den Seiten 248–253.

Wirtspflanzen: Anthurium, Azaleen, Chrysanthemen, Phlox, Erdbeeren, Sellerie und andere.

Wartefrist: Siehe in den Tabellen auf den Seiten 249–253.

△ Septoriabefall an Sellerie (Abb. 455)
▽ Befall an Erdbeeren (Abb. 456)

△ Befall an Chrysanthemum (Abb. 457)
▽ Befall an Phlox paniculata (Abb. 459)

△ Befall an Azaleenblatt (Abb. 458)

△ Frühschorf an Äpfeln (Abb. 460)

Schorf an Äpfeln und Birnen

Apfel: Venturia inaequalis
Birnen: Venturia pirina

Schadbild: Sortenbedingt sehr unterschiedlicher Befall. Der Pilz befällt Blätter, Früchte und auch Jungtriebe bis und mit Blütenstiele. An den Früchten anfänglich kleine Flecken, die sich rasch ausbreiten und im Sommer tiefe Risse bilden. An den Blättern dunkelbraune bis graue, filzige Flecken, später Blattfall.

Ursache: Überwinterung des Pilzes an abgefallenen Blättern oder bei Birnen auch an befallenen Trieben. Bei nassem Frühlingswetter werden Sporen freigesetzt = Neuninfektionen.

Vorbeugung: Wahl von weniger anfälligen Obstsorten und Verzicht auf anfällige Sorten. Einsammeln des Fallaubes im Spätherbst. Vorbeugende Fungizidbehandlungen bei kritischer Witterung.

Bekämpfung: Behandlung vor Regenfällen, wenn die Infektionsgefahr besonders gross ist. Wirkstoffe: aus der Tabelle auf Seite 252.

Wirtspflanzen: Birnen, Äpfel, dabei sortenbedingte Unterschiede. Besonders anfällig sind: «Golden Delicious», «McIntosh» und andere.

Wartefrist: Siehe in der Tabelle auf Seite 252.

△
▽ Frühschorf an Blatt und Blütenstiel
(Abb. 461 + 462)

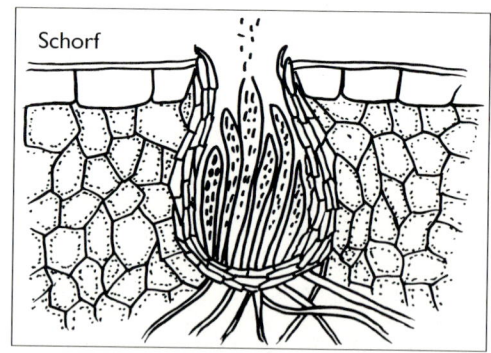

▽ Schorf an Blatt (Abb. 463)

△ Ahornschorf (Abb. 464)
▽ Gesunde und verschorfte Äpfel (Abb. 466)

△ Schorf an Kartoffeln (Abb. 465)

Schrotschusskrankheit
Clasterosporium carpophilum

Schadbild: An den Blättern rotumrandete runde Flecken, die später eintrocknen und herausfallen. Die Blätter scheinen wie mit Schrotschusskugeln durchlöchert. Zum Teil werden auch die Früchte befallen, die schwarze eingefallene Flecken aufweisen.

Ursache: Die Konidien dieses Pilzes überwintern an Trieben und an hängengebliebenen mumifizierten Früchten. Von hier werden die Neuaustriebe von Frühjahr bis Sommer wieder befallen.

Vorbeugung: Sorgfältiges Ablesen von verbleibenden faulen Früchten und hängenden Blättern.

Bekämpfung: Austrieb- und Vorblütenspritzungen. In nassen Sommern auch Nachblütenspritzung auf die Blätter. Wirkstoffe: aus den Tabellen auf den Seiten 248 und 252.

Wirtspflanzen: Pfirsiche, Aprikosen, Zwetschgen, Pflaumen, Kirschen, Kirschlorbeer, Zierprunus.

Wartefrist: Siehe in der Tabelle auf Seite 252.

△ Schrotschuss an Kirschlorbeerblatt
▽ (Abb. 467 + 468)

△ Schrotschuss an Kirschen
▽ (Abb. 469 + 470)

△ Kräuselkrankheit an Pfirsich
▽ (Abb. 471 + 472)

Pfirsichkräuselkrankheit

Taphrina deformans

Schadbild: Während des Austiebes sind die Pfirsichblätter blasig ausgestülpt und weissgrau bis rötlich gefärbt. Die befallenen Blätter trocknen ein und fallen später ab. Bei starkem Befall folgt auch Fruchtfall.

Ursache: Der Pilz überwintert in Knospenschuppen. Der Befall erfolgt bei feuchter Witterung nach dem Öffnen der Knospen.

Vorbeugung: Der Befall ist oft sortenbedingt. In gefährdeten Lagen sollten weniger anfällige Sorten gewählt werden.

Bekämpfung: Gründliche Spritzungen vor dem Schwellen der Knospen Ende Februar bis März und/oder Herbst nach dem Blattfall. Bei niederschlagsreicher Witterung nach 10 bis 14 Tagen wiederholen. Wirkstoffe: aus der Tabelle auf Seite 252.

Wirtspflanzen: Pfirsich, sortenbedingt unterschiedlicher Befall.

Wartefrist: Siehe in der Tabelle auf Seite 252.

Krautfäule

Phytophthora infestans

Schadbild: An Blättern von Kartoffeln und Tomaten unregelmässig grosse, graugrüne Flecken, die später braun werden und eintrocknen. An Kartoffelknollen eingefallene Flecken. Tomatenfrüchte werden schwarzbraun und faulen.

Ursache: Zur Infektion ist nassfeuchtes Klima bei 15°C förderlich. Nach den Blättern werden auch Knollen oder Früchte befallen. Befall auch auf Zierpflanzen = Stammfäule.

Vorbeugung: Ab Mitte Juni intensivierte Kontrolle und vorbeugende Behandlung mit Fungiziden. Eine Mulchschicht auf dem Boden verhindert das Übertragen des Erregers vom Boden her. Untere Blätter bei Tomaten entfernen und Regenschutz. Bei Kartoffeln vor der Ernte Stauden abbrennen, damit Knollen nicht befallen werden.

Bekämpfung: Wirkstoffe aus der Tabelle auf Seite 249.

Wirtspflanzen: Kartoffeln, Tomaten. Bei Saintpaulia, Gloxinien = Stammfäule.

Wartefrist: Siehe in der Tabelle auf Seite 249.

△ Phytophthora an Kartoffeln
▽ (Abb. 474 + 475)

▽ Phytophthora an Tomaten (Abb. 473)

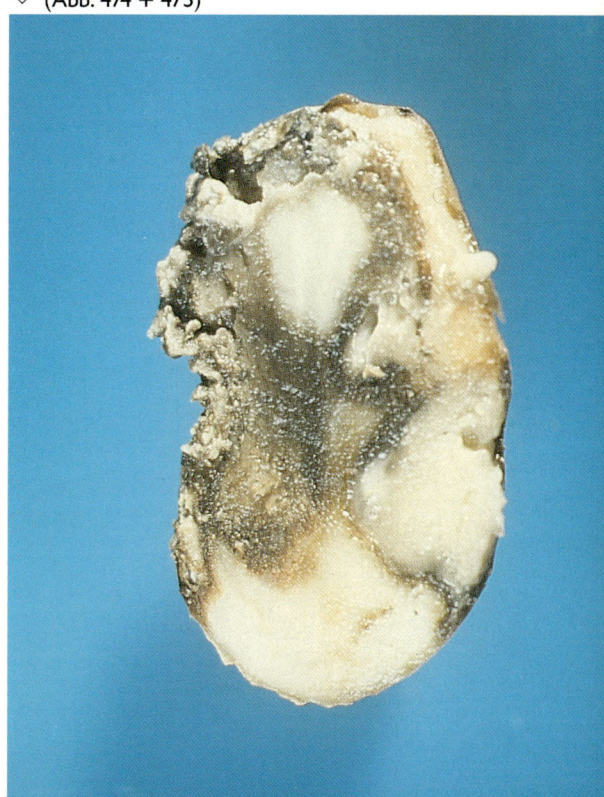

△ Phytophthora an Saintpaulia (Abb. 476)
▽ Heterosporium an Iris (Abb. 477)

Irisblattbrand

Heterosporium gracile

Schadbild: An den Blättern von Irisarten und verwandten Gattungen und Arten der Iridaceae unregelmässig zerstreut kleinere bis grössere Flecken, die anfänglich gelblich durchscheinen, später aber graubraun werden und dunkel umrandet sind. Bei starkem Befall Absterben der Blätter.

Ursache: Nasse Witterung und feuchtes Klima im Freiland und im Gewächshaus fördern den Befall. Auch sollen P- und Ca-Mangel den Befall stimulieren. Je nach Art und Sorte unterschiedlich starker Befall.

Vorbeugung: Für mässig trockenes Klima im Gewächshaus sorgen (lüften, ventilieren, heizen). Frühzeitig und vorbeugend geeignete Wirkstoffe aufbringen. Bodenanalysen und nach Bedarf P- und Ca-Korrekturen.

Bekämpfung: In gefährdeten Kulturen oder Lagen wiederholt gründlich spritzen mit Wirkstoffen aus der Tabelle auf Seite 248.

Wirtspflanzen: Neben Irisarten auch Gladiolen, Freesien, Hemerocallis und auch Narzissen.

Samtfleckenkrankheit an Tomaten

Cladosporium fulvum

Schadbild: Auf der Blattoberseite vorerst gelbliche, unregelmässige Flecken. Blattunterseits an den Befallsstellen zuerst ein grüner, später ein brauner, samtartiger Myzelbelag mit starker Sporenbildung.

Ursache: Eine hohe Luftfeuchtigkeit, verbunden mit Temperaturen bis 20 °C, fördert die Infektion und Ausbreitung dieser Krankheit, höhere Temperaturen hemmen sie.

Vorbeugung: Sehr gute Lüftung und gleichmässige Temperaturgestaltung mit möglichst geringer Luftfeuchtigkeit im Bereiche von 60%. Hitzestaus vermeiden!

Bekämpfung: Frühzeitige gründliche Spritzbehandlungen auf die Blattunterseiten. Wirkstoffe: aus der Tabelle auf Seite 249.

Wirtspflanzen: Tomaten, besonders im Gewächshaus.

Wartefristen: Siehe in der Tabelle auf Seite 249.

△ Samtflecken an Tomaten
▽ (Abb. 479 + 480)

▽ Samtflecken an Tomaten (Abb. 478)

▽ Samtflecken an Tomaten (Abb. 481)

Russtaupilze
Diverse Arten

Schadbild: Auf den Blättern, Stielen, Sprossen und Blüten schwarze dichte Pilzgeflechte, die jeweils auf der Oberseite grosse Flächen bedecken können. Die Assimilation der Pflanzen ist dadurch gehemmt, und die Pflanzen werden unansehnlich.

Ursache: Immer sind Schadinsekten wie Blattläuse, Schildläuse, Weisse Fliegen und andere verantwortlich, die einen klebrigen Honigtau ausscheiden, der auf den darunterliegenden Pflanzenteilen haftet. Dies ist der Nährboden für verschiedene Russtauarten. Russtaupilze dringen nicht in das Pflanzengewebe ein = Aussenpilze.

Vorbeugung: Periodische Insektizidbehandlungen an gefährdeten Pflanzen, damit die Voraussetzungen ausgeschaltet werden. Der Nützlingseinsatz mit lebenden Organismen aus den Tabellen auf den Seiten 271–273 bringt einen guten Erfolg.

Bekämpfung: Bei festen Blattflächen wie Fatsia, Monstera, Philodendron und andere mit weichem Schwamm und mit einer Mineralölemulsion abwaschen.

△ Russtaupilze an Tomaten (Abb. 482)
▽ Russtaupilze an Fatsia japonica (Abb. 483)

Ohrläppchenkrankheit

Exobasidium japonicum

Schadbild: Die jungen Blättchen oder auch Blütenblätter an Azaleen verdicken sich fleischig und verfärben sich blassgrün. Im Endstadium weisser, mehliger Sporenbelag und starke Verkrüppelungen.

Ursache: Der Pilz lebt im Pflanzengewebe. Besonders in der Treiberei werden die zarten Nebentriebe befallen.

Vorbeugung: Vorbeugende Schutzbeläge anbringen.

Bekämpfung: Befallene Pflanzenteile vor der Sporenbildung (weisser Belag) sorgfältig auskneifen. Wirkstoffe: aus der Tabelle auf Seite 248.

Wirtspflanzen: Rhododendron simsii, aber auch Rh. mollis und Rh.-Catawbiense-Hybriden.

△ Befall an Rhododendron simsii
(Abb. 484 + 485)

▽ Ohrläppchenkrankheit an Rhododendron catawbiense
(Abb. 486)

Föhren- oder Kiefernschütte

Lophodermium pinasti

Schadbild: Vor allem an jüngern Kiefern werden die Nadeln vorerst braungefleckt, später trocknen sie ein und fallen ab. Der Neuaustrieb ist nicht gefährdet, aber es entstehen Kahlstellen.

Ursache: An den schwielenförmigen schwarzen Sporenlagern der abgefallenen Nadeln bilden sich zahlreiche Sporen, die neue Nadeln befallen. Nach nassen Jahren oft epidemisches Auftreten.

Vorbeugung: Gute Bodenpflege, Unkrautbeseitigung, Düngung, einzelne Befallstriebe beim ersten Auftreten ausschneiden und verbrennen.

Bekämpfung: Wirkstoffe: aus der Tabelle auf Seite 248.

Wirtspflanzen: Pinusarten, vor allem P. mugo, P. sylvestris, P. nigra, P. cembra und P. banksiana.

△ Föhrenschütte
▽ (Abb. 487 + 488)

▽ Schadenbild der Föhrenschütte (Abb. 489)

Rotpustelpilz

Nectria cinnabarina

Schadbild: Einzelne Äste von Laubgehölzen sterben plötzlich ab. An den Befallsstellen zeigen sich auf der abgestorbenen Rinde zuerst gelblichrote, später dunkelrote Pusteln.

Ursache: Der Pilz infiziert die Pflanzen durch Sporen, die durch Wind, Tiere oder Werkzeuge übertragen werden. Das sich bildende Myzel wächst in der gesunden Rinde und tötet sie ab, worauf die Pusteln entstehen.

Vorbeugung: Vermeiden von extremen Bedingungen wie Trockenheit, Staunässe, Streusalz, Wurzelschäden, Bodenverdichtungen. Wunden mit Verschlusssalben abdichten.

Bekämpfung: Ausschneiden und Verbrennen von einzelnen befallenen Ästen oder Zweigen und sofort mit Wundverschlusspasten verstreichen. Nach Hagelschlag und anderen mechanischen Verletzungen sofort spritzen. Wirkstoffe: aus der Tabelle auf Seite 248.

Befallspflanzen: Laubgehölze wie Acer, Aesculus, Amelanchier, Carpinus, Crataegus, Fagus, Fraxinus, Malus, Robinia, Tilia, Ulmus und andere.

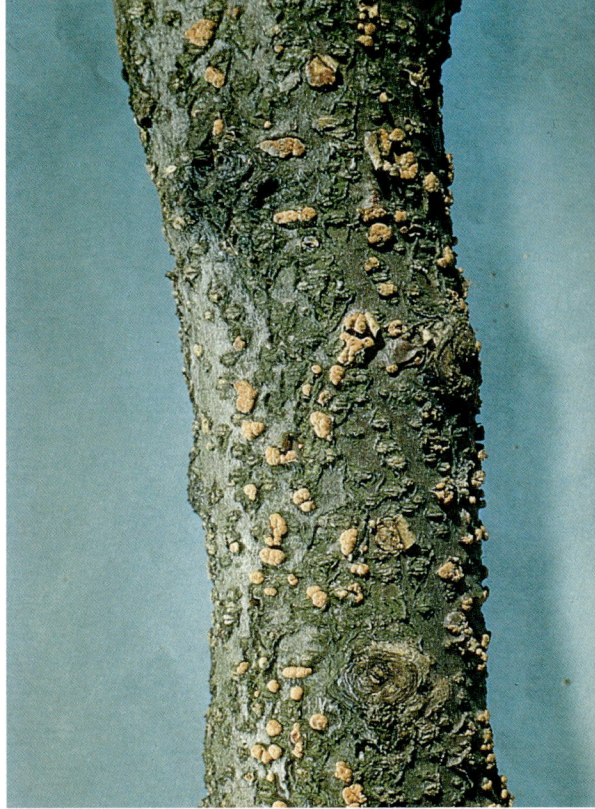

△ Rotpustelpilz an Aprikosenbaum (Abb. 490)

Schneeschimmel im Rasen

Calonectria nivalis

Schadbild: Im Frühjahr nach der Schneeschmelze zeigen sich Kahlstellen im Rasen. Diese sind von einem weissen bis rosafarbenen Myzel überzogen.

Ursache: Der Pilz breitet sich unter der Schneedecke auf den Blättern aus, besonders wenn der Rasen vor dem Schneefall nicht mehr geschnitten wurde und daher übereinander liegt.

Vorbeugung: Den Rasen im Spätherbst auf mittlere Höhe schneiden.

Bekämpfung: Vor dem Wintereinbruch von Oktober bis Dezember Giess- oder Spritzbehandlungen mit Wirkstoffen aus der Tabelle auf Seite 248.

Wirtspflanzen: Rasenflächen im Garten, in Golf- und Sportplätzen.

△ Schneepilze im Rasen
▽ (Abb. 491 + 492)

Blattfleckenkrankheit
Ascochytaarten

Schadbild: Bei Chrysanthemen am Spross, an Blättern und Blüten anfänglich kleine, braunschwarze Flecken, die sich später ausdehnen. Dadurch sterben Blätter und Blütenteile ab, sie werden schwarz. Der Saftzustrom ist unterbrochen, und die befallenen Pflanzenteile welken, so dass auch ganze Triebe absterben können. An anderen Pflanzenarten nur Befall der Blätter.

Ursache: Der Pilz befällt die Pflanzen besonders bei dichtem Stand, N-betonter Düngung und feuchter Witterung. Er überwintert zum Teil im Boden, teils an Pflanzenrückständen. Verschleppung durch Stecklinge und Jungpflanzen.

Vorbeugung: Standortwechsel oder Dämpfen der Substrate oder Beetflächen, K-betonte Düngung und nicht zu dichter Stand der Pflanzen = bessere Durchlüftung. Spezifische Fungizidpräparate vorbeugend und gründlich auf die Blattunterseiten anbringen. Bei Gemüsearten Saatgutbeizung.

Bekämpfung: Gründliche Spritzungen, besonders während der Hauptwachstumszeit. Wirkstoffe: aus der Tabelle auf Seite 248.

Wirtspflanzen: Chrysanthemum-Indicum-Hybriden, Zinnien und andere.

△ Ascochyta an Chrysanthemumtrieb (Abb. 493)
▽ Befall an Spross und Blüten (Abb. 494)

▽ Befall an Blütenstand (Abb. 495)

△ Ascochytabefall an Zinnien (Abb. 496)
▽ Roter Brenner an Hippeastrumhybriden (Abb. 497)

Roter Brenner

Stagonospora curtisii

Schadbild: An Blütenschäften, Zwiebelschuppen und Blütenhüllblättern rote Flecken bis lange Linien, die an der Pflanze oft starke Missbildungen und Risse verursachen. Der Schaft ist meist verkürzt und gekrümmt. Bei starkem Befall auch Faulstellen.

Ursache: Der Erregerpilz wird mit den Zwiebeln übertragen. Die Sporenbehälter entlassen viele Sporen, die sich bei Wärme (22 bis 25 °C) und hoher Feuchtigkeit rasch entwickeln.

Vorbeugung: Warmwasserbad während 2½ Stunden bei 43 bis 44 °C tötet vor dem Pflanzen die Sporen ab. Während der Anzucht kranke Pflanzenteile und stark befallene Zwiebeln verbrennen.

Bekämpfung: Bei Verdacht Zwiebeln vor dem Pflanzen einlegen oder nach dem Pflanzen giessen. Wirkstoffe: aus der Tabelle auf Seite 248.

Wirtspflanzen: Hippeastrum, Narzissen, Schneeglöcklein und andere Amaryllidaceen.

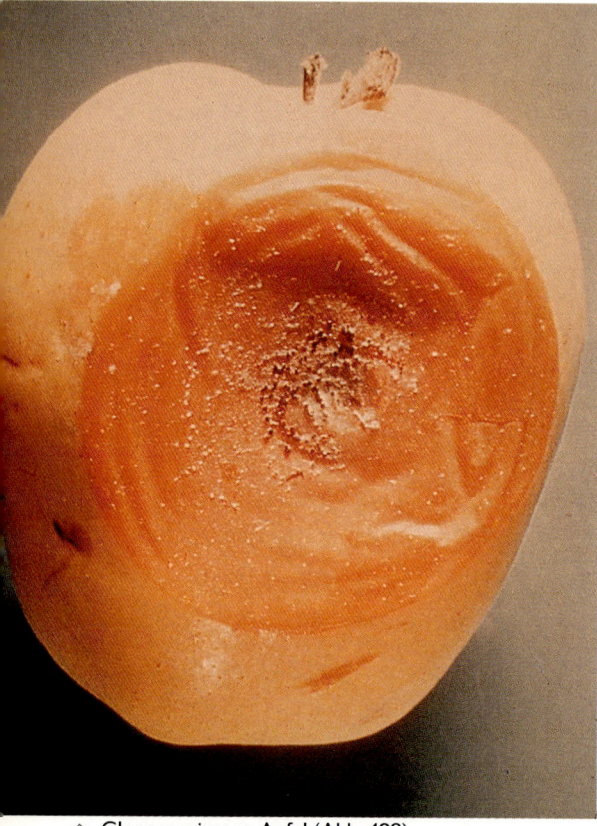

Bitterfäule
Gloeosporium album

Schadbild: In der Einlagerung an Äpfeln braune eingesunkene Faulstellen. Die Früchte schmekken in der Folge recht bitter und sind ungeniessbar. An Zweigen und am Stamm der Bäume oft krebsartige Wunden. An Kalanchoepflanzen ringförmige braune Flecken, diese trocknen ein oder faulen.

Ursache: Der Pilz überwintert am Baum und befällt während der Entwicklungszeit der Äpfel die Früchte.

Vorbeugung: Ausschneiden von typischen Befallsstellen an einzelnen Ästen und Zweigen. Diese sind zu verbrennen.

Bekämpfung: Vor allem bei Lagersorten Spätspritzungen mit geeigneten Fungiziden, um ein Keimen der Sporen auf den Früchten zu verhindern. Wirkstoffe: aus den Tabellen auf den Seiten 248 und 252.

Wartefrist: Siehe in der Tabelle auf Seite 252.

Wirtspflanzen: Äpfel, Kalanchoe.

△ Gloeosporium an Apfel (Abb. 498)
▽ Gloeosporium an Kalanchoe (Abb. 499)

Brennfleckenkrankheit
Colletotrichum lindemuthianum

Schadbild: Vorwiegend auf Buschbohnen auftretende Pilzkrankheit. Die Hülsen weisen runde, eingesunkene Flecken auf. Später werden auch die Blätter befallen: braune Flecken, die später eintrocknen.

Ursache: Der Pilz ist meistens schon am Samen, der dann schmutzig grau bis braun gefleckt ist. Oft wird der Pilz auch von Stauden des Vorjahres übertragen.

Vorbeugung: Fruchtwechsel beachten. Saatgut gründlich mit Fungiziden beizen (Nassbeize). Kranke Pflanzen nach der Ernte verbrennen.

Bekämpfung: Im Frühstadium spritzen, später sind chemische Behandlungsmassnahmen problematisch. Wirkstoffe: aus den Tabellen auf den Seiten 248–249.

Wirtspflanzen: Buschbohnen, seltener Stangenbohnen und Kartoffeln, Pensees.

Wartefrist: Siehe Tabelle auf Seite 249.

△ Colletotrichum an Viola (Pensees) (Abb. 501)
▽ Colletotrichum an Bohne (Abb. 502)

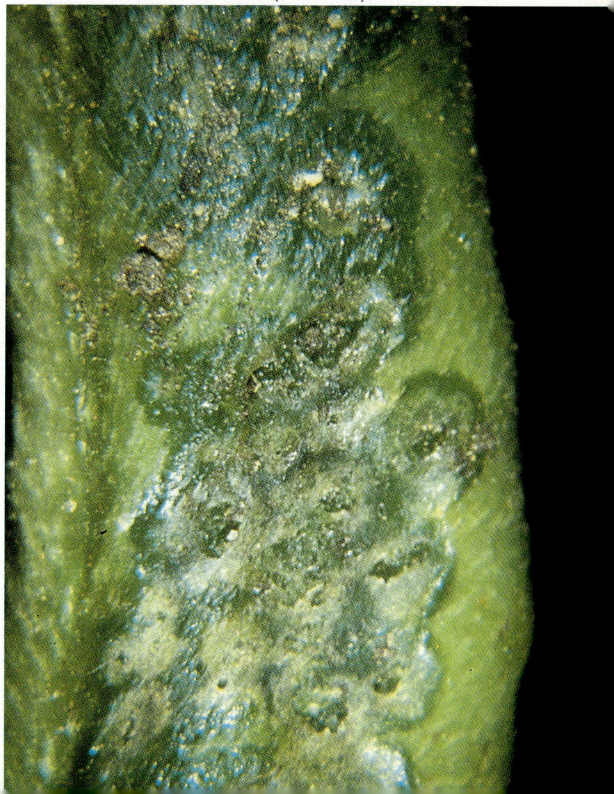

▽ Colletotrichum an Kartoffel (Abb. 500)

Himbeerrutenkrankheit
Didymella applanata

Schadbild: Ab Mai bis Juni bilden sich an Jungtrieben rötlichbraune bis violette Flecken, besonders in Knospennähe. Durch das Eindringen des Pilzes in tiefere Gewerbeschichten platzt die Rinde auf, und die Ruten sterben ab.

Ursache: Der Pilz lebt im Boden und gelangt durch Erdspritzer bei Regenfällen an die oberen Rutenteile. Er dringt durch Rindenrisse und Verletzungen in die Ruten ein und überwintert dort.

Vorbeugung: Sofort nach der Ernte Ruten ebenerdig abschneiden. Durchlässigen und humosen Boden wählen. Mit Vorteil Kultur auf Hügelbeeten in reichlich humoser Erde. Mulchen mit organischem Material oder Gründüngung, damit keine Erdkrümel an die Ruten gelangen.

Wirtspflanzen: Himbeeren, vereinzelt auch Brombeeren.

△ Himbeerrutenkrankheit (Abb. 503)
▽ Rutenkrankheit an Brombeere (Abb. 504)

Moniliafruchtfäule

Moniliaarten

Auch Blüten- und Zweigdürre

Schadbild: Befallene Früchte von Kern- und Steinobst zeigen kleine Flecken bis Faulstellen, die rasch um sich greifen. Mit zunehmender Ausbreitung ringförmig angeordnete graubraune Pilzkörper auf den Faulstellen der Früchte. Bei starkem Befall oft Spitzendürre der Zweige.

Ursache: Im folgenden Frühjahr Verbreitung durch hängengebliebene Früchte an den Bäumen, wo reichlich Sporen ausgeschleudert werden. Überwinterung der Sporen auch in Rinden und Knospenschuppen. Schorf- oder Insektenbefall fördern den Moniliabefall. Die Sporen werden auch durch den Wind auf Blüten übertragen.

Vorbeugung: Befallene Triebe bereits im Sommer ausschneiden. Im Herbst nach der Fruchternte alle verbleibenden, faulenden Früchte entfernen und vernichten. Schorf und Blattläuse frühzeitig bekämpfen. Dürre Zweige ausschneiden.

Bekämpfung: Blüten- und Zweigdürre: Mit Wirkstoffen aus den Tabellen auf den Seiten 248 und 252 behandeln.

Wirtspflanzen: Äpfel, Birnen, Quitten, Zwetschgen, Pflaumen, Kirschen, Aprikosen, Pfirsiche. Zierprunus, Forsythia und andere.

Wartefrist: Siehe Tabelle auf Seite 252.

△ Moniliafruchtfäule an Birne (Abb. 506)

▽ Monilia an Apfelblüten (Abb. 505)

△ Blüten- und Fruchtmonilia an Aprikosen (Abb. 507)
▽ Befall an Kirschen (Abb. 508)

△ Rhizoctonia an Euphorbia pulcherrima
▽ (Abb. 509 + 510)

▽ Befall an Kalanchoe (Abb. 511)

Rhizoctoniafusskrankheiten

Rhizoctonia solani

Schadbild: Vom Boden her aufsteigend, befällt der Pilz den Spross mit einem Myzel, das durch die Rinde sich nach oben ausdehnt. Am Fuss oft Faulstellen und am Spross helle Flecken, die später einfallen und eintrocknen.

Ursache: Der Pilz befällt die Pflanzen sporadisch bei ungünstigen Witterungs- oder Kulturbedingungen wie einseitige N-Düngung, zu grosse Nässe, zu kühl, unharmonische Düngung und anderes.

Vorbeugung: Optimale Kulturführung. Desinfektion der Standflächen mit quaternären Ammoniumverbindungen und des Bodens mit Dampf oder chemisch mit Dazometprodukten.

Bekämpfung: Einzelne befallene Pflanzen entfernen und verbrennen. Wirkstoffe: aus der Tabelle auf Seite 248.

Wirtspflanzen: Euphorbia pulcherrima, Kalanchoe, Kartoffeln, Zinnia und andere. Bei Aussaaten = Vermehrungspilz.

▽ Befall an Kartoffeln (Abb. 512)

Schwarzbeinigkeit

Phoma lingam und andere Arten

Schadbild: Sämlinge oder Stecklinge fallen um und sterben ab. Die Stengelbasis ist meist schwarz bis dunkelgrün verfärbt, eingefallen und ganz oder teilweise faul.

Ursache: Für dieses Krankheitsbild sind oft mehrere Ursachen verantwortlich, wie unsterile Erde, zu dichte Saat, zuwenig Luft, zu hohe Boden- und Lufttemperaturen, zu feine Erde beim Aussäen und anderes.

Vorbeugung: Gebeiztes Saatgut verwenden, sterile Erde, Desinfektion der Aussaatgefässe. Nicht zu dichte Saat, genügend lüften, früh pikieren oder eintopfen, Abdecken der Aussaaten mit Perlite oder Grobsand, damit die Oberfläche rasch abtrocknet und dem Pilz keine Lebenschance bleibt. Aussaaten nach der Keimung sofort kühler stellen.

Bekämpfung: Bei feuchter Erde Saatgefässe giessen oder abbrausen mit Produkten gegen pathogene Bodenpilze. Wirkstoffe aus den Tabellen auf den Seiten 248–249 einsetzen.

Wirtspflanzen: Begonien, Chrysanthemen, Cyclamen, Löwenmaul. Viele Gemüsearten wie Kohlarten, Gurken.

Wartefrist: Siehe Tabelle auf Seite 249.

Verschiedenes: Ursache von weiteren Vermehrungskrankheiten können auch die Erregerpilze Fusarium, Pythium und Rhizoctonia sein.

Verticillium-Welkekrankheit

Verticillium alboatrum

Schadbild: Die Blätter welken von unten her und hängen schlaff herunter. Sie verfärben sich gelb, rot bis braun und trocknen ein. Die oberen Pflanzenteile werden nur noch reduziert ausgebildet, die Blütenfarbe ist blass. Aufkommen nach Schönwetterperioden.

Ursache: Der Pilzerreger steigt vom Boden her mittels langer Myzelien in die Leitungsbahnen und bringt diese zum Absterben.

Vorbeugung: Gründliche Bodendesinfektion oder Standortwechsel. Zukauf von gesunden Jungpflanzen, sauberes Giesswasser. Hitzestaus fernhalten durch Lüften usw.

Bekämpfung: Stark befallene Pflanzen vernichten.

Wirtspflanzen: Chrysanthemen, Geranien, Nelken.

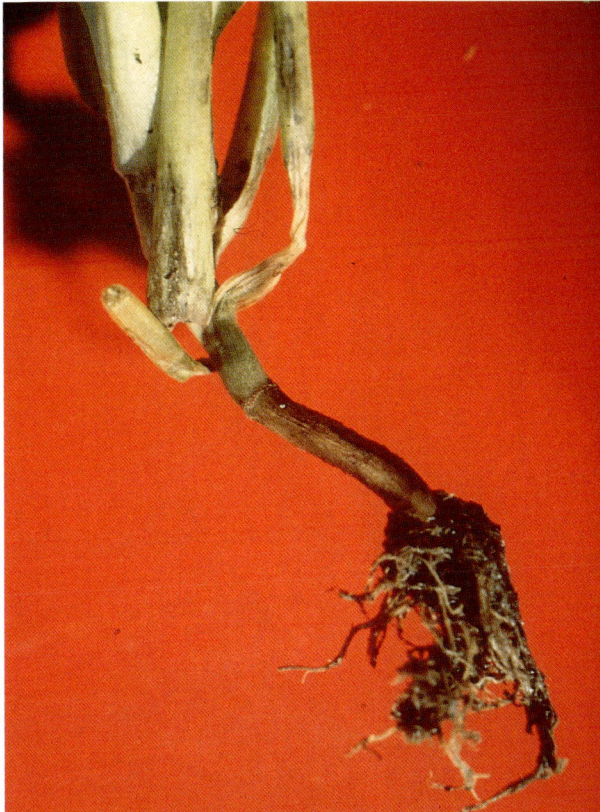

△ Schwarzbeinigkeit an Kohlpflanze (Abb. 513)
▽ Verticilliumwelke an Chrysanthemen (Abb. 514)

Graufäule
Sclerotiumarten

Schadbild: Sclerotiumpilze treten an verschiedenen Pflanzenarten auf, das Schadbild ist dabei unterschiedlich. Bei Tulpenzwiebeln faulen die Triebe, an den Zwiebeln bildet sich ein pelzartiger grauer Schimmelrasen, die Speicherblätter trocknen ein.

Ursache: Der Pilz befällt die Zwiebeln vom Boden her. Die Dauerkörper können jahrelang im Boden lebensfähig sein.

Vorbeugung: Standortwechsel beim Pflanzen und im Einschlag von Töpfen und Kisten. Befallene Zwiebeln verbrennen. Bodendesinfektion mit Wirkstoffen aus den Tabellen der Desinfektionsmittel.

Bekämpfung: Blumenzwiebeln vor dem Pflanzen beizen. Wirkstoffe aus den Tabellen auf den Seiten 274–276 einsetzen.

Wirtspflanzen: Tulpen, Hyazinthen, Narzissen, Iris, Liatris und andere. Forsythia, Koniferenarten. Karotten, Salat, Zwiebeln.

Wartefrist: Siehe in den Tabellen auf den Seiten 248–256.

△ Sclerotinia an Chamaecyparis (Abb. 515)
▽ Befall an Blautanne (Abb. 516)

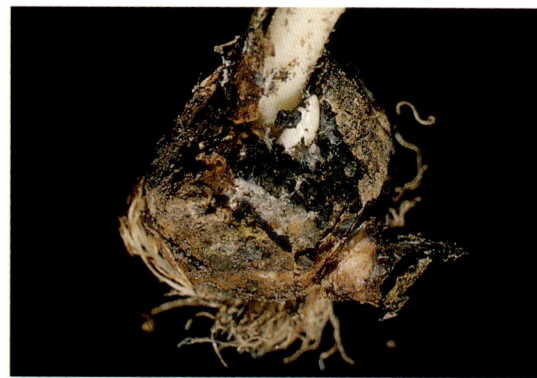

△ Sclerotiniagraufäule an Tulpen (Abb. 517)
▽ Befall an Karotten (Abb. 518)

△ Befall an Salat (Abb. 519)
▽ Befall im Salatbeet (Abb. 521)

△ Befall an Speisezwiebeln (Abb. 520)

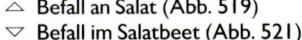

Fusariumfusskrankheit

Fusarium oxysporium

Schadbild: Zuerst vergilben alte Blätter, später welken sie und sterben ab. Welkeerscheinungen vom Boden her aufsteigend, bei Nelken bilden sich an Blatt- und Blütenstielen rosafarbene Pilzgeflechte und rote Sporenlager. Absterben der Pflanzen.

Ursache: Die Pilzmyzelien verstopfen die Leitungsbahnen. Infektion auch über Wunden beim Nelkenschnitt. Befall zuerst an geschwächten Pflanzen. Verseuchte Erde.

Vorbeugung: Erde desinfizieren. Bei Nelken sind hochstehende Bankbeete mit Bodenabschluss vorteilhaft. Nur gesunde Jungpflanzen kaufen und Kulturhygiene.

Wirtspflanzen: Cyclamen, Nelken, Kakteen, Sommerastern (Asternwelke), Zinerarien und andere. Karotten, Kartoffeln, Petersilie.

Nützlinge: Das Pilzmycel des Streptomycespilzes (Mycostop) verhindert ein Aufkommen des Schaderregers Fusarium.

△ Fusarium an Karotten (Abb. 522)
▽ Fusarium an Kartoffel (Abb. 523)

▽ Fusarium an Petersilien (Abb. 524)

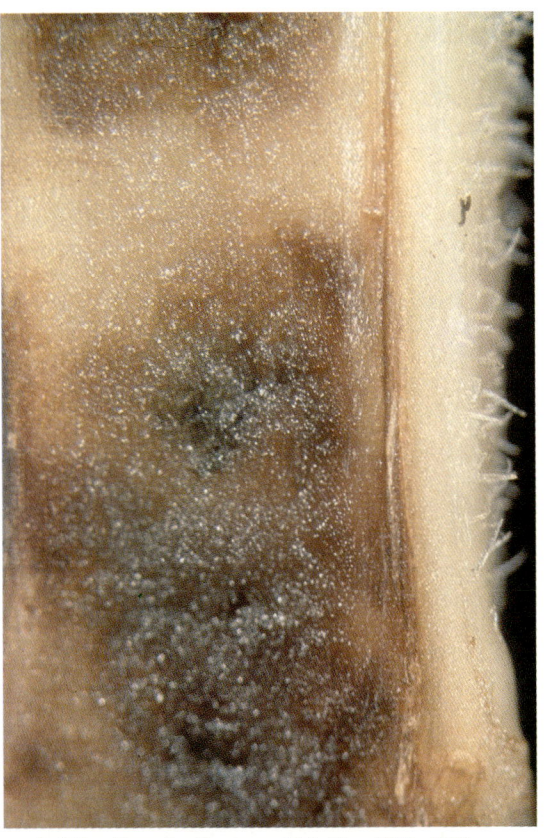

△ Befall an Senecio-Cruentus-Hybriden (Abb. 525)   △ Befall an Kaktus (Abb. 526)
▽ Befall an Callistephus chinensis (Abb. 527)

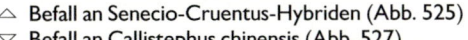

△ Symptome Nektriabaumkrebs
▽ (Abb. 528 + 529)

▽ Baumkrebs ausgeschnitten und mit Wundpaste
behandelt (Abb. 530)

Obstbaumkrebs
Nectria galligena

Schadbild: An Zweigen und Ästen, teilweise auch am Stamm eingetrocknete Stellen, die am Rande oft stark überwallen. Bei starkem Befall können Zweige welken und absterben.

Ursache: Der Obstbaumkrebspilz wird im Sommer durch Konidien mittels Regen übertragen. Meist sind vorhandene Wunden (unsachgemässes Arbeiten beim Baumschnitt) die Eintrittspforten. Bei kühlem Wetter von Herbst bis Winter bilden sich rote Fruchtpusteln. Das Myzel überwintert im Boden oder an den Befallsstellen.

Vorbeugung: Keinesfalls mit Jauche oder anderen N-haltigen Düngern im Obstgarten arbeiten. Bei Wunden gegen Infektionen Wundverschlusspaste aufbringen.

Bekämpfung: Stark befallene Zweige oder Äste unterhalb der Befallsstellen sauber abschneiden. Bei Befallsbeginn den Infektionsherd sauber ausschneiden und mit Wundverschlusspaste ausstreichen. Krankes Material verbrennen, denn totes Holz kann noch 2 Jahre lang Sporen absondern.

Wirtspflanzen: Äpfel, Birnen, Kirschen.

△ Starker Befall an Apfelbaum
▽ (Abb. 531 + 532)

Welke- oder Vergilbungskrankheit
Phialophora cinerescens

Schadbild: An Nelken sind die Triebspitzen rötlich marmoriert bis gefleckt. Die Pflanzen welken vom Boden her aufsteigend. Befall von Pflanze zu Pflanze = grosse Ausfälle bei Nelkenkulturen.

Ursache: Der Pilz befällt zurst die Wurzeln und dringt dann in die Leitungsbahnen ein. Geschwächte Pflanzen werden bevorzugt.

Vorbeugung: Entseuchte Erde und Standortwechsel. Wurzeln nicht beschädigen bei Bodenlockerungsarbeiten. K-betonte Düngung. Gesunde und getestete Jungpflanzen zukaufen.

Wirtspflanzen: Nelkenkulturen.

△ Welkekrankheit bei Edelnelken
▽ (Abb. 533 + 534)

Lagerfäule an Kernobst
Penicillium sp.

Schadbild: Auf den braunen Faulstellen von Kernobst blaugrüne bis tiefblaue Pusteln. An Gladiolenknollen braune Faulstellen beim Wurzelansatz.

Ursache: Es handelt sich um einen Pilzbefall, der durch mechanisch zugefügte Wunden an den Früchten ausgelöst wurde, wie Kratzen durch Astzweige im Wind, Einstiche durch Schadinsekten und anderes.

Vorbeugung: Um spätere Lagerschäden zu vermeiden, ist sorgfältiges Ernten der Früchte äusserst wichtig. Gute Baumpflege mit lockerem Kronenaufbau gehören dazu sowie richtiger Erntezeitpunkt und keine Überreife im Lager, daher zur richtigen Genusszeit die Früchte verzehren. Gesunde und getestete Jungpflanzen zukaufen.

Bekämpfung: Direkte Massnahmen sind kaum möglich. Es lohnt sich jedoch, gegen die Pilzsporen an den Ästen zusammen mit anderen vorbeugenden Massnahmen ein Präparat auszubringen.

Wirtspflanzen: Äpfel, Birnen, Gladiolen, Quitten.

△ Penicilliumbefall an Gladiolenknollen (Abb. 535)
▽ Penicillium an Apfel (Abb. 536)

△ Pythiumstammfäule (Abb. 537)
▽ Wurzelbrand an Kakteen (Abb. 538)

▽ Pythiumbefall an Gerbera (Abb. 539)

Pythiumwurzelfäule
Pythium splendens

Schadbild: Verbreitete Pilzkrankheit, die oft zusammen mit Fusarium, Rhizoctonia und anderem auftreten kann. Die Pflanzen wachsen schlecht, welken, vergilben und sterben ab. Die Wurzeln sind dabei faul und braun vermorscht.

Ursache: Pythiumpilze sind lange Zeit im Boden lebensfähig. Schwächeparasit. Voraussetzungen: zu feine Erde, zuwenig Bodenluft, zu nass, falscher pH-Wert und anderes.

Vorbeugung: Ideale Voraussetzungen schaffen. Beimischen von Styromull zur Erde, Erde desinfizieren, allgemeine Hygiene!

Bekämpfung: Stark befallene Pflanzen ausmerzen. In feuchter Erde giessen mit Wirkstoffen aus der Tabelle auf Seite 248.

Wirtspflanzen: Anthurium, Azaleen, Kalanchoe, Geranien, Gerbera, Cyclamen, Euphorbia pulcherrima und andere.

Wurzelbräune

Thielaviopsis basicola

Schadbild: Ältere Blätter an Befallspflanzen vergilben von unten her, und das Wachstum ist gehemmt. Die Wurzelballen sind braun, die Wurzeln faul und morsch.

Ursache: Der Pilz lebt an abgestorbenen Pflanzenresten im Boden, von wo er in die Wurzeln eindringt. Dabei werden neue Sporen gebildet. Zu feines Substrat und Nässe fördern den Befall.

Vorbeugung: Substrat desinfizieren. Keine Nässebildung durch durchlässiges Substrat. Nur gut verrotteten Kompost als Substratzusatz verwenden. In Kunststofftöpfen 10 bis 15 % Styropor- oder Perlitezusatz zum Substrat.

Bekämpfung: Giessen bei feuchten Erdballen. Wirkstoffe: aus der Tabelle auf Seite 248.

Wirtspflanzen: Cyclamen, Poinsettien und andere.

△ Wurzelbräune an Euphorbia pulcherrima
▽ (Abb. 540 + 541)

▽ Gesunde und kranke Cyclamenwurzeln (Abb. 542)

Kohlhernie oder Kropfkrankheit

Plasmodiophora brassicae

Schadbild: Befallene Kohlpflanzen bleiben zurück und verkümmern, bei sonniger Witterung welken die Pflanzen. An den Wurzeln fingerdicke bis faustgrosse Gewebewucherungen.

Ursache: Der Pilz überwintert im Boden aus Vorjahreskulturen oder wird durch infizierte Setzlinge eingeschleppt. Das befallene Wurzelgewebe zerfällt und stinkt. Dabei wird eine Unmenge von Dauersporen freigesetzt. In sauren Böden und nach Frischmistgaben ist ein Befall begünstigt.

Vorbeugung: Unbedingter Fruchtwechsel. Auf befallenen Flächen mindestens 4 bis 5 Jahre keine Kohlarten pflanzen oder Cruciferen als Gründüngungspflanzen wählen. pH-Korrektur mit Kalkgaben (gebranntem Kalk).

Bekämpfung: Substrate zur Jungpflanzenanzucht und verseuchte Kulturflächen mit Dampf sterilisieren oder mit chemischen Bodendesinfektionsmitteln aus der Tabelle auf der Seite 266.

Wirtspflanzen: Kohlgewächse = Cruciferen.

△ Kohlhernie
▽ (Abb. 543 + 544)

Wurzel-, Knollen- und Stengelgrundfäule
Cylindrocarpon radicola

Schadbild: Faulstellen an der Basis von Blattstielen, Blütenstielen und an Knollen selbst. Die Blätter und Blüten knicken ein, das Knollenfleisch ist braun.

Ursache: Der Pilz befällt die Pflanzen vom Boden her. Er lebt vorzugsweise in den äusseren Gewerbeschichten.

Vorbeugung: Gute Wachstumsbedingungen. Vor dem Umpflanzen Wurzelballen in Schutzlösung tauchen. Erde dämpfen. Kranke Pflanzen ausmerzen.

Bekämpfung: Gefährdete Bestände bei feuchter Erde giessen. Wirkstoffe: aus der Tabelle auf Seite 248.

Wirtspflanzen: Cyclamen, Erika usw.

△ Cylindrocarpon an Cyclame (Abb. 545)

Hexenringe
Verschiedene Ständerpilzarten

Schadbild: Meist in Ringen oder Bändern in Rasen- oder Grasflächen. Das Gras ist an den Befallsstellen meist dunkelgrün. Ständerpilze, die bei feuchter Witterung von Sommer bis Herbst oft sehr dicht auftreten.

Ursache: Die Verbreitung der Pilze geschieht durch Sporen, die aus den Fruchtkörpern massenweise austreten. Von einem Punkt ausgehend, wandern die Ringe oder Bänder nach aussen weiter.

Vorbeugung: Vermeiden von lange liegenden Grasresten, die die Voraussetzung für das Gedeihen dieser Pilze bieten.

Wirtspflanzen: Rasenflächen und Graswiesen.

△ Hexenringe
▽ (Abb. 546 + 547)

Ölfleckenkrankheit an Begonia

Elatior Xanthomonas begoniae

Schadbild: Bei Elatiorbegonien blattunterseits ölige Flecken, die später braun werden und eintrocknen.

Ursache: Die winzig kleinen Spaltpilzerreger vermehren sich bei zunehmender Wärme sehr rasch. Infolge Schleimbildung Verstopfung der Leitungsbahnen, was zum Welken und Absterben der Blätter führt. Eintritt über Wunden.

Vorbeugung: Hygienische Massnahmen wie sterile Erde, Töpfe, Stellflächen. Desinfektion des Messers mit 70 % Alkohol. Abgiessen der Stellflächen mit 1 % einer quaternären Ammoniumverbindung. Gesunde Jungpflanzen kaufen.

Bekämpfung: Eine sichere Bekämpfung ist nicht möglich. Wirkstoffe sind in der Tabelle auf Seite 248 aufgeführt.

Wirtspflanzen: Begonia-Elatior-Hybriden.

△ Bakteriose an Begonia-Elatior-Hybriden (Abb. 548)
▽ Symptome an den Blättern (Abb. 549)

Blatt- und Stengelbakteriose an Pelargonien

Xanthomonas pelargoni

Schadbild: Bei Geranien welken die jungen Blätter, später trocknen sie ein und fallen bei geringster Berührung ab. Am Spross bräunlich durchscheinende Leitungsstränge. Bei starkem Befall Faulstellen mit austretendem orangeroten Saft = Bakterienschleim.

Ursache: Winzig kleine einzellige Spaltpilzerreger, die sich bei hoher Wärme rasch vermehren. Verdoppelung innert 30 bis 60 Minuten = mehrere Millionen aus einem Bakterium innert eines Tages. Oft totaler Zusammenbruch der Pflanzen bei warmem Wetter. Eintritt nur über Wunden, Faulstellen oder Wurzeln möglich.

Vorbeugung: Hygienische Massnahmen wie sterile Erde, Töpfe, Stellflächen. Desinfektion der Stecklingsmesser mit 70 % Äthylalkohol. Bekämpfen von Schadinsekten, die Bakterien übertragen können. Stecklingsschnitt über dem Knoten = nur eine Wunde statt 4 bis 5 Wunden unterhalb des Knotens.
Abgiessen der Stellflächen mit 1 % einer quaternären Ammoniumverbindung (siehe Seite 280). Vermehrungssubstrate vor dem Stecken desinfizieren und abgiessen. In Balkonkisten keine zu leichten Erdsubstrate verwenden. Mindestens 50 % Lehmerdeanteil! Kalibetonte Düngung. Hitzestaus im Gewächshaus durch gute Lüftung vermeiden!

Bekämpfung: Eine direkte Bekämpfung mit chemischen Produkten ist nicht möglich.

Wirtspflanzen: Pelargonienarten.

△ Schwarze Befallsstellen am Spross (Abb. 551)
▽ Welkeerscheinung (Abb. 552)

▽ Bakteriose an Pelargonium-Zonale-Hybriden (Abb. 550)

△ Welkeerscheinung
▽ (Abb. 553 + 554)

▽ Kranke Mutterpflanzen (Abb. 555)

△ Stammfäule bei starkem Befall (Abb. 556)
▽ Gesunde Mutterpflanzen (Abb. 557)

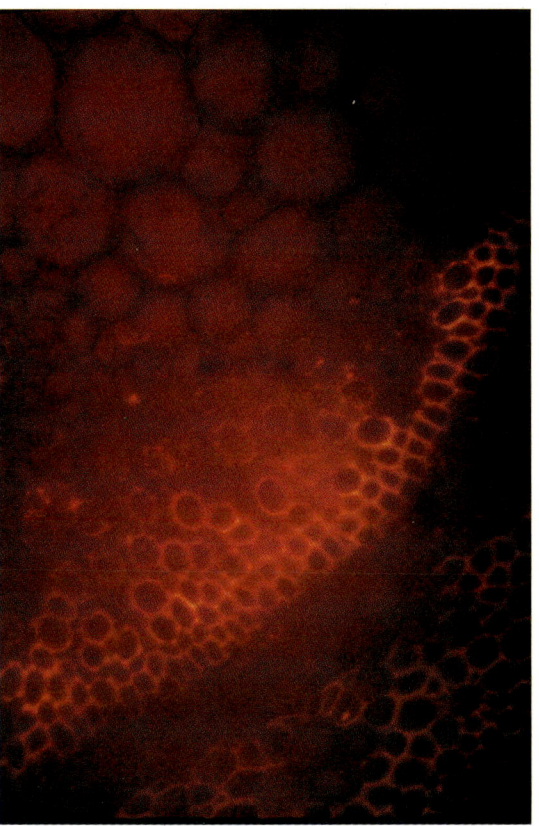

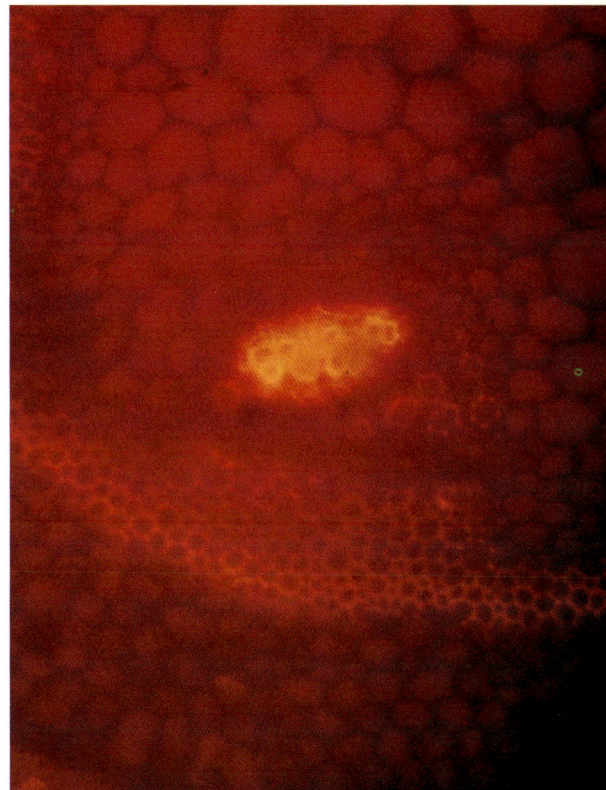

△ Fluoreszenztest: gesund (Abb. 558)
▽ Wurzelkropf bei Begonia-Lorraine (Abb. 559)

△ Fluoreszenztest: krank = Leitungsbahnen sind verstopft
(Abb. 560)

Bakterienkrebs

Corynebacterium fascians

Schadbild: Am Stengelgrund bilden sich kropfartige hellgrüne Zellwucherungen, hervorgehend aus Nebensprossen oder schlafenden Knospen. Die Pflanzen werden dadurch geschwächt und kümmern.

Ursache: Die Bakterien dringen vom Boden her durch Wunden in die Pflanze ein. Sie lösen eine extrem starke Zellvermehrung aus. Infektionen können auch durch Messer, Befallsinsekten und unsaubere Giesswasser ausgelöst werden.

Vorbeugung: Sterile Erde, Leitungswasser, neue Töpfe verwenden. Ausschneiden von befallenen Basistrieben. Messer mit 70 % Äthylalkohol desinfizieren.

Bekämpfung: Eine direkte Bekämpfung ist nicht möglich.

Wirtspflanzen: Asparagus densiflorus, Begonien, Brombeeren, Chrysanthemen, Erika, Geranien, Rosen und andere.

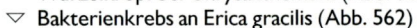

△ Wurzelkropf bei Chrysanthemum (Abb. 561)
▽ Bakterienkrebs an Erica gracilis (Abb. 562)

▽ Bakterienkrebs an Brombeere (Abb. 562a)

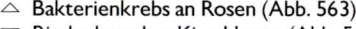

▽ Befallener Ast abgesägt, darunter Rindenpfropfung für gesunden Neuaustrieb (Abb. 564)

△ Bakterienkrebs an Rosen (Abb. 563)
▽ Rindenbrand an Kirschbaum (Abb. 565)

Rindenbrand

Pseudomonas morsprunorum

Schadbild: Auf den Blättern bilden sich durchscheinende Flecken, die später zu grösseren braunvioletten Nekroseflecken eintrocknen. An der Rinde vorerst runde, etwas eingesunkene braune Flecken mit späteren Anschwellungen. Die Zweig- und Astpartien über den Befallsstellen sterben in der Folge schlagartig ab.

Ursache: Die Übertragung dieser Bakterienkrankheit erfolgt während des Sommers über die Spaltöffnungen von Blatt zu Blatt, später auch über Wunden an der Rinde. Die Bakterien überwintern in und an der Rinde, von wo sie im nächsten Jahr wieder die Blätter und Äste befallen. Oft bildet sich auch Gummifluss an den Befallsstellen.

Vorbeugung: Im Herbst während und nach dem Blattfall und im Frühjahr bei Austrieb vorbeugen mit Kupfer spritzen, damit vorhandene Bakterien an der Oberfläche nicht eindringen können.

Bekämpfung: Ausschneiden der Befallsstellen und verbrennen derselben.

Wirtspflanzen: Steinfrüchte wie Kirschen, Pflaumen, Aprikosen und andere.

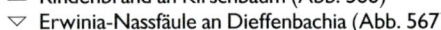

△ Rindenbrand an Kirschbaum (Abb. 566)
▽ Erwinia-Nassfäule an Dieffenbachia (Abb. 567)

▽ Erwinia-Nassfäule an Dieffenbachia (Abb. 568)

Bakterielle Nassfäule

Erwinia

Schadbild: Am Stengelgrund von Dieffenbachia-pflanzen rissförmige Wunden von der Basis her, die später in Fäulnis übergehen. Bei starkem Befall Eingehen der Pflanzen mit vorausgegangenen vergilbten Blättern.

Ursache: Das Bakterium dringt über Wunden, meist durch unsaubere Stecklingsmesser verursacht, bei der Vermehrung von Pflanze zu Pflanze. In den Leistungsbahnen steigen sie auf und vermehren sich bei Wärme rasch. Die Leitungsbahnen werden verstopft und faulen.

Vorbeugung: Befallene Pflanzen verbrennen. Schnittblumen (Calla) nicht in Beeten kultivieren, da sich der Pilz im Boden sehr schnell weiterverbreitet. Keine Jungpflanzen von befallenen Pflanzen entnehmen. Hygiene beim Stecklingsschnitt, Desinfizieren des Messers in Alkohol 70 % oder Wirkstoffe aus der Tabelle auf Seite 266 einsetzen.

Bekämpfung: Eine direkte Bekämpfung ist nicht möglich.

Wirtspflanzen: Dieffenbachia maculata, Calla und andere.

△ Erwinia-Nassfäule an Dieffenbachia (Abb. 569)

▽ Mosaikvirus an Pelargonium (Abb. 570)

△ Mosaikvirus an Himbeeren (Abb. 571)

△ Befallene Triebteile von Chrysanthemen (Abb. 572)
▽ Befall an verkaufsfertigen Chrysanthemen (Abb. 572a)

Mosaikvirus

Schadbild: Blätter von befallenen Pflanzen weisen zuerst Aufhellungen zwischen den Leitungsbahnen auf, später heben sich diese deutlich von der dunkelgrünen Normalfarbe ab. Die Blattflächen sind gegenüber gesunden Pflanzen kleiner und schmaler, die Blattränder nach unten gebogen.

Ursache: Der Viruserreger kann schon von Samen herrühren, er kann aber auch durch Schadinsekten übertragen werden. Von Pflanzenart zu Pflanzenart spezifische Merkmalunterschiede.

Vorbeugung: Gesundes Saatgut einkaufen. Blattläuse durch frühzeitige Behandlungen fernhalten. Von befallenen Pflanzen keinen Samen ernten und keine vegetative Vermehrung vornehmen.

Bekämpfung: Viren können nicht direkt bekämpft werden.

Wirtspflanzen: Bohnen, Gurken, Himbeeren, Dahlien, Geranien und andere.

Tomatenbronzefleckenvirus

Schadbild: Je nach Temperatur, Licht und Ernährung entsteht ein veränderter Schaden. Die Blätter können graue bis braune Flecken aufweisen oder auch vergilben. An älteren wie jungen Pflanzenteilen können Chlorosen, Verbräunungen oder Flecken mit mehr und weniger scharfen Abgrenzungen auftreten. Die Blüten verkümmern oder sind deformiert, im Endstadium können die Pflanzen welken und absterben. Das Schadbild kann sich je nach Pflanzenart sehr stark verändern.

Ursache: Für die Übertragung sind besonders Thripse und deren Larven oder sämtliche saugenden Insekten verantwortlich. Eine starke Verbreitung ist auch möglich mit verseuchten Samen (Tomaten) und Jungpflanzen. Hohe Temperaturen fördern die Ausbreitung des Virus.

Vorbeugung: Rigorose Bekämpfung der saugenden Insekten, gesundes Saatgut einkaufen, Hygienemassnahmen einsetzen und Unkräuter in Kulturen und unter Tischen frühzeitig entfernen.

Bekämpfung: Es gibt keine erfolgreiche, direkte Virusbekämpfung, gesundes Saatgut und virusresistente Sorten sind anzustreben. Gutes Beobachten der Pflanzen und rechtzeitiges Einleiten von Gegenmassnahmen sind im Moment am wirkungsvollsten.

Wirtspflanzen: Es sind bereits über 500 Arten bekannt. Alstromeria, Amaryllis, Antirrhinum, Astern, Begonien, Chrysanthemen, Cyclamen, Dahlien, Gloxinien, Hortensien, Lilien, Pelargonien, Petunien, Primeln, Zinnien usw.

Gelbstreifigkeit bei Zwiebeln

Schadbild: Befallene Pflanzen entwickeln gelbge-
streifte Blattröhren, die zudem oft verbogen
oder gewellt sind. Der Wuchs ist geschwächt
bis kümmerlich. Die Zwiebeln werden weich
und sind kaum lagerfähig.

Ursache: Gelbstreifigkeitsvirose. Übertragung
durch Blattläuse oder verseuchte Steckzwie-
beln.

Vorbeugung: In gefährdeten Regionen Anbau von
Saatzwiebeln vermeiden. Stets auf Läusebefall
achten und frühzeitig Insektizide ausbringen.

Bekämpfung: Eine direkte Bekämpfung ist nicht
möglich.

Wirtspflanzen: Zwiebeln und Steckzwiebelan-
zucht, Lauch, Schnittlauch.

△ Gelbstreifenvirus an Zwiebeln (Abb. 573)
▽ Vorgang einer Virusinfektion (Abb. 574)

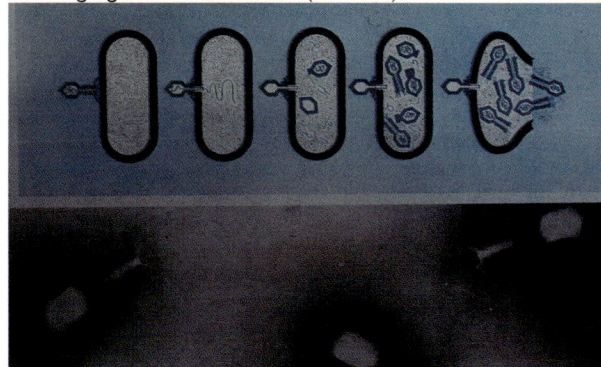

▽ Streifenvirus an Pelargoniumblüten (Abb. 575)

Streifenvirus
Tomatenaspermievirus (TAV)

Schadbild: Die Blütenblätter scheinen zersaust, sie
sind kleiner und ungeordneter ausgebildet. Die
einzelnen Blütenblätter sind schmaler, oft löf-
felartig eingebogen und zum Teil hell gestreift.
Die Blätter sind kleiner und weisen sorten-
oder wirtspflanzenbedingt teilweise helle Flekken auf. Befallene Pflanzen sind unverkäuflich.

Ursache: Das Aspermievirus tritt hauptsächlich bei
Tomaten auf, ist jedoch auch bei anderen Zier-
und Nutzpflanzen anzutreffen. Übertragung
durch befallene Mutterpflanzen, durch Stecklingsschnitt mit dem Messer oder durch Schadinsekten.

Vorbeugung: Gesunde Mutterpflanzen oder Jungpflanzen und Hygiene bei den Vermehrungsar-
beiten. Pflanzenschutzmassnahmen gegen
Schädlinge.

Bekämpfung: Eine direkte Bekämpfung ist nicht
möglich.

Wirtspflanzen: Chrysanthemen, Geranien, Tomaten, Sellerie.

△ Kräuselvirus an Kartoffeln (Abb. 576)
▽ Kräuselvirus an Pelargonium (Abb. 577)

▽ Stauchevirus, links gesunder Topf (Abb. 578)

Stauchevirus an Chrysanthemum und Dahlia

Stuntvirus

Schadbild: Die befallenen Chrysanthemenpflanzen wachsen schon ab Jungpflanzenstadium gedrungener mit kürzeren Internodien und etwas kleineren Blättern. Im Endstadium sind auch die Blüten etwas kleiner als bei gesunden Pflanzen. Ein Welken wird nicht festgestellt. Die Pflanzenhöhe erreicht 30 bis 50 % gegenüber gesunden Pflanzen.

Ursachen: Das Virus von befallenen Mutterpflanzen wird direkt auf die davon geernteten Stecklinge übertragen, es kann aber auch durch den Stecklingsschnitt, Schneiden von Schnittblumen mit dem Messer oder durch fressende oder saugende Insekten auf gesunde Pflanzen übertragen werden.

Vorbeugung: Gründlicher und periodischer Pflanzenschutz gegen virusübertragende Insekten und äusserste Hygiene beim Stecklingsschnitt. Auf Herkunft mit gesunden Jungpflanzen achten.

Bekämpfung: Eine direkte Bekämpfung ist nicht möglich.

Wirtspflanzen: Chrysanthemen für Topf und Schnitt, spezifischer sortenbedingter Befall, und auch Dahlien.

Kleeseide

Cuscuta epiphytum

Schadbild: Die Triebe der Wirtspflanzen werden von dünnen, seidenartigen Trieben windenartig eng umwunden. Einerseits werden die befallenen Triebe langsam erwürgt, andererseits dringen Haustorien durch die Epidermis in die Leitungsbahnen ein und entnehmen der Pflanze Nährstoffe. Die Wirtspflanze wird geschwächt und verunstaltet.

Ursache: Die zu den Windengewächsen gehörende Kleeseide wird durch Samen in der Erde verschleppt (Landerde in Substraten) oder kann auch als Verunreinigung in Sämereien enthalten sein. Im Jugendstadium wachsen sie selbständig, im Alter beginnt ihr Parasitentum.

Vorbeugung: Erdsubstrate dämpfen, Samen reinigen. Junge Kleeseidenpflänzchen frühzeitig mit den Wurzeln entfernen.

Bekämpfung: Eine direkte Bekämpfung ist nicht möglich.

Wirtspflanzen: Chrysanthemen und andere Zier- und Nutzpflanzen.

△ Kleeseide an Chrysanthemum (Abb. 579)
▽ Mistel an Fraxinus (Esche) (Abb. 580)

Mistel

Viscum album

Schadbild: An älteren Bäumen aus der Rinde austretende grüne, breit verzweigte Triebe mit langovalen Blättern. Im Spätherbst bilden sich weisse, durchscheinende Beeren, die für Bindereizwecke begehrt sind.

Ursache: Die Mistel ernährt sich als Halbparasit von den Wirtspflanzen, indem sie Haustorien entwickelt, mit denen sie die Leitungsbahnen unter der Rinde anzapft. Mit den grünen Blättchen assimiliert sie die Nährstoffe selbst. Die Vögel fressen die Beeren im Winter und sorgen mit dem ausgeschiedenen Kot für eine Verbreitung auf weitere Bäume.

Vorbeugung: Stete Kontrolle, besonders in Waldnähe. Frühzeitig die jungen Misteln ausschneiden.

Bekämpfung: Die Schmarotzerpflanzen so tief wie möglich ausschneiden. Allfällige Basisknospen ausschneiden und die Wunden mit Wundsalbe ausstreichen.

Wirtspflanzen: Äpfel, Birnen, Eschen, Pappeln und andere.

Erkennungsmerkmale der Schadbilder von nichtparasitären Ursachen

Wie im Abschnitt «Voraussetzungen für gesunde Pflanzen» schon hingewiesen wurde, entfallen im Gartenbau über 50 bis 60 % der Pflanzenschäden auf sogenannte nichtparasitäre Ursachen. Das *Nichterfüllen der Optimalansprüche* der Pflanzen an die Wachstumsfaktoren Licht, Wärme, Luft, Wasser, Nährstoffe, auch ungeeigneter pH-Wert, Erde und andere kann in der gärtnerischen Praxis noch weitergefasst werden, wie die nachfolgenden Bilder zeigen. Ungeeigneter Pinzierzeitpunkt, falsche Anwendung von Wachstumsregulatoren, unsachgemässe Dosierung von Pflanzenschutzmitteln, unsachgemässes Einhalten der spezifischen Belichtungs- oder Verdunkelungserfordernisse bei gesteuerten Kulturen und anderes mehr sind Fehlerquellen, die ins Gewicht fallen. Dazu kommen noch *witterungsbedingte Einflüsse* wie Hagel, Sturm, Frost, starker Schneefall sowie *unsachgemässer Einsatz von Streusalz* im Winter auf Strassen, auf Wegen und Plätzen, wo Pflanzenwurzeln in der Nähe geschädigt werden, sowie auch vermehrt die *Belastungen der Umwelt durch Abgase und Rauch.*

Aus der Fülle dieser vielen Möglichkeiten wollen wir einige wichtige aufzeigen. Es liegt am Gärtner und Kultivateur, aus solchen zum grossen Teil *physiologisch bedingten Wachstumsstörungen,* die allgemein als *Kulturfehler* gewertet werden, die nötigen Schlüsse zu ziehen und diese Wachstumsstörungen durch angepasste Kulturmassnahmen im richtigen Zeitpunkt zu vermeiden. Hier liegen noch grosse Reserven, wie durch *stetes Beobachten* der Kulturen und Einzelpflanzen, des Klimas, der Bodenverhältnisse, des Wurzelzustandes oder durch allfällige Wahrnehmungen von Veränderungen sofort die richtigen Schlüsse zu ziehen sind und somit für Abhilfe gesorgt werden kann. Als Endziel sollte ins Auge gefasst werden: *Pflanzen mit bester Qualität zu kostendeckenden und gewinnbringenden Preisen* zu verkaufen. Der Pflanzenschutz mit chemischen und anderen Produkten sollte erst die zweite Massnahme sein. Auch hier zeigen sich Schäden meist erst nach vorangegangener Schwächung der Pflanzen.

Die Diagnose über mögliche Ursachen ist nicht immer einfach, da das Schadbild gerne mit solchen verwechselt wird, die von Krankheitserregern und Schädlingen verursacht werden. M. B.

▽ Spritzschaden an Euphorbia pulcherrima (Abb. 581)

Verbrennung durch Sonnenstrahlen

Schadbild: An den Blättern, zum Teil auch an Blüten oder Früchten grossflächige gelbe bis braune Flecken, die mit zunehmendem Alter intensiver werden und die Pflanzen verunstalten. Früchte können in Fäulnis übergehen.

Ursache: Zu intensive Sonneneinstrahlung nach wochenlanger trüber bis regnerischer Witterung mit hoher Luftfeuchtigkeit. Die sehr weiche Epidermis hält plötzlich krasse Extreme nicht aus, und es kommt infolge Überhitzung zur Zerstörung des Chlorophylls. Bei Früchten wird im Sommer das Gewebe tiefgründig in Mitleidenschaft gezogen.

Vorbeugung: Die Lichtwerte sind stets innerhalb der optimalen Grenzen auf die Bedürfnisse der Pflanzen abzustimmen. Bei unsicherer Witterung lieber einmal zuviel als zuwenig schattieren (Mittagszeit oder bei Sonntagsdienst). Durch Luftbefeuchtung und gute Belüftung Kühlung fördern.

Gefährdete Pflanzen: Besonders aus den weichblättrigen Zierpflanzen grosses Sortiment von gefährdeten Pflanzen, aber auch Kakteen und andere Sukkulenten können bei langem, schattigem Standort und plötzlichem Wechsel an die Sonne Verbrennungsschäden erleiden.

△ Hitzeflecken an Apfel (Abb. 583)

△ Zuviel Sonnenlicht für Calceolaria (Abb. 584)
▽ und Sinningia (Abb. 585)

▽ Hitzeschaden an Lilien (Abb. 582)

Gelbe Ringe oder Flecken bei Gesneriaceen

Schadbild: Auf den grünen Blättern bei verschiedenen Gattungen der Gesneriaceae gelbe Flecken bis Ringe, die die Pflanzen oft sehr unansehnlich machen.

Ursache: Es bestehen 2 Möglichkeiten. Entweder wurde bei Sonnenschein gegossen. Die auf den Blättern haftenden Wassertropfen wirken wie ein Glasprisma und verstärken die Sonnenstrahlen, die in der Folge die Chlorophyllkörperchen der Epidermis zerstören. Oder das Giesswasser war zu kalt. Bei höheren Differenzwerten als 3 bis 4 °C zwischen Giesswasser und Lufttemperatur bilden sich ebenfalls gelbe Flecken.

Vorbeugung: Nie bei starker Sonneneinstrahlung giessen! Vorher immer schattieren! Unbedingt temperiertes Giesswasser verwenden. Bei Tröpfchen-, Matten- oder Kanalbewässerung besteht diese Gefahr praktisch nicht. Im Sommer leichter Dauerschatten und nach Bedarf Zusatzschattierung.

Gefährdete Pflanzen: Gesneriaceen wie Saintpaulia, Sinningia, Streptocarpus, Naegelia und andere.

△ Ringflecken an Smithiantha (Abb. 586)
▽ Wasserflecken an Saintpaulia (Abb. 587)

Versalzung der Erde

Schadbild: Die Pflanzen wachsen kümmerlich, es findet keine neue Wurzelbildung statt. Die Blattränder trocknen ein, schliesslich sterben die Pflanzen ab. Oft an der Oberfläche weisse Salzausscheidungen, besonders im Winterhalbjahr im Gewächshaus, wo wenig gegossen wird.

Ursache: Durch hohe Düngergaben ist der Salzgehalt im Boden höher als in der Pflanze. Höhere Salzwerte ziehen Wasser aus der Pflanze, um sich zu verdünnen, es kommt zur umgekehrten Osmose. Oft grosse Kulturausfälle bis Wachstumsdepressionen.

Vorbeugung: Vor dem Pflanzen Bodenanalysen vornehmen. Effektiver Bedarf berechnen und nach der Salzverträglichkeit der Pflanzen düngen. Lieber nur mässige Grunddüngergaben und nachher, dem Wachstum und der Witterung angepasst, flüssig nachdüngen. Eventuell Auswaschen durch reichliches Wässern (Sommerhalbjahr) oder in schwächer gedüngte Erde umpflanzen. Im Freiland bei zu hoher Grunddüngung Torf oder ungedüngte Landerde einmischen.

Gefährdete Pflanzen: Breites Sortiment im Bereich der Zier- und Nutzpflanzen.

△ Blattrandschaden Hydrangea (Abb. 588)
▽ Stark versalzte Erde bei Geranien (Abb. 589)

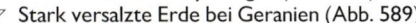

▽ Versalzungsschäden an Chrysanthemum (Abb. 590)

△ Spritzen bei Hitze (Abb. 591)

△ Verätzungen durch langes Haften der Lösung
▽ (Abb. 592 + 593)

Spritzschäden durch Druck und Hitze

Schadbild: An den Triebspitzen Verkrüppelung der jungen Blätter bis Triebspitzen, die nach 3 bis 4 Wochen wieder normal weiterwachsen.

Ursache: Spritzen bei relativ grosser Hitze um die Mittagszeit, womöglich sogar bei Trockenheit und Welken der Pflanzen. Auch zu starker Druck aus zu geringer Distanz oder Überkonzentration kann gleiche oder ähnliche Folgeerscheinungen zeigen.

Vorbeugung: Nie bei zu grosser Wärme (über 25 bis 28 °C) spritzen. Es sollten besonders bei weichen Triebspitzen nie 2 oder mehrere Emulsionen zusammengemischt werden. Auch eine Überdosis an Netzmitteln kann Ätzungen verursachen. Zu behandelnde Pflanzen dürfen nie welken!

Gefährdete Pflanzen: Chrysanthemen, Cinerarien, Calceolarien, Hortensien und andere Pflanzenarten.

Spritzschäden durch langes Haftenbleiben

Schadbild: An der Basis von zum Beispiel Geranienblättern, wo die Hauptnerven zusammenlaufen, weisse Verkorkungen insbesondere auf den Blattnerven, dazwischen weisse Punkte bis braune Flecken.

Ursache: Das Schadbild tritt insbesondere dann auf, wenn die Spritzbrühe (Emulsionen) nicht rasch abtrocknet, sondern während mehrerer Stunden auf den Blättern in den trichterförmigen Vertiefungen der Blattbasis zusammenläuft.

Vorbeugung: Grundsätzlich ist bei jeder Spritzarbeit darauf zu achten, dass die Spritzlösung raschmöglichst abtrocknet. Das heisst nicht, dass bei Hitze gespritzt werden soll, jedoch bei angemessener Wärme im Bereich von 18 bis 22 °C. Nie in die Nacht spritzen, wo die Luftfeuchtigkeit an sich schon sehr hoch ist. Luftumwälzung fördert das rasche Abtrocknen der Pflanzen = Ventilation.

Gefährdete Pflanzen: Geranien, Cinerarien und andere Pflanzenarten mit relativ weichen und grossflächigen Blättern.

Hormonschäden

Schadbild: Die Blätter oder Blüten der geschädigten Pflanzen sind in ihrem Aussehen stark verändert. Die Blätter sind kleiner, deformiert bis stark verkrüppelt. Die Blüten zum Beispiel von Geranien nehmen eine Röhrenform an.

Ursache: Durch Giess- und Spritzgeräte, Messbecher und andere, die zur Behandlung von breitblättrigen Unkräutern im Rasen mit Phytohormonen verwendet und in der Folge nicht gründlich gereinigt wurden. Auch kleinste Reste dieser Hormone vermögen das Wuchsbild der Pflanze stark zu verändern. Selbst auch Phytohormone, die in Säcken gelagert werden, wo sich auch Pflanzen befinden (Verkaufsräume), können durch ausströmende Dämpfe Schäden verursachen.

Vorbeugung: Womöglich nie die gleichen Geräte und Messbecher für Unkrautbekämpfung im Rasen und für allgemeine Pflanzenschutzarten benützen. Immer sollten jedoch für das Ausbringen von Herbiziden benützte Geräte gründlich mit heissem Schmierseifenwasser und solider Bürste ausgewaschen werden. Nachher ist gründlich auszuspülen.

Gefährdete Pflanzen: Das ganze Sortiment der Dikotyledonen.

△ Hormonschäden an Reben (Abb. 594)
▽ Hormonschäden an Pelargoniumblüten (Abb. 595)

Chlorose oder Gelbsucht

Schadbild: Einzelne Blätter bis ganze Pflanzenteile oder Pflanzen vergilben. Das Wachstum ist geschwächt und die Blütenfarben sind blass.

Ursache: Die Hauptursache ist ein falscher pH-Wert des Erdsubstrates. Bei Pflanzen, die einen tiefen pH-Wert von 4 bis zirka 5,5 lieben, aber zu hohe Kalkwerte aufweisen, wird Eisen in der Aufnahme gehemmt. Eisen ist aber für die Blattgrünbildung unentbehrlich. Bei Rosen mit einem pH-Wert von 6,5 bis 7 kann ein zu hoher Phosphoranteil im Boden die Eisenaufnahme blockieren. Aber auch zu starke Nässe oder eine Überdüngung kann Chlorosen auslösen.

Vorbeugung: Für kurzfristige Behebung der Chlorose kann ein Eisenchelat verabreicht werden. Für längerfristige Behebung ist jedoch nur eine Korrektur des pH-Wertes oder der anderen Ursachen angezeigt. Bei einem Phosphorüberschuss soll während längerer Zeit mit einem NK-Zweinährstoffdünger gedüngt werden. Der P-Spiegel geht dann langsam zurück.

Gefährdete Pflanzen: Rosen, Hortensien, Geranien und andere Zier- und Nutzpflanzen.

△ Chlorose an Rosen
▽ (Abb. 596 + 597)

△ Vergrünen der Brakteen
▽ (Abb. 598 + 599)

Vergrünen der Poinsettienbrakteen

Schadbild: Die Brakteen vergrünen nach begonnener Induktion und Ausfärbung durch Verdunkelung im Sommerhalbjahr.

Ursache: Die Verdunkelungszeit wurde zu früh abgebrochen. Da es sich bei den Hochblättern nicht um eigentliche Blütenblätter mit fixierten Blütenfarben, sondern um umgewandelte grüne Blätter handelt, reagieren die Poinsettien, die von der Endausbildung wieder in den Langtag gelangen, mit Chlorophyllbildung statt mit der Bildung von sortenspezifischen Farbkörperchen.

Vorbeugung: Gesteuerte Kulturen, die in der Zeit von Ende März bis Ende September (Zeit über der kritischen Tageslänge) zum Verkauf oder für Ausstellungen kultiviert werden, müssen bis zur Vollentwicklung der Cyathien (Blütenanlagen) verdunkelt werden, sonst werden sie wieder grün und dadurch unansehnlich.

Gefährdete Pflanzen: Poinsettiensorten in Rot, Rosa und Weiss.

△ Splitten der Brakteen (Abb. 600)
▽ Splittungsversuch (Abb. 601)

Splitten der Poinsettien

Schadbild: Statt einer einzigen Braktee am Triebende bildet sich eine Verzweigung mit 3 Trieben, die in der Folge 3 dichtgestellte Brakteen entwickeln.

Ursache: Entweder waren es vorausgegangene starke Temperaturschwankungen oder ein Unterbruch der eingeleiteten Verdunkelung. Jedenfalls wird der Induktionsablauf gestört. Ein Versuch (Bild unten) hat dies bestätigt. Die Pflanze links wurde dauernd verdunkelt. Die Pflanze 2 erhielt nach 10 Kurztagen wieder 10 Langtage, dann wurde weiter verdunkelt. Die Pflanze 3 erhielt nach 10 Kurztagen 3 Wochen Langtag und in der Folge wieder Kurztag.

Vorbeugung: Ab Verdunkelungsbeginn jeden Tag verdunkeln bis zur vollen Brakteenausbildung oder bis spätestens Ende September. Auch sind die Temperaturen ausgeglichen zu halten.

Gefährdete Pflanzen: Poinsettien = Euphorbia pulcherrima.

Verkorkungen

Schadbild: Insbesondere auf der Blattunterseite von Geranien punktförmige Ausbuchtungen, die teils dunkelgrün gefärbt sind, teils auch in grössere weisse Flecken übergehen können. Die Oberfläche ist aufgerauht und weist bei starkem Auftreten korkartige Höcker auf.

Ursache: Durch zu hohe Luftfeuchtigkeit im Pflanzenbereich (Mikroklima), besonders bei feuchtem Torf als Einsenkmaterial, bildet sich durch Verdampfen des Wassers ein Taufilm auf der Blattunterseite. Die Spaltöffnungen sind dadurch verschlossen, so dass es im Schwammgewebe zu einem Überdruck der Gase (CO_2 und O_2) kommen kann, was zum Platzen der unteren Epidermis führt. Die Korkwucherungen sind die Narben der erzeugten Wunden. Weitere mögliche Ursachen: Spinnmilbenbefall und Thripsbefall (Franklinella).

Vorbeugung: Durch Lüften oder Ventilieren für gute Luftdurchmischung sorgen. Bei empfindlichen Sorten statt dem dunklen Torf, der Sonnenstrahlen in Wärme umwandelt, weisses Perlite verwenden. Auf keinen Fall chemische Pflanzenschutzmittel aufbringen, diese würden die Narben noch mehr verätzen.

Gefährdete Pflanzen: Perlargonium-Peltatum-Sorten und auch einige Zonalesorten.

△ Verkorkungen an Pelargoniumblatt (Abb. 602)

Nässeschäden

Schadbild: Die Pflanzen können trotz hoher Feuchtigkeit im Erdbereich welken. Die Blätter weisen Nekrosen im Bereich der Blattnerven oder braune Flecken an der Blattunterseite auf. Die Wurzeln sind schlecht ausgebildet oder gehen in Fäulnis über.

Ursache: Bei ständiger hoher Nässe atmen die Wurzelhaare oder Saugwurzeln nicht mehr, sie sterben ab, und es werden wenig bis keine neuen Wurzeln gebildet. Die Folge ist oft ein Welken und Vergilben der Pflanzen. Bei extremer Nässe folgt nach einer gewissen Zeit oft ein totaler Zusammenbruch.

Vorbeugung: Vorsichtiger giessen. Kein Dauerwasser in den oft dichtanschliessenden Cachepots der Zimmerpflanzen mit schlechter Sichtkontrolle. Mit Ausnahme von nässeliebenden Pflanzen (Cyperus und andere) erst giessen, wenn die Erde leicht antrocknet. Dadurch kann Luft zu den Wurzeln gelangen, und es entwickeln sich wieder neue Wurzeln.

Gefährdete Pflanzen: Nässeempfindliche Pflanzenarten.

△ Nässeschaden an Ficusblatt (Abb. 603)
▽ Nässe an Pelargonium-Zonale-Hybriden (Abb. 604)

△ Hagelschaden an Kirschen (Abb. 605)
▽ Hagelschäden an Trauben (Abb. 606)

▽ Hagelschäden an Obstbaum (Abb. 607)

Hagelschäden

Schadbild: Starke Hagelwetter, die auf empfindliche Gemüse, Obst, Beeren und Zierpflanzenkulturen niedergehen, können in kurzer Zeit grosse Schäden verursachen. Die Blätter sind durchlöchert bis abgeschlagen, die Früchte weisen tiefe Kerben auf, die in der Folge von Fäulnispilzen (Monilia, Botrytis und andere) befallen werden. Die Ruten weisen oft starke Quetschwunden auf, die als Eingangspforten für Pilzkrankheiten, Bakteriosen und Virosen dienen.

Ursache: Klimatische Extremverhältnisse, besonders nach Schönwetterpeioden, wenn kalte Luftfronten eindringen und in kurzer Zeit für starke Abkühlung sorgen.

Vorbeugung: In kritischen Gegenden ist in der Regel ein gut funktionierender Abwehrschutz mittels Hagelraketen organisiert. Jedenfalls lohnt es sich, die Kultureinrichtungen (Gewächshäuser, Kästen und andere) mittels Lättlirollen, Deckbrettern und dergleichen abzudekken. Gemüsebeete kurz vor der Ernte mit dünnem Drahtgeflecht, das über Lattengerüste gespannt wird, Spalierbäume gegen Westen mit feinem Drahtgeflecht schützen.

Gefährdete Pflanzen: Obst, Beeren, Gemüse, Zierpflanzen im Freiland.

Frostschäden

Schadbild: An Obstbäumen vor, während und nach der Blütenentwicklung starke Ausfälle. Die Blüten oder die jungen Früchte erfrieren oder zeigen teilweise Frostschäden, in deren Folge sie verkrüppeln. Auch andere Zier- und Nutzpflanzen des Freilandes oder in Kästen können bei starken Kälteeeinbrüchen Frostschäden erleiden.

Ursache: Kältewerte unter der 0-Grad-Grenze können in klaren Nächten durch Zerstören von lebenden Gewebeteilen besonders an den Blüten und Blättern grosse Schäden verursachen.

Vorbeugung: In frostempfindlichen Lagen eher spätblühende Sorten wählen. Ferner gute Wetterbeobachtungen und in kritischen Nächten gefährdete Obstkulturen mit Düsenanlagen besprühen. In kompakten Buschobstanlagen bei relativer Windstille durch Abbrennen von speziellen Ölöfen unter steter Kontrolle die Temperatur stets über +0,5 °C halten. Freilandkulturen und ungeheizte Kästen mit Frostschutzanlagen schützen. Frostwarnungen beachten!

Gefährdete Pflanzen: Verschiedene Obstarten in dichten Buschobstplantagen und andere Freiland- und Kastenkulturen.

△ Frostschaden an Apfelzweig (Abb. 608)
▽ Heizen bei Frostgefahr (Abb. 609)

△ Stippigkeit an Apfel (Abb. 610)
▽ Glasigkeit an Apfel (Abb. 611)

▽ Gesunde Pfirsiche dank guter Pflege (Abb. 612)

Stippigkeit bei Äpfeln

Schadbild: Kurz vor der Ernte oder während der Einlagerung dicht unter der Fruchtschale 1 bis 5 mm grosse braune Verfärbungen. Später sinkt die Schale an den Befallsstellen leicht ein, und es bilden sich an der Oberfläche dunkelgrüne Flekken. Das Aroma ist dabei oft etwas bitter und nicht mehr sortenspezifisch.

Ursache: Nach den bisherigen Erkenntnissen handelt es sich um eine ernährungsphysiologische Störung. In der Regel wird im Fruchtfleisch zu wenig Calcium eingelagert. Zusätzlich sind starke Temperatur- und Feuchtigkeitsschwankungen von August bis September, zu späte und zu hohe N-Gaben sowie ein zu geringer Humusgehalt im Boden beteiligt.

Vorbeugung: Besonders in der Entwicklungs- und Ausreifephase der Früchte sollte bei langer Trockenheit gründlich gewässert werden. Man hüte sich vor späten und zu hohen N-Gaben. Bei zu dichtem Fruchtbestand sollte ausgelichtet werden. Auch sind die Früchte nicht zu früh zu ernten, anderseits fördert eine verspätete Ernte die Stippe!

Gefährdete Pflanzen: Äpfel.

Glasigkeit bei Äpfeln

Schadbild: Den Äpfeln ist äusserlich meist nichts Aussergewöhnliches anzumerken. Beim Durchschneiden der Früchte finden wir jedoch wässerige und glasige Stellen im Fruchtfleisch.

Ursache: Zu hohe Temperaturen im Lagerrraum, weshalb die Äpfel in kurzer Zeit viel Wasser verlieren.

Vorbeugung: Nur gesundes und unverletztes Obst einlagern. Für die Einlagerung eignen sich gute gereinigte, kühle und luftige Räume, die durch gezieltes Öffnen und Schliessen der Fenster und Luftklappen reguliert werden können. Die günstigste Einlagerungstemperatur für Äpfel und Birnen liegt bei 2 bis 4 °C, keinesfalls über 6 °C. Die Luftfeuchtigkeit sollte im Bereiche von 85 bis 90 % liegen, also relativ hoch. Entsprechende Thermometer und Hygrometer geben uns die nötigen Hinweise für eine sichere und verlustfreie Einlagerung.

Gefährdete Pflanzen: Äpfel.

Fachbegriffe im Pflanzenschutz

Abbaubarkeit: Abnahme der Giftigkeit eines Wirkstoffes durch chemische Umwandlung oder andere Einflüsse.

Abbaukurve: Zeitliche Abnahme der Rückstände auf Pflanzen.

Abdrift: Unerwünschtes Verwehen von Stäubemitteln oder Spritzflüssigkeiten durch den Wind.

Absorption: Aufnahme von Flüssigkeiten, Dämpfen, Gasen durch Flüssigkeiten oder feste Körper (Pflanzen).

Adsorption: Anlagerung von Gasen oder gelösten Stoffen an der Oberfläche, zum Beispiel Kontaktgifte an Pflanzenteilen.

Aerosol: Luft mit Schwebeteilchen aus feinverteilten Flüssigkeiten (Nebel).

Akarizid: Tötet Milben ab.

Aktivsubstanz: Wirkstoff aus synthetischer oder natürlicher Herkunft, der die abtötende Wirkung auslöst.

Akute Vergiftungen: Plötzlich und heftig auftretende Erscheinungen.

Akute Wirkung: Wirkung eines Mittels nach einmaliger Aufnahme.

Alar: Wachstumsregulator, der im Spritzverfahren über das Blatt ausgebracht wird = Kürzung der Internodien; in Deutschland derzeit nicht im Handel.

Alaun: Doppelsalz aus Kaliumsulfat oder Aluminiumsulfat, das zur Blaufärbung der Hortensien verwendet wird. Beste Wirkung bei tiefem pH-Wert bei 4 bis 4,5.

Allergie: Überempfindlichkeit gegenüber Reizstoffen.

Antagonismus: Die Wirkung einer Substanz wird durch eine andere Substanz beeinflusst.

Antidote: Gegenmittel zur Behandlung von akuten Vergiftungen.

Aphizid: Tötet Blattläuse ab.

Applikation: Ausbringen eines Präparates (stäuben, spritzen, giessen, räuchern, streuen).

Arborizid: Vernichtet verholzte Pflanzen (Sträucher).

Atemgift: Substanzen, die über die Atemwege aufgenommen werden und so tödlich wirken (räuchern, vergasen, verdampfen).

Atrinal: Wachstumsregulator, der vor allem die Vegetationsspitzen abtötet oder hemmt und dadurch eine Vielzahl von Seitentrieben hervorbringt = kompakter, breitbuschiger Wuchs; in Deutschland derzeit nicht im Handel.

Ausbruch: Nach einer Infektions- und Inkubationsphase erfolgt der sichtbare Ausbruch einer Krankheit, zum Beispiel Rostpusteln auf der Blattunterseite.

Aussenpilze: Parasitäre Pilzkrankheiten, die nur die Blattoberfläche befallen (Echter Mehltau, Russtaupilz).

Bakterienpräparate: Biologisches Verfahren gegen Raupen, zum Beispiel mit Bacillus thuringiensis.

Bakteriosen: Krankheiten, die durch Bakterien ausgelöst werden.

Bakterizide: Töten oder hemmen Bakterien.

Basacel: Cycocel = Wachstumsregler zur Wachstumshemmung, der im Giess- oder Spritzverfahren eingesetzt wird.

Beizmittel: Wirkstoffe zum Schutze von Samen, Knollen oder Zwiebeln bei Keimen oder Austreiben = Nass- und Trockenbeize.

Benetzungsfähigkeit: Eigenschaft einer Flüssigkeit, auf einer Oberfläche einen zusammenhängenden Film zu bilden.

Biologisch: Naturgemäss, lebensgesetzlich.

Biologisch abbaubar: Stoffe, die durch Mikroorganismen oder andere Lebewesen abgebaut oder zersetzt werden, zum Beispiel organische Wirkstoffe.

Biologische Verfahren: Einsatz von bewilligten Organismen wie Marienkäfer, Schlupfwespen, Raubmilben und andere gegen Schädlinge.

Biozide: Natürliche oder synthetische Substanzen, die Organismen abtöten.

Blattherbizide: Unkrautbekämpfungsmittel, die bei Aufnahme durch die Blätter wirken.

Blattrandschäden: Vergilbungen bis Verbrennungen der Blattränder durch Überdüngung oder Spritzschäden bei nicht sachgerechter Anwendung.

Bodenanalysen: Feststellen, welche Nährstoffe, organischen oder mineralischen Bodenteile in einem Boden vorhanden sind inklusive pH-Wert = sachgerechte Düngung.

Bodenherbizide: Unkrautbekämpfungsmittel, die bei Aufnahme durch die Wurzeln wirken.

Bonzi: Wachstumshemmer, der über das Blatt aufgenommen wird. Rasche und doch andauernde Wirkung; in Deutschland derzeit nicht im Handel.

Chemosterilans: Substanz, die einen Organismus unfruchtbar macht. (Sterilisation von Männchen von Schädlingen, die in der Folge die Weibchen begatten. Diese verweigern dann die nichtsterilen Männchen = keine Nachkommen.)

Chlorierte Kohlenwasserstoffe: Insektizide Wirkstoffe, die im Fettgewebe abgelagert werden (sehr langsamer Abbau), wie DDT usw.; in Deutschland kein Mittel mit diesem Wirkstoff im Handel.

Chlorosen: Gelbsucht der Pflanzen, verursacht durch Kulturfehler.

Chronische Toxizität: Wirkung eines Wirkstoffes bei wiederholter Aufnahme über längere Zeit.

Desinfektion: Vernichten von Mikroorganismen (Krankheitserregern) meist durch Dämpfen oder chemische Behandlung.

Dosierung: Die bemessene, meist auf die Gewichtseinheit bezogene Menge eines Wirkstoffes oder Mittels.

Embryotoxische Wirkung: Einfluss auf die Entwicklung vom Embryo im Mutterleib oder Ei.

Emulgator: Hilfsstoff bei der Herstellung von Emulsionen, der eine feinste Verteilung einer wasserunlöslichen Flüssigkeit im Wasser bewirkt.

Emulsion: Feinste Verteilung einer nichtlöslichen Flüssigkeit in feinsten Tröpfchen in einer anderen, zum Beispiel Mischen eines ölhaltigen Mittels im Wasser (Fett in der Milch).

Entomologie: Wissenschaft von den Insekten.

Fäulnisherd: Unter Luftabschluss durch Bakterien oder Pilze verursachte Faulstellen an den Pflanzen.

Feldversuche: Versuche unter Praxisbedingungen auf kleinen Parzellen, um zu prüfen, ob das Präparat unter den gegebenen Bedingungen wirksam ist.

Formulierungen: Unterschiedliche Herstellungsverfahren zur Erzeugung eines bestimmten Wirkstoffes. Je nach Fabrikat sind daher mit dem gleichen Wirkstoff auch unterschiedliche Reaktionen möglich.

Frassgift: Mittel, das wirkt, wenn es durch den Schädiger gefressen wird = Magengift.

Fruchtwechsel: Gegenteil von Monokultur = jedes Jahr wird auf dem gleichen Grundstück eine andere Pflanzenart angebaut = gegen Bodenmüdigkeit.

Fungizide: Pilze werden abgetötet.

Fusskrankheiten: Krankheitserreger dringen vom Boden her in die Pflanzen ein und vernichten oder hemmen die Lebensfunktionen an der Stengelbasis (Pythium, Fusarium, Verticillium und andere).

Gasphase: Bei der chemischen Bodendesinfektion bilden sich Gase, die bei einer optimalen Feuchtigkeit und Wärme Pilze, Schädlinge und Unkraut abtöten können.

Geisterflecken: Beim Weihnachtsstern meist durch Magnesiummangel verursachte weisse Fleckenbildung auf den Brakteen.

Gift: Schadstoffe, Toxika = anorganische, organische oder künstlich hergestellte Stoffe, die schon in geringen Mengen Mensch, Tier und Umwelt schädigen können.

Giftklassen: Einteilung der Pflanzenschutzmittel, Dünger, Herbizide und anderer Produkte nach ihrer Gesamtgefährlichkeit gemäss Giftgesetzgebung.

Giessbehandlung: Gegen Bodenpilze oder -schädlinge wird der Wirkstoff durch Giessen in wässeriger Lösung ausgebracht.

Granulat: Ein Mittel in fester, körniger Form, das gestreut wird.

Haftfähigkeit: Eigenschaft eines Mittels, unter erschwerten Bedingungen an Pflanzenteilen zu haften, zum Beispiel bei Wachsbelag.

Haftmittel: Hilfsstoff zur Verbesserung der Haftfähigkeit von Spritzbrühen mit Spritzpulvern (Suspensionen).

Harmonische Düngung: Die einzelnen Nährelemente N, P, K, Ca, Mg und andere sind optimal auf den spezifischen Bedarf einer Pflanzenart abgestimmt.

Herbizide: Vernichten Unkräuter. Es gibt dabei Total- und Selektivherbizide.

Herzfäule: Durch Bormangel verursachte, nicht parasitäre Krankheitserscheinung, besonders bei Sellerie, Zuckerrüben, Randen.

Höchstmenge: Vom Gesetzgeber festgelegte, maximal erlaubte Rückstandsmenge eines Pflanzenschutzmittels in oder auf einem Lebensmittel; meist in mg/kg (= ppm) ausgedrückt.

Honigtaubildung: Nach einem Befall durch verschiedene Lausarten scheiden diese zuckerhaltige Tropfen aus. Die Blätter werden klebrig. Darauf siedeln sich Russtaupilze an = schwarzer Belag. Ameisen werden angelockt.

Hyphen: Fadenartige Gebilde eines Pilzes in einem Pflanzenkörper.

Imago: Vollständig entwickeltes Insekt, zum Beispiel Maikäfer, Schmetterling.

Infektionsdruck: Schädigende Organismen sind praktisch überall vorhanden. Sind wenige vorhanden = niedriger Infektionsdruck, genügt das körpereigene Abwehrsystem, um eine Erkrankung zu verhindern. Bei hohem Infektionsdruck ist das Abwehrsystem überfordert = Erkrankung der Pflanze.

Inkubationszeit: Zeitspanne, die der Krankheitserreger vom Befall (Infektion) bis zum Erscheinen (Ausbruch) der ersten Krankheitssymptome benötigt.

Insektivoren: Eine Gruppe von Pflanzen, die meist in nährstoffarmen Mooren leben und ihre Nahrung durch eingefangene Insekten erhalten, zum Beispiel Sonnentau, Pinguicula. Diese werden zum Teil im biologischen Pflanzenschutz gegen Trauermücken eingesetzt.

Insektizide: Vernichten Insekten.

Integrierter Pflanzenschutz: Verfahren, das alle wirtschaftlich, ökologisch und toxikologisch vertretbaren Methoden im Pflanzenschutz umfasst, um die Schaderreger unter der wirtschaftlichen Schwelle zu halten. Dabei ist eine stete Kontrolle nötig, die die bestmögliche Behandlung einleitet.

In-vitro-Vermehrung: Übergeordnete Bezeichnung aller Vermehrungsarten im Reagenzglas unter sterilsten Bedingungen, die die Erzeugung von gesunden Mutterpflanzen zum Ziele haben.

Juvenilhormone: Entwicklungshemmende Hormone (bei Metamorphose der Insekten).

Kanzerogen: Wirkstoffe, die bei Einnahme durch Menschen oder Tiere krebserzeugend sind.

Karenzfrist: Wartefrist nach der Behandlung bis zur Ernte (Konsum) bei Gemüsen, Obst und Beeren.

Ködermittel: Mittel, die neben ihrer Wirksubstanz einen vom zu bekämpfenden Schädling bevorzugten Lockstoff enthalten.

Kompatibilität: Chemisch-physikalische Verträglichkeit verschiedener Pflanzenschutzmittel untereinander bei kombinierten Behandlungen.

Kontaktgifte: Berührungsgifte. Der Schädling muss durch das Mittel getroffen werden. Der Wirkstoff dringt durch die Haut in den Körper ein.

Kontamination: Verunreinigung mit einem Mikroorganismus oder einem Fremdstoff, zum Beispiel Schlupfwespen legen ihre Eier in die Larven der Weissen Fliege.

Kressetest: Nach einer chemischen Bodenbehandlung wird Kressesamen ausgesät, um allfällige Rückstände festzustellen.

Krustentiere: Krebstiere wie Asseln.

Kumulation: Anreicherung eines Wirkstoffes in einem Organismus oder im Boden, wenn in kurzen Folgen weitere Behandlungen durchgeführt werden.

Kumulative Wirkung: Erhöhte Wirkung eines Wirkstoffes nach wiederholter Aufnahme.

Kurative Wirkung: Heilende Wirkung = therapeutische Wirkung.

Labortests: Erste wissenschaftliche und technische Untersuchungen eines neuen Präparates über die Wirkung und eventuelle Spätfolgen, die in Feldversuchen später erweitert werden.

Larvizid: Mittel, das Larven, ein bestimmtes Entwicklungsstadium vieler Insekten, zum Beispiel Raupen, Maden, Drahtwürmer, Engerlinge, abtötet.

LD 50 (DL 50): Letale Dosis oder tödliche Dosis. Die Menge einer giftigen Substanz, die innert 5 Tagen 50 % der Versuchstiere abzutöten vermag.

Lockfallen: Technische Einrichtungen, die mittels Sexuallockstoffen oder Farben die Schädlinge anlocken und einfangen (Borkenkäferfallen, leimbeschichtete Tafeln oder Folien).

LV-Technik: LV = Love Volume. Versprühen eines Präparates in hoher Konzentration mit wenig Wasser. Durch hohen Druck wird eine feine Tröpfchenbildung erzielt.

Magengift: Wirkstoffe, die nur zur Wirkung kommen, wenn sie durch Fressen oder Saugen in den Magen gelangen.

MAK-Werte: Maximale Arbeitsplatzkonzentration in ppm/mg auf einen m^2 eines staub-, dampf- oder gasförmigen Wirkstoffes, der bei langfristiger, täglich 8stündiger Einwirkung während der Wochenarbeitszeit von 45 Stunden die Gesamtheit der Beschäftigten im Raum nicht schädigt.

Mangelkrankheiten: Krankheiten respektive physiologische Störungen bei Fehlen eines oder mehrerer Makro- oder Mikroelemente, wie Herzfäule bei Bormangel oder Chlorose bei Eisenmangel und andere.

Metamorphose: Verwandlung (Larve–Imago).

MIK-Werte: Maximale Immissionskonzentration. Luftverunreinigender Wirkstoff, der bodennah im Freien bei dauernder Einwirkung als unbedenklich anzusehen ist.

Mikroelemente: Spurenelemente

Milben: Zu den Spinnentieren gehörende Gliederfüssler. Darunter gibt es Tier- und Pflanzenschädlinge, aber auch nützliche Raubmilben.

Mittel: Name eines Produktes, das zur Bekämpfung von Schädlingen oder Krankheiten entsprechende Wirkstoffe enthält. Da verschiedene Mittel oft den gleichen Wirkstoff enthalten, muss gegen Resistenz auf jeden Fall der Wirkstoff gewechselt werden und nicht unbedingt das Mittel!

Molluskizide: Töten Weichtiere (Schnecken) ab.

Monokultur: Alleiniger Anbau der gleichen Pflanzenart auf längere Zeiträume auf demselben Areal, führt zu Bodenmüdigkeit und zu vermehrtem Auftreten von Krankheiten und Schädlingen.

Mykologie: Lehre von den Pilzen.

Mykose: Pilzkrankheit.

Myzel: Pilzgewebe, das sich in Pflanzen und im Boden ausbreitet und Fruchtkörper bildet.

Nachwirkung: Erwünschte oder unerwünschte Wirkung eines Stoffes (zum Beispiel Düngemittel oder Pflanzenschutzmittel) über den Zeitpunkt des gezielten Einsatzes hinaus.

Nebenwirkung: Erwünschte oder unerwünschte Wirkung eines Wirkstoffes zusätzlich zur Hauptwirkung.

Nekrose: Abgestorbenes Gewebe an einer Pflanze.

Nematizide: Töten Nematoden in und an den Pflanzen ab (systemische Mittel gegen Älchen).

Nematoden: Fadenwürmer, auch Älchen genannt, die meist in der Pflanze leben.

Netzmittel: Hilfsstoffe, die die Benetzungsfähigkeit verbessern.

Nichtparasitäre Ursachen: Pflanzen weisen Schädigungen auf, die ihre Ursache in Kulturfehlern haben wie zuviel Licht, zuwenig Wasser, zu viele Nährstoffe, falscher pH-Wert und andere.

Nützlinge: Freilebende Tiere, die dem Menschen auf irgendeine Weise nützlich sind, wie zum Beispiel Marienkäfer, Raubmilben, Schlupfwespen, Uhu, Igel und Blindschleichen.

Ökologie: Lehre von den Beziehungen der Lebewesen zur Umwelt.

Oral: Aufnahme durch den Mund.

Ovizid: Mittel, das Eier abtötet.

Parasit: Schmarotzer, der auf Kosten von Pflanzen oder Tieren lebt (Bakterien, Pilze und auch Schädlinge).

Pathogen: Krankheitserreger.

Persistenz: Beständigkeit eines Pflanzenschutzmittels.

Pestizid: (engl. Pest = Schädling). Aus dem Englischen übernommener Ausdruck für Schädlingsbekämpfungsmittel. Fälschlicherweise oft auch für Pflanzenbehandlungsmittel verwendet.

Pheromone: Duftstoffe, die von Insekten zur gegenseitigen «Verständigung» gebildet werden. Synthetische Sexualpheromone werden eingesetzt zur Verwirrung von Insektenmännchen, um eine Verringerung der Begattungsrate und somit der Nachkommenschaft zu erzielen. Beispiel: Borkenkäferfalle.

Physiologische Störung: Negative Stoffwechselerscheinung, hervorgegangen aus nichtparasitären Ursachen = Kulturfehler.

Phytopathologie: Die Lehre von den Pflanzenkrankheiten.

Phytotoxizität: Die Giftwirkung eines Produktes auf die Pflanzen.

Population: Gesamtheit aller Organismen einer bestimmten Art in einem bestimmten Gebiet.

ppm (parts per million): Teile pro Million, zum Beispiel 1 g auf 1 000 kg oder 1 cm^3 auf 1 m^3.

Primärinfektion: Erstinfektion.

Prophylaktische Wirkung: Präventive oder vorbeugende Wirkung, zum Beispiel Ausbringen eines Fungizides vor einem Befall.

Quarantäne: Absonderung von krankheitsverdächtigen Pflanzen während einer bestimmten Zeit.

Repellent: Abschreckungsmittel. Mittel, das Schädlinge davon abschreckt, sich auf einer damit behandelten Fläche niederzulassen oder von einer damit behandelten Pflanze zu fressen.

Residualherbizid: Der Wirkstoff wird durch Pflanzenwurzeln aufgenommen = schwerlösliche Mittel, sie bleiben in den obersten Bodenschichten liegen.

Resistenz: Unempfindlichkeit einer Population oder eines Organismus (Pflanze, Insekt usw.) gegenüber irgendeinem Einfluss. Kälteresistenz, Resistenz gegen bioaktive Wirkstoffe, Krankheitsresistenz usw. Siehe auch Toleranz.

Rodentizide: Töten Nagetiere (Mäuse und Ratten).

Rückstände: Restmengen von einem Wirkstoff auf Pflanzen oder im Boden.

Saatbeizmittel: Siehe unter Beizmittel.

Saprophytisch: Organismen, die von abgestorbenen Pflanzenteilen leben.

Schadschwelle: Wirtschaftlicher Grad des Befalls eines Pflanzenbestandes durch Krankheiten oder Schädlinge, ab welchem die Behandlungskosten des Pflanzenschutzes geringer sind als der Wert des möglichen Schadens.

Schädlinge: Tierische Schädlinge, die durch Fressen oder Saugen die Pflanzen schädigen können.

Schonspritzung: Verwendung von nützlingsschonenden Insektiziden, zum Beispiel Pirimor.

Schwebefähigkeit: Fähigkeit von festen, unlöslichen kleinen Teilchen, in einer Spritzbrühe möglichst lange in Schwebe zu bleiben.

Selektive Wirkung: Wirkung gegen nur eine bestimmte Gruppe oder eine einzige Art von Schadorganismen, zum Beispiel nur gegen Blattläuse.

Sekundär: An zweiter Stelle, indirekt untergeordnet.

Spritzpulver: Pulverförmiges Mittel, das mit Wasser usw. ausgebracht wird (Suspension).

Spritzschäden: Schadbilder, die nicht durch das Behandlungsmittel selbst, sondern durch unsachgemässe Behandlung verursacht wurden wie zu hoher Druck, zu langes Haftenbleiben und andere.

Sterilisation: Keimfreimachen von Erden, Geräten, Töpfen usw. durch Dampf oder chemische Produkte.

Stimulatoren: Wuchsstoffe, die zum Teil das Pflanzenwachstum beeinflussen.

Subletale Dosis: Nicht tödliche Menge eines Gifts.

Suspension: Gleichmässige feine Verteilung eines unlöslichen festen Stoffes in einer Flüssigkeit = Spritzpulver und Wasser.

Synergismus: Eine Steigerung der Wirkung bei gleichzeitiger Anwendung von 2 verschiedenen Wirkstoffen.

Synthetisch: In Fabriken mittels chemischer Reaktionen hergestellt.

Systemische Wirkung: Die Wirkstoffe dringen ins Gewebe und in die Leitungsbahnen der Pflanzen ein und wirken innertherapeutisch (von innen heraus).

Therapeutisch: Heilend.

Tiefenwirkung: Bis zu einer gewissen Tiefe ins Pflanzengewebe eindringend und wirkend.

Trägerstoff: Hilfsstoffe, an die die Wirkstoffe zwecks besserer Ausbringung, Löslichkeit, Dosierung usw. gebunden sind.

Toxikologie: Lehre von den Giften.

Toxisch: Giftig.

Toxizität: Giftigkeit.

Vektoren: Überträger von Krankheitserregern auf Wirtspflanzen, auch Zwischenwirte.

Virgines: Weibliche Blattläuse mit parthenogenetischer Vermehrung.

Vivipar: Lebendgebärend (bei Blattläusen).

Virosen: Viruskrankheiten.

Wartefrist: Minimale Frist, die zwischen den letzten Anwendungen eines bestimmten Pflanzenschutzmittels und der Ernte (Konsum) verstrichen sein muss (Obst, Gemüse, Beeren).

Wachstumsregulatoren: Wirkstoffe, die das Längenwachstum der Pflanzen fördern oder hemmen können.

Wirkstoff: Aktivsubstanz eines Mittels, die die tötende oder hemmende Wirkung auslöst.

Wirkungsspektrum: Wirkungsbreite, gibt an, gegen welche Schaderreger ein Mittel wirkt.

Wirtspflanzen: Pflanzenarten, auf denen sich gewisse Lebewesen entwickeln können = Übertragung auf andere Pflanzen.

Wirtswechsel: Im Laufe des Lebens (oder Jahres) wechseln gewisse Schädlinge oder Krankheiten die Wirtspflanze. Beispiel: Gitterrost bei Birnen.

M. B./B. F.

Verzeichnis der Wirkstoffe und Pflanzenschutzmittel

Im Text über die jeweilige Bekämpfung der Schädlinge oder Krankheiten sind Wirkstoffe aufgeführt. Die Handelsnamen der Pflanzenschutzmittel, welche diese Wirkstoffe enthalten, sind auf den folgenden Seiten aufgelistet, und zwar getrennt nach Insektiziden, Molluskiziden, Fungiziden und Rodentiziden. Zugrunde gelegt wurde der Zulassungsstand Juni 1994 in Deutschland.

Es sind nicht alle Indikationen, die in den Tabellen für einen Wirkstoff angegeben sind, auch für jedes Mittel mit diesem Wirkstoff vorgesehen. Letztlich ist die Gebrauchsanweisung die entscheidende Information. Da die Zulassungssituation derzeit sehr in Bewegung ist, wurden auch solche Pflanzenschutzmittel genannt, die zu diesem Zeitpunkt möglicherweise gerade nicht zugelassen waren, aber für die die erneute Zulassung vorgesehen ist.

Einen Vorbehalt müssen die Autoren dieses Werkes anbringen. Die Hinweise über die angeführten Wirkstoffe und Mittel sind mit einer gewissen Vorsicht zu interpretieren. Vor dem Einsatz von Pflanzenschutzmitteln in Zierpflanzenkulturen sind die Angaben zur Verträglichkeit aus den Produktinformationen der Herstellerfirmen unbedingt zu beachten. Liegen keine eigenen Erfahrungen zur Verträglichkeit der genannten Präparate an einzelnen Zierpflanzenarten/-sorten vor, sollten vor einer grossflächigen Anwendung vorsichtshalber Testversuche an wenigen Pflanzen durchgeführt werden.

Beim Pflanzenschutz im Gemüse-, Obst- und Beerenanbau sind die Wartefristen einzuhalten. Um der Gefahr von Resistenzen vorzubeugen, sollten nach Möglichkeit Wirkstoffe gewechselt werden. Es ist auch wertvoll, wenn wir im Bereich des biologischen Pflanzenschutzes, wo jedes Jahr neue Erkenntnisse Fuss fassen, neue Produkte eingehend kennenlernen und danach trachten, mehr und mehr mit weniger oder ungiftigen Produkten (Bakterien, Pilze, Nematoden, tierische Nützlinge und andere) zu arbeiten.

Da im Laufe der Jahre die zugelassenen Wirkstoffe stets einem gewissen Wechsel unterzogen sind, können jedes Jahr neue Produkte in der gärtnerischen Praxis Eingang finden. Diese sind mit Vorteil bei den entsprechenden Schädlingen oder Krankheiten einzutragen oder auch bei den entsprechenden Wirkstoffgruppen, beispielsweise Insektizide, Fungizide, Nematizide usw. Zudem sind am Ende des Buches noch zwei freie Seiten für Notizen reserviert. Andererseits sollten nicht mehr zugelassene Wirkstoffe gestrichen werden. In diesem Sinne sollte dieses Werk keine «Eintagsfliege» sein, sondern über Jahre hinaus ein wertvolles und gültiges Hilfsmittel, um im Umgang mit Pflanzenschutzmitteln ständig à jour zu sein.

Im Verzeichnis erwähnte und bewilligte Anwendungsgebiete werden wie folgt abgekürzt:

O = Obstbau
W = Weinbau
G = Gemüsebau
Z = Zierpflanzenbau
N = Nichtkulturland

+ bewilligte Anwendung
* ungefährlich

	Aluminiumfosetyl	Bitertanol	Dazomet	Dichlofluanid	Dinocap	Iprodion	Kupferoxychlorid	Mancozeb	Maneb	Metalaxyl	Metiram	Procymidon	Propamocarb-hydrochlorid	Schwefel	Thiabendazol	Triforin	Vinclozolin	Zineb	Zineb + Schwefel
Krankheiten allgemeiner Art																			
1. Blattfleckenpilze (Ascochyta, Septoria, u.a.)							+								+	+		+	
2. Pathogene Bodenpilze (Botrytis, Fusarium, Penicillium, Pythium, Rhizoctonia, Sclerotinia, Thielaviopsis)	+						+			+			+					+	
3. Echter Mehlbau		+		+	+		+							+	+	+			+
4. Falsche Mehltaupilze (Albugo, Bremia, Peronospora)	+						+		+		+								+
5. Graufäule (Botrytis)				+		+						+			+		+		
6. Rostpilze		+					+	+			+				+	+			
Krankheiten in Saatbeeten																			
7. Bodenbürtige Keimlingskrankheiten (pathogene Bodenpilze: Aphanomyces, Phoma, Pythium, Rhizoctonia)	+		+							+									
Anzucht von Jungpflanzen																			
8. Bodenbürtige pathogene Pilze (Phoma, Plasmodiophora, Phytophthora)			+							+			+						
Krankheiten an Blumen																			
9. Bakteriose der Begonia Elatior							+												
10. Blattfleckenkrankheit der Chrysanthemen								+								+			
11. Weissrost der Chrysanthemen								+	+							+			
12. Ramularia-Blattfleckenkrankheit der Primeln								+								+			
Krankheiten an Zier- und Sportrasen																			
13. Schneeschimmel						+													
Krankheiten an Ziergehölzen																			
14. Echter Mehltau der Rosen	+						+												
15. Rost der Rosen	+	+					+												
16. Sternrusstau der Rosen	+	+		+		+	+												
Ungefährlich für																			
– Bienen	*	*	*	*	*	*	*	*	*	*	*	*	*	*	*	*	*	*	

*   ungefährlich
Zahlen Wartezeit in Tagen
F   Wartezeiten durch Anwendungs-
         zeitpunkt geregelt

	Aluminiumfosetyl	Dazomet	Dichlofluanid	Dinocap	Iprodion	Procymidon	Propamocarb	Schwefel	Thiabendazol	Thiram	Triadimenol	Triforin	Vinclozolin
Allgemein													
1. Auflaufkrankheiten (pathogene Bodenpilze)		F											
Bohne													
2. Graufäule (Botrytis)						7							7
Chinakohl													
3. Alternaria													14
Gurke													
4. Echter Mehltau			3	4				3			3	3	
5. Falscher Mehltau	4						F						
Kohl													
6. Auflaufkrankeiten										F			
7. Kohlhernie		F											
8. Botrytis									10				
Salat													
9. Auflaufkrankheiten										F			
10. Falscher Mehltau	14						21						
11. Salatfäule (Botrytis, Sclerotinia)			21		14					F			21
Ungefährlich für													
− Bienen	*	*	*	*	*	*	*	*	*	*	*	*	*
− Raubmilben P. persimilis					*	*						*	*
" Amblyseius ssp.					*	*							*
− Schlupfwespen E. formosa					*	*					*	*	*
" Aphidius ssp.					*	*							*
− Florfliegen					*	*				*	*		*

```
*        ungefährlich
Zahlen   Wartezeit in Tagen
F        Wartezeiten durch Anwendungs-
         zeitpunkt geregelt
```

	Dichlofluanid	Kupferoxychlorid	Mancozeb	Maneb	Propamocarb	Triforin
Sellerie						
13. Septoria-Blattfleckenkrankheit		14				
Tomate, Eierfrucht (Aubergine)						
14. Alternaria-Dürrfleckenkrankheit	3	7		14		
15. Phytophthora-Krautfäule	3	7		14		
16. Samtfleckenkrankheit						3
17. Graufäule (Botrytis)	3					
Zwiebeln						
18. Botrytis	14					
Radies						
19. Falscher Mehltau					21	
Spargel						
20. Rost		F	F			
Ungefährlich für						
– Bienen	*	*	*	*	*	*
– Raubmilben P. persimilis	*		*	*	*	*
" Amblyseius ssp.						
– Schlupfwespen E. formosa			*	*	*	*
" Aphidius ssp.				*		
– Marienkäfer			*			
– Florfliegen	*		*	*		

*	ungefährlich															
Zahlen	Wartezeit in Tagen															
F	Wartezeiten durch Anwendungszeitpunkt geregelt															

	Carbendazim + Dithofencarb	Dichlofluanid	Dinocap	Dithianon	Iprodion	Kupferoxychlorid	Kupferoxysulfat	Mancozeb	Mancozeb + Fosetyl	Metiram	Penconazol	Procymidon	Schwefel	Schwefel-Kupfer-Präparate	Tolylfluanid + Tebuconazol	Triadimenol	Vinclozolin
1. Falscher Mehltau (Peronospora)		35		42		35	35	56	56	56				35	35		
2. Echter Mehltau			35								35		56	35	35	35	
3. Rotbrenner		35		42				56		56							
4. Graufäule (Botrytis)	35	35			28							28			35		28
5. Schwarzfleckenkrankheit (Phomopsis)				42				56	56	56							
Ungefährlich für																	
– Bienen	*	*	*	*	*	*	*	*	*	*	*	*	*	*	*	*	*
– Typhlodromus pyri	*	*		*	*	*	*		*	*	*	*		*		*	*
– Amblyseius andersoni	*		*	*	*	*	*				*	*		*		*	*

* ungefährlich
Zahlen Wartezeit in Tagen
F Wartezeiten durch Anwendungs-
zeitpunkt geregelt

	Benomyl	Bitertanol	Dichlofluanid	Dinocap	Dithianon	Fenarimol	Flusilazol	Kupferoxychlorid	Kupferoxychlorid + Schwefel	Mancozeb	Mancozeb + Penconazol	Metiram	Myclobutanil	Penconazol	Schwefel	Thiophanat-Methyl	Triadimenol	Triforin	Vinclozolin
Kernobst																			
1. Schorf		14	7		21	21	28	F	F	28	28	28	14		7		14	14	
2. Apfelmehltau				21		21	28				28			14	14	7		14	
3. Echter Mehltau an Quitten						21													
4. Lagerfäule	7		7													10			
5. Krebs								F											
Steinobst																			
6. Schrotschuss								F		28									
7. Monilia		21												21				7	56
8. Sprühfleckenkrankheit der Kirschbäume					28													7	
9. Zwetschgenrost												28							
10. Kräuselkrankheit des Pfirsichs			F					F											
Ungefährlich für																			
– Bienen	*		*	*	*	*	*	*	*	*	*	*	*	*	*	*	*	*	*
– Typhlodromus pyri					*	*	*	*						*			*	*	*
– Amblyseius andersoni					*	*	*	*						*			*		*

*   ungefährlich
Zahlen Wartezeit in Tagen
F   Wartezeiten durch Anwendungs-
        zeitpunkt geregelt

	Aluminiumfosetyl	Dichlofluanid	Iprodion	Kupferoxychlorid	Procymidon	Schwefel	Triforin	Vinclozolin
Beerenobst								
1. Botrytis der Erdbeere		12	10		7			10
2. Blattfleckenkrankheit der Erdbeere				F				
3. Lederfäule der Erdbeere		12						
4. Rote Wurzelfäule der Erdbeere	F							
5. Rhizomfäule der Erdbeere	F							
6. Botrytis der Himbeere und Brombeere		14						
7. Echter Mehltau der Johannisbeere							7	
8. Blattfallkrankheit der Johannisbeere		14						
9. Echter Mehltau der Stachelbeere						7	7	
Ungefährlich für								
– Bienen	*	*	*	*	*	*	*	*

* ungefährlich
Zahlen Wartezeit in Tagen
F Wartezeiten durch Anwendungszeitpunkt geregelt
N Wartezeit ohne Bedeutung

	alpha Cypermetrin	Azocyclotin	Bacillus thuringiensis	Beta Cyfluthrin	Carbofuran	Cypermethrin	Deltamethrin	Dimethoat	Ethiophencarb	Kali-Seife	Methamidophos	Oxydemeton-methyl	Oxydemeton-methyl + Parathion	Parathion	Permethrin	Pirimicarp	Pyrethrin + Piperonylbutoxid	Rapsöl
Gemüse allgemein																		
1. Saugende Insekten ohne mehlige Kohlblattlaus										F								
2. Saugende Insekten ohne Weisse Fliege										F								
Kohl																		
3. Saugende Insekten								14			F	14	14					
4. Saugende Insekten ohne mehlige Kohlblattlaus							7								7			
5. Blattläuse	14								4			14				7		
6. Weisse Fliege (Mottenschildlaus)	14													14				
7. Beissende Insekten	14			7			7				F			14	7			
8. Beissende Insekten ohne Rüsselkäfer und Kohleule						14												
9. Freifressende Schmetterlingsraupen			N															
10. Kohlweissling			N															
11. Kohleule						14												
12. Rüsselkäfer						14												
13. Kohlfliege								42						35				
14. Erdraupen														14				
Salat																		
15. Saugende Insekten	14						5	21				14	14		7			
16. Blattläuse	14								4								3	
17. Beissende Insekten						14						14	14		7		3	
18. Erdraupen														14				
Möhren																		
19. Saugende Insekten								14							21			
20. Beissende Insekten															21			
Bohnen																		
21. Saugende Insekten												7	7	14	7			
22. Blattläuse									4							3	1	
23. Beissende Insekten													7	14	7			
24. Erdraupen														14				
25. Spinnmilben		7											7					F
Erbsen																		
26. Saugende Insekten												7	7	14	7			
27. Saugende Insekten ohne mehlige Kohlblattlaus							7											
28. Blattläuse																3		
29. Beissende Insekten													7	14	7			
30. Beissende Insekten ohne Rüsselkäfer						14												
31. Rüsselkäfer						14												
32. Erdraupen														14				

* ungefährlich
Zahlen Wartezeit in Tagen
F Wartezeiten durch Anwendungszeitpunkt geregelt

	Alpha Cypermetrin	Azocyclotin	Bacillus thuringiensis	Beta Cyfluthrin	Carbofuran	Cypermethrin	Deltamethrin	Dimethoat	Ethiophencarb	Kali-Seife	Methamidophos	Oxydemeton-methyl	Oxydemeton-methyl + Parathion	Parathion	Permethrin	Pirimicarp	Pyrethrin + Piperonylbutoxid	Rapsöl
Porree																		
33. Saugende Insekten														14				
34. Saugende Insekten ohne mehlige Kohlblattlaus															7			
35. Blattläuse																7	3	
36. Beissende Insekten															7		3	
37. Erdraupen														14				
Spinat																		
38. Saugende Insekten													14	14	21			
39. Saugende Insekten ohne mehlige Kohlblattlaus															21			
40. Blattläuse																	3	F
41. Beissende Insekten						21												
42. Erdraupen														14				
Knollensellerie																		
43. Beissende Insekten															21			
44. Saugende Insekten															21			
Rettich																		
45. Kohlfliege					F													
Zwiebeln																		
46. Saugende Insekten								14										
47. Saugende Insekten ohne mehlige Kohlblattlaus							7							7				
48. Beissende Insekten							7							7				
Tomaten																		
49. Saugende Insekten												4		14	4			
50. Saugende Insekten ohne mehlige Kohlblattlaus							7											
51. Blattläuse																3		
52. Beissende Insekten														14	4		2	
53. Erdraupen														14				
Gurken																		
54. Saugende Insekten												4		14	4			
55. Blattläuse																3		
56. Beissende Insekten														14	4		2	
57. Erdraupen														14				
Kartoffeln																		
58. Kartoffelkäfer	14					14	7				14			14				
Ungefährlich für																		
– Bienen			*						*	*				*		*	*	*
– Aphidius Schlupfwespe			*													*		
– Marienkäfer			*											*		*	*	
– Florfliegen			*													*	*	

Zahlen Wartezeit in Tagen

	alpha Cypermetrin	Azocyclotin	Bacillus thuringiensis	Beta Cyfluthrin	Carbofuran	Cypermethrin	Deltamethrin	Dimethoat	Ethiophencarb	Kali-Seife	Methamidophos	Oxydemeton-methyl	Oxydemeton-methyl + Parathion	Parathion	Permethrin	Pirimicarb	Pyrethrin + Piperonylbutoxid	Rapsöl
Bohnen																		
1. Beissende Insekten															7			
2. Spinnmilben		7																
Tomaten																		
3. Saugende Insekten								3										
4. Beissende Insekten															4			
Gurken																		
5. Beissende Insekten															4			

	ungefährlich
*	ungefährlich
Zahlen	Wartezeit in Tagen
F	Wartezeiten durch Anwendungszeitpunkt geregelt
N	Wartezeit ohne Bedeutung

	Azinphos methyl + Demeton-S-methyl-sulfon	Azocyclotin	Bacillus thuringiensis	Clofentezin	Deltamethrin	Fenbutatin-oxid	Hexythiazox	Methidathion	Mineralöle	Oxydemethon-methyl	Parathion	Parathion-methyl	Traubenwickler Peromone	Phosalon	Rapsöl
1. Traubenwickler															
1. und 2. Generation, Heu- und Sauerwurm		F		35				28				35	F		
Nur 1. Generation, Heuwurm														F	
Nur 2. Generation, Sauerwurm	49														
2. Rhombenspanner					35										
3. Springwurm					35			28				F			
4. Spinnmilben		49		35		28	49		F					N	
5. Blattgallmilbe										F		F			
6. Kräuselmilbe											F				
Ungefährlich für															
– Bienen		*	*	*		*	*		*					*	*
– Typhlodromus pyri			*	*		*	*								

* ungefährlich
NB Nach Bienenflug
0 Durch die Ausbringweise kein Kontakt mit Bienen
+ zugelassene Indikation

	Abamectin	Acephat	Bacillus thuringiensis	Beta Cyfluthrin	Butocarboxim	Carbofuran	Chlorpyriphos	Clofentezin	Cyfluthrin	Deltamethrin	Diflubenzuron	Dimethoat	Ethiofencarb Granulat	Ethiofencarb	Fenbutatin oxid	Hexythiazox	Kali-Seife	Lambda Cyhalothrin	Lindan	Metarhizium anisopliae
Zierpflanzen																				
1. Saugende Insekten		+								+		+							+	
2. Saugende Insekten ohne wollige Laub- und Nadelholzläuse ohne gallbildende Nadelläuse				+					+								+			
3. Blattläuse					+								+	+						
4. Blattläuse ohne wollige Laub- und Nadelholzläuse ohne gallbildende Nadelläuse																				
5. Weisse Fliege		+							+	+							+			
6. Schildläuse																			+	
7. Schildläuse ohne San-José-Schildläuse und Schmierläuse											+									
8. Napfschildläuse										+										
9. Thripse					+															
10. Beissende Insekten		+								+										
11. Beissende Insekten ohne minierende Kleinschmetterlinge und Minierfliegen				+					+											
12. Beissende Insekten ohne Rüsselkäfer																		+		
13. Erdraupen										+										
14. Minierfliegen	+																			
15. Trauermücken						+														
16. Dickmaulrüssler						+				+										
17. Wurzelspinner																				+
18. Ameisen							+													
19. Spinnmilben	+							+				+			+	+	+			
Ziergehölze																				
20. Freifressende Schmetterlingsraupen ohne Schwammspinner, Goldafter und Eulen			+								+									
21. Goldafter			+								+									
22. Schwammspinner			+																	
23. Minierende Schmetterlinge												+								
Ungefährlich für																				
– Bienen	0	*	NB	0	0			*	NB	*		0			*	*	*	NB	0	0
– Raubmilben Phytoseiulus persimilis		*						*		*					*					
– Raubmilben Amblyseius spp.		*						*			*				*					
– Schlupfwespe Enkarsia formosa	*	*						*			*									
– Schlupfwespe Aphidius spp.		*						*			*									
– Marienkäfer		*						*							*	*	*			*
– Florfliegen		*						*									*			*
– Blütenwanzen											*									*

Methamidophos	Omethoat	Oxydemton methyl	Parathion	Permethrin	Pirimicarb	Pyrethrine + Piperonylbutoxid	Rapsöl	Triflumuron
+ +	+	+				+ +		
					+	+	+	
+ +						+ +	+ +	
+			+	+		+		+
+ +			+					
+	+	+					+	
				*	*	*	*	*
				*		*	*	*

*   ungefährlich
Zahlen   Wartezeit in Tagen
F   Wartezeiten durch Behandlungsstadium geregelt
X   Wartezeit ohne Bedeutung

	Acephat	Amitraz	Azocyclotin	Apfelwickler Granulosevirus	Bacillus thuringiensis	Beta Cyfluthrin	Clofentezin	Cyfluthrin	Deltamethrin	Diflubenzuron	Dimethoat	Ethiofencarb	Fenbutatin oxid	Fenoxycarb	Fenthion	Flubenzimin	Hexthiazox	Kali-Seife	Mineralöl	Oxydemeton methyl
Obstbau ohne Erdbeeren																				
1. Saugende Insekten ohne Blutlaus und Birnenblattsauger																		F		
2. Schildläuse																			F	
3. Beissende Insekten ohne minierende Raupen und Schalenwickler																			F	
4. Spinnmilben																			F	
Kernobst																				
5. Saugende Insekten	42							7	7											28
6. Saugende Insekten ohne Birnblattsauger											21									
7. Saugende Insekten ohne Blutlaus und Birnenblattsauger																				
8. Schildläuse																			F	
9. Blattläuse												4								
10. Blutlaus																				
11. Beissende Insekten	42							7	7											
12. Beissende Insekten ohne minierende Raupen und Schalenwickler										28										
13. Apfelwickler				X					7	28				35						
14. Fruchtschalenwickler														35						
15. Freifressende Schmetterlingsraupen ohne Schwammspinner-, Goldafter- und Eulenraupen					X															
16. Gespinstmotten										21										
17. Goldafter					X															
18. Knospenwickler					X															
19. Schwammspinner					X															
20. Sägewespen																				28
21. Spinnmilben		28	14				35									42	28			
Apfel																				
22. Saugende Insekten						7														
23. Apfelblattsauger								7												
24. Beissende Insekten						7														
25. Apfelwickler						7		7												
26. Fruchtschalenwickler														35						
27. Spinnmilben																				
Birnen																				
28. Birnenblattsauger		28							7	28										
Steinobst																				
29. Saugende Insekten																				
30. Schildläuse																			F	
31. Beissende Insekten									14											
32. Beissende Insekten ohne minierende Schmetterlingsraupen und Schalenwickler																				

Parathion	Parathion methyl	Perimethrin	Phosalon	Pirimicarb	Pyrethrine + Piperonylbutoxid	Rapsol	Triflumuron
					2		
					2		
	28		42				
					2		
			42	21			
	28		42		2		28
	28		42				28
	28						
			42				
						F	
					2		
					2		

	bedeutung
*	ungefährlich
NB	Nach Bienenflug
Zahlen	Wartezeit in Tagen
F	Wartezeiten durch Behandlungsstadium geregelt
X	Wartezeit ohne Bedeutung

	Acephat	Amitraz	Azocyclotin	Apfelwickler Granulosevirus	Bacillus thuringiensis	beta Cyfluthrin	Clofentezin	Cyfluthrin	Deltamethrin	Diflubenzuron	Dimethoat	Ethiofencarb	Fenbutain oxid	Fenoxycarb	Fenthion	Flubenzimin	Hexthiazox	Kali Seife	Mineralöl	Oxydemeton methyl
33. Freifressende Schmetterlingsraupen					X															
34. Goldafter					X															
35. Schwammspinner					X															
36. Spinnmilben, Wintereier																			F	
Steinobst ohne Kirschen																				
37. Saugende Insekten																				28
Kirschen																				
38. Saugende Insekten								7	14		21									
39. Blattläuse												14								
40. Beissende Insekten																				
41. Beissende Insekten ohne Rüsselkäfer								7												
42. Kirschfruchtfliege															14					
43. Spinnmilben																				
Pflaumen																				
44. Saugende Insekten								7	14		14									
45. Blattläuse												4								
46. Beissende Insekten																				
47. Beissende Insekten ohne Rüsselkäfer								7												
48. Pflaumenwickler								7			14			28						
49. Sägewespen											14									28
50. Spinnmilben							F									42	28			
Beerenobst ohne Erdbeeren																				
51. Saugende Insekten																				
52. Schildläuse																			F	
53. Beissende Insekten ohne minierende Schmetterlingsraupen und Schalenwickler																				
Erdbeeren																				
54. Saugende Insekten									F	F								F		F
55. Beissende Insekten									F											
56. Spinnmilben			F				F						F							
Johannisbeeren																				
57. Saugende Insekten								7												
58. Blattläuse												7								
59. Beissende Insekten								7												
Stachelbeeren																				
60. Beissende Insekten																				
Ungefährlich für																				
– Bienen			*	*	*	NB	*		NB				*			NB	*	*	*	
– Typhlodromus pyri			*	*	*	*	*	*			*		*	*		*	*			
– Amblyseius andersoni				*	*	*					*		*	*		*				

Parathion	Parathion methyl	Paramethrin	Phosalon	Pirimicarb	Pyrethrine + Piperonylbutoxyd	Rapsöl	Triflumuron
			35				
			35	10			
			35				
			35				
			35				
			35			F	
					2		
					2	F	
		F			F		
		F			F		
		*		*	*	*	*
		*	*	*			
			*	*			

F   Wartezeiten durch Anwendungszeitpunkt (vor Kulturbeginn) festgelegt

	Dazomet
Gemüsebau	
1. Gallbildende Wurzelnematoden (Meloidogyne spp.)	F
2. Wandernde Wurzelnematoden (Pratylenchus spp.)	F
Zierpflanzenbau	
3. Gallbildende Wurzelnematoden (Meloidogyne spp.)	F
4. Wandernde Wurzelnematoden (Pratylenchus spp.)	F

■■■■■■ Herbizide im Gemüsebau ■■■■■■

+   ausgewiesene Indikation

	Chloridazon	Cyanamid	Diclofopmethyl	Fenoxapropethyl	Fluazifop-butyl	Glufosinat	Linuron	Metazachlor	Metribuzin	Pendimethalin	Phenmedipham	Propyzamid	Sethoxydim	Terbutryn
1. Gepflanzter Lauch		+					+							
2. Lauchsaaten		+				+								
3. Schnittlauch		+												
4. Gesteckte Zwiebeln		+					+			+				
5. Zwiebelsaaten		+				+				+				
6. Spargel						+								
7. Rote Beete	+		+											
8. Spinat													+	
9. Kohlgewächse, ausgenommen Blumenkohl bzw. Chinakohl			+	+	+			+					+	
10. Bohnen				+		+							+	
11. Erbsen						+							+	+
12. Möhren				+	+	+	+						+	
13. Sellerie				+			+							
14. Tomaten		+							+					
15. Feldsalat					+									
16. Endivien												+		
17. Salat												+		
18. Petersilie							+							
19. Rhabarber, vor dem Auflaufen der Kulturen												+		

+   ausgewiesene Indikation

	Diuron + Glyphosat	Fluazifop-butyl	Glufosinat	Glyphosat	Linuron	MCPA	Mecoprop	Metamitron	Phenmedipham	Propyzamid
Obstbau										
1. Kernobst	+		+	+						+
2. Steinobst			+	+		+	+			
3. Himbeerkulturen			+	+						
4. Schwarze und rote Johannisbeerkulturen			+	+					+	
5. Erdbeerkulturen		+	+	+				+	+	
6. Stachelbeeren			+	+					+	+
Weinbau										
7. Ertragsreben	+		+	+	+	+	+			+

Herbizide im Zierpflanzenbau und auf Nichtkulturland

+   ausgewiesene Indikation

	Amitrol und Diuron	2,4-D + Dicamba	2,4-D + Mecoprop-P	Dazomet	Dichlobenil	Diuron	Diuron + Glyphosat	Diuron + Metabenzthiazuron	Eisen-II-Sulfat	Eisen-II- und -III-Sulfat	Fluazifop-P-butyl	Glufosinate	Glyphosat	Linuron	MCPA + Chlorflurinol	MCPA + Dicamba	Propyzamid
Zierpflanzenbau																	
– Zierpflanzen allgemein				+													
– Gehölze (ausserhalb Forst)					+		+	+			+	+	+	+			+
– Zier- und Sportrasen		+	+						+		+				+	+	
Nichtkulturland																	
– Wege und Plätze	+					+	+					+	+				

+ ausgewiesene Indikation

	Dazomet	Metalaxyl	Metalaxyl + Thiabiendazol	Metiram	Propamocarb-hydrochlorid	Thiram	Quaternäre Ammoniumverbindung									
Samen- und bodenbürtige Krankheiten																
Gemüsebau																
Auflaufkrankheiten	+		+	+	+	+										
Zierpflanzen																
Auflaufkrankheiten	+	+		+	+											
Tulpenzwiebeln					+											
Desinfektion von																
– Einrichtungen							+									
– Stellflächen							+									

Verzeichnis der im Werk erwähnten und in Deutschland 1994 zugelassenen Fungizide

G = Gemüsebau	W = Weinbau	F = Freilandanbau
O = Obstbau	Z = Zierpflanzenbau	

Wirkstoff	Handels-bezeichnung	Gefahren-symbol	Anwend.-Gebiet
Aluminiumfosetyl	Aliette	Xi	G, O, Z
Benomyl	Du Pont Benomyl		O
Bitertanol	Baycor,		O, Z
	Baymat,		O, Z
	Compo Rosenschutz		O, Z
Carbendazim + Dithofencarb	Botrylon	Xn	W
Datomet	Basamid	Xn	G, Z
Dichlofluanid	Euparen,	Xi	G, O, W, Z
	Obstspritzmittel WG	Xi	G, O, W, Z
Dinocap	Ezenosan		G, O, W, Z
	Karathane		G, O, W, Z
Dithianon	Delan SC 750	Xn	O, W
Fenarimol	Curol	Xn	O, Z
	Pilzfrei Saprol F	Xn	O, Z
	Rubigan	Xn	O, Z
Flusilazol	Benocap	Xi	O
Iprodion	Erdbeerspritzmittel		G, O, W, Z
	Rovral		G, O, W, Z
Kupferoxychlorid	Cuprasol		G, O, W, Z
	Cupravit OB 21		G, O, W, Z
	Fitoran grün		G, O, W, Z
	Funguran		G, O, W, Z
	Grünkupfer		G, O, W, Z
	Kupferkalk		G, O, W, Z
	Kupferkonz.		G, O, W, Z
	Kupferspritzmittel		G, O, W, Z
Kupferoxychlorid + Schwefel	Wacker 83 V		O, W
Kupferhydroxid	Cuprozin		O
Kupfersulfat	Cuproxat		W
Mancozeb	Detia Pilzol	Xi	G, O, W, Z
	Dithane Ultra	Xi	G, O, W, Z
Mancozeb + Fosetyl	Mikal	Xi	W
Mancozeb + Penconazol	Omnex Plus	Xi	O
	Omnex Plus	Xi	O
Maneb	Maneb	Xi	G, Z
Metalaxyl	Fonganil Neu	Xi	Z
Metalaxyl + Thiabendazol	Apron T 69		G
Metiram	Polyram	Xi	G, O, W, Z
Myclobutanil	Systhane 6 W		O
Penconazol	Omnex		O
	Topas		W
Procymidon	Sumiselex		G, O, W, Z
Propamocarb	Previcur N		G, Z

Wirkstoff	Handels-bezeichnung	Gefahren-symbol	Anwend.-Gebiet
Quaternäre Ammoniumverbindung	Mennoterforte		Z
Schwefel	Kumulus WG		G, O, W, Z
	Netzschwefel		G, O, W, Z
	Sufran		G, O, W, Z
	Supersix		O, W
	Thiovit		G, O, W, Z
Thiabendazol	Comfuval FL		G, Z
	Tecto FL		G, Z
Thiophanat-Methyl	Cercobin FL	Xn	O
Thiram	Aapirol Staub	Xn	G
	Aatiram	Xn	G
	TMTD Satec	Xn	G
	Tutan Flüssigbeize	Xn	G
Tolylfluanid + Tebuconazol	Folicur EM	Xi	W
Triadimenol	Bayfidan spezial		G, O, W
Triforine	Pilzfrei Saprol Neu	Xi	G, O
	Saprol Neu	Xi	G, O
	Tarsol Neu	Xi	G, O
Vinclozolin	Ronilan		G, O, W, Z
Zineb	Phytox 80		Z
	Phytox Staub		Z
Zineb + Schwefel	Phytox- + Ultraschwefel		Z

Verzeichnis der im Werk erwähnten und in Deutschland 1994 zugelassenen Insektizide und Akarizide

Wirkstoff	Handels-bezeichnung	Gefahren-symbol	Anwend.-Gebiet
Abamectin	Vertimec	Xn	Z
Acephat	Orthen		O, Z
	Acephat 50		O
alpha Cypermethrin	Fastac 10 EC	Xn	G
Amitraz	Mitac	Xn	O
Apfelwickler Granulosevirus	Granupom	Xi	O
	Granupom N	Xi	O
Azinphos methyl + Deme-thon S methylsulfon	Gusathion MS	T+	W
	Rospin	T+	W
	Multapon	T+	W
Azocyclotin	Petropal	T+	G, O, W

Wirkstoff	Handels-bezeichnung	Gefahren-symbol	Anwend.-Gebiet
Bacillus thuringiensis	Bactospeine FC		G, O, W
	Neudorff's		G, O, W, Z
	Rapenspritzmittel		
	Biobit		G, O, W, Z
	Delfin		W
	Dipel		G, O, W, Z
	Dipel 2X		G, O, W, Z
	Dipel ES		G, O, W, Z
	Foray 48 B		O
	Novodor		O
	Thuricide HP		
Beta Cyfluthrin	Bulldock	Xn	G, O, Z
Butocarboxim	Systemschutz D	Xi	Z
Butoxycarboxim	Pflanzenschutzstäbch.		Z
Carbofuran	Curaterr Granulat	Xn	G, Z
Chlorpyrifos	Garten Lorixan		Z
Clofentezin	Apollo		O, W, Z
Cyfluthrin	Baythroid 50	Xn	G, O, Z
Cypermethrin	Ribinol N	Xi	G
	Ripcord 10	Xn	G
Deltamethrin	Decis flüssig	Xn	G, O, W, Z
	Schädlingsvernichter Decis	Xn	G, O, W, Z
Diflubenzuron	Dimilin 25 WP		O, Z
Dimethoat	Aadimethoat	Xn	G, O, Z
	Bi 58	Xn	G, O
	Danadim 400 EC	Xn	G, O
	Insekten Spritzmittel Roxion	Xn	O
	Perfektion	Xn	G, O, Z
	Roxion	Xn	G, O, Z
	Rogor 40 L	Xn	G, O, Z
	Rogor	Xn	G, O, Z
Ehtiofencarb	Croneton Granulat		Z
	Croneton-Blattlausfrei		G, O, Z
Fenbutatin-oxid	Torque	Xn	O, W, Z
Fenoxycarb	Insegar		O
Fenthion	Lebaycid	Xn	O
Flubenzimin	Cropotex		O
Hexythiazox	Ordoval		O, W, Z
Kali-Seife	Pflanzen Paral Schädlingsfrei		O
	Neudosan		G, O, Z
Lambda Cyhalothrin	Karate	Xn	Z
Lindan	Detmol Rauch		Z
Metarhizium anisopliae	Bio 1020	Xi	W, Z
Methamidophos	Tamaron	T+	G, Z
Methidathion	Ultracid 40 Ciba-Geigy	T	W
Mineralöle	Para-Sommer		O, W
	Attraco 7-E Du Pont		O, W
Apfelwickler Granulosevirus	Obstmadenfrei Granupom		O

Wirkstoff	Handels-bezeichnung	Gefahren-symbol	Anwend.-Gebiet
Omethoat	Compo Zierpflanzen Spray		Z
Oxydemethon-methyl	Metasystox R	T	G, O, W, Z
	Metasystox R Spezial	Xn	G, O, Z
Parathion	E 605 forte	T+	G, O, W, Z
Parathion-methyl	Me 605 Spritzpulver	T	O, W
Parathrion methyl + Oxi-demeton-S-methylsulfon	E Combi	T	G
Permethrin	Talcord 5	Xi	G, O, Z
	Ambusch	Xn	G
	Kartoffelkäfer Frei Ambush		G
	Compo Kartoffelkäfer frei		G
	Compo Insektenmittel	Xn	G, O
Pheromon der Traubenwickler	RAK 1 + 2		W
Pheromon des Einbind. Traubenwicklers	RAK 1 Plus Einbindiger Traub.		W
Phosalon	Rubitox Spritzpulver		O, W
	Rubitox flüssig		O
Pirimicarb	Pirimor Granulat zum Auflösen	Xn	G, O, Z
	Blattlausfrei Pirimor G	Xn	G, O, Z
Pyrethrine + Piperonylbutoxid	Pyreth		O, Z
	Bio Insektenfrei		O
	Spruzit flüssig		O, Z
	Schädlingsfrei Parexan		O
	Blitol Insektenfrei		O
	Spruzit Staub		G
	Herba Vetyl Staub neu		G, Z
	Insektenstäubemittel Hortex		G, Z
Rapsöl	Schädlingsfrei Naturen		G, O, W
	Telmion		G, O, W, Z
Triflumeron	Alsystin		O, Z

Verzeichnis der im Werk erwähnten und in Deutschland 1994 zugelassenen Nematizide, Beiz-, Auflauf- und Desinfektionsmittel

Wirkstoff	Handels-bezeichnung	Gefahren-symbol	Anwend.-Gebiet
Dazomet	Basamid. Granulat	Xn	G Z
Metalaxyl	Fonganil Neu	Xi	Z
Metalaxyl + Thiabendazol	Apron T 69		G

Wirkstoff	Handels-bezeichnung	Gefahren-symbol	Anwend.-Gebiet
Metiram	Polyram WG	Xi	G, Z
Propamocarb	Previcur N		G, Z
Quaternäre Ammonium-verbindung	Menno-ter-forte	Xn	G, Z
Thiram	Aatiram	Xn	G
	TMTD 98 Satec	Xn	G
	Tutan Flüssigbeize	Xn	G

Verzeichnis der im Werk erwähnten und in Deutschland 1994 zugelassenen Herbizide

Wirkstoff	Handels-bezeichnung	Gefahren-symbol	Anwend.-Gebiet
Amitrol + Diuron	Adimitrol	Xn	Z
	Compo Unkrautfrei	Xn	Z
	Tuta Super	Xn	Z
	Ustinex PA WG	Xn	Z
	Ustinex Unkrautfrei	Xn	Z
	Vorox WG	Xn	Z
Chloridazon	Pyramin WG		G
	Terlin WG		G
Cyanamid	Alzodef	Xn	G
2,4-D + Dicamba	Rasen-Unkraut-vernichter, mit und ohne Dünger, versch. Fabrikate		Z
2,4-D + Mecoprop	Rasenunkraut-vernichter, versch. Fabrikate	Xn	Z
Dazomet	Basamid Gran.	Xn	Z
Dichlobenil	Casoron G		Z
	Compo Garten-unkrautvernichter		Z
	Gehölze Unkrautfrei		Z
	Prefix G Neu		Z
	Ustinex-CN-Streu-mittel		Z
	Vinuran		Z
Diclofop	Illoxan	Xi	G
Diuron	Adiron Unkrautfrei		Z
	Azurin CMU		Z
	Detia Total Unkrautmittel		Z
	Frankol-Forte 2		Z
	Fumicid 2		Z
	Gabi Unkrautvernichter		Z

Wirkstoff	Handels-bezeichnung	Gefahren-symbol	Anwend.-Gebiet
	Herbazid UG I		Z
	Karmex		Z
	Purgarol		Z
	RA-15-Neu		Z
	UKA VAU		Z
	Universal Unkraut-nichter Ektorex W		Z
	Unkrautvernichtungs-mittel		Z
	Vetyl Unkrautfrei Neu		Z
	Vorox W		Z
Diuron + Glyphosat	Rapir	Xn	O, W, Z
Diuron + Methabenzthiazuron	Ustinex Z-Gran		Z
Eisen-Sulfat	Moosvernichtungs-mittel im Rasen, mit und ohne Dünger, versch. Fabrikate		Z
Fenoxaprop	Depon Super	Xi	G
Fluazifop	Fusilade 2000	Xi	G, O, Z
Glyfosinat	Basta	Xn	G, O, W, Z
	Celaflor Unkrautfrei	Xn	G, O, W, Z
	Difontan	Xn	G, O, W, Z
	Exakt-Unkrautfrei-Madit	Xn	G, O, W, Z
Glyphosat	Cardinal	Xi	O, W, Z
	Compo Spezial-Un-krautvernichter Filatex	Xi	O, W, Z
	Durano	Xi	O, W, Z
	Egret	Xi	O, W, Z
	Roundup	Xi	O, W, Z
	Roundup Alpec		O, Z
	Spezial-Unkrautver-nichter Weedex	Xi	O, W
	Swing	Xi	O
Linuron	Afalon	Xn	G, W, Z
MCPA	MCPA-Präparate, versch. Fabrikate	Xn	W
MCPA + Chlorflurenol	Rasenunkrautver-nichter, mit Dünger, versch. Fabrikate		Z
Mecoprop	Duplosan KV	Xn	W
	Marks Optica MP	Xn	W
Metamitron	Goltix		O
Metazachlor	Butisan S	Xn	G
Metribuzin	Sencor WG		G
Pendimetalin	Stomp SC		G
Phenmedipham	Betanal	Xn	G, O
Propyzamid	Kerb 50 W	Xn	G, O, W, Z
Sethoxydim	Fervinal Plus		G
Terbutryn	Hora-Terbutryn 500 fl		G
	Igran 500 fl		G
	Stefes-Terbutryn 500 fl		G
	Fali Terbutryn 500 fl		G

Verzeichnis der im Werk erwähnten und in Deutschland 1994 zugelassenen Veredelungs- und Wundbehandlungsmittel

Wirkstoff	Handels-bezeichnung	Gefahren-symbol	Anwend.-Gebiet
Veredelungs- und Wundbehandlungsmittel ohne Fungizid	Baum-Wundplast		O, Z
	Baumwachs «Brunonia»		O, Z
	Baumwachs Bärtschi kaltfl.		O, Z
	Baumwachs fl.		O, Z
	Baumwachs Pomona kaltstreichbar		O, Z
	Baumwachs Pomona warmstreichbar		O, Z
	Baumwachs Wülfel		O, Z
	Baumwachs Wülfel kaltfl.		O, Z
	Dendrosan		O, Z
	Detia Baumwachs		O, Z
	Frankol Baumpflaster		O, Z
	Lacbalsam		O
	Maywachs, Baumwachs		O, Z
	Nenninger's Baumwachs, kaltverstr.		O, Z
	Nenninger's Baumharz, warmfl.		O, Z
	Plastic Baumwachs Bärtschi		O, Z
	Tervanol		O, Z
	Tervanol Rot		O, Z
	Trigol-Baumwachs warmfl.		O, Z
	Trimona Baumwachs kaltstreichbar		O, Z
Wundbehandlungsmittel ohne Fungizid	Lauril Baumteer		O, Z
	Nenninger's flüssiger Wundversch.		O, Z
	Nenninger's Wundwachs		O, Z
	Novaril Rot		O, Z
	Wundtinktur NEU		O, Z
	Wundwachs Schacht		O, Z
	Wundwachs Schacht NEU		O, Z
Veredelungs- und Wundbehandlungsmittel mit Thiabendazol	Drawipas		O, Z
	Maiblü Baum-Wundbehandlungsmittel Wundverschluss		O, Z
	Drawipas Wundverschluss Spisin		O, Z
Veredelungsmittel mit 8 Hydroxichinolin	Rebwachs WF		W
Wundbehandlungsmittel mit Carbendazim	Santar SM Neu		O, Z

Wirkstoff	Handels-bezeichnung	Gefahren-symbol	Anwend.-Gebiet
Wundbehandlungsmittel mit Thiabendazol	Tervanol F		O, Z
Wundbehandlungsmittel mit Triadimefon	Bayleton-Rindenwundverschluss		O, Z
Wundbehandlungsmittel mit Zineb und Maneb	Negal		O, Z

Verzeichnis der im Werk erwähnten und in Deutschland 1994 zugelassenen Molluskizide

Wirkstoff	Handels-bezeichnung	Gefahren-symbol	Anwend.-Gebiet
Metaldehyd	Antischnek Schnecken-Korn		G, O, Z
	Compo Schneckenkorn		G, O, Z
	Contra-Schnecken		G, O, Z
	Delu Schneckenkorn		G, O, Z
	Detia Schneckenkorn		G, O, Z
	Glanzit Schneckenkorn		G, O, Z
	Pflanzen Paral Schnecken-Frei		G, O, Z
	Pflanzen Paral Schneckenkorn		G, O, Z
	Pro Limax		G, O, Z
	Schnecken EX		G, O, Z
	Schneckenkorn Bola		G, O, Z
	Schneckenkorn degro		G, O, Z
	Schneckenkorn Dehner		G, O, Z
	Schneckenkorn Extra Spiess-Urania		G, O, Z
	Schneckenkorn FC		G, O, Z
	Schneckenkorn Limex		G, O, Z
	Schneckenkorn Spiess-Urania		G, O, Z
	Schneckenkorn W		G, O, Z
	Schneckenpaste Limex		G, O, Z
	Schneckentod		G, O, Z
	Snek-Vetyl «neu»		G, O, Z
Methiocarb	Schneckenkorn Mesurol	Xn	G, O, Z

Verzeichnis der im Werk erwähnten und in Deutschland 1994 erhältlichen biologischen Verfahren (Nützlinge)

Nützlinge, lebende Organismen	Handelsware	Anwend.- Gebiet
Amblyseius cucumeris/barkeri reduzieren gewisse Insekten	Raubmilben	G, Z
Amblyseius mackenziei reduzieren gewisse Insekten	Raubmilben	G, Z
Aphelinus abdominalis parasitieren Blattläuse	Adulte Schlupfwespen	G, Z
Aphidius matricariae parasitieren Blattläuse	Adulte Schlupfwespen	G, Z
Aphidoletes aphidimyza räuberische Larven saugen Blattläuse aus	Gallmücken-Puppen	G, Z
Chrysoperla carnea gegen Blattläuse, breit wirksamer Räuber	Eier oder Larven	G, Z
Cryptolaemus montrouzieri fressen Woll- und Schmierläuse	Larven + adulte Käfer	Z
Dacnusa sibirica parasitieren Minierfliegen	adulte Schlupfwespen	G, Z
Diglyphus isaea parasitieren Minierfliegen	adulte Schlupfwespen	G, Z
Encarsia formosa parasitieren Larven der Weissen Fliege	Schlupfwespenpuppen	G, Z
Granulose-Virus bei Apfel Granupom Granupom M Obstmadenfrei Granupom	Apfelwicklergranulose " " "	O " " "
Heterorhabditis sp. gegen Dickmaulrüssler-Larven	Nematoden	O, W, Z
Leptomastix dactylopii gegen Wolläuse	adulte Schlupfwespen	G, Z
Metarhizium anisopliae gegen Dickmaulrüssler und Wurzelspinner	Sporensuspension Bio 1020	Z
Orius insidiosus **Orius laevigatus** **Orius majusculus** saugen alle Blattläuse, Thripse und Spinnmilben aus	Larve + adulte Raubwanzen " "	G, Z " "
Phytoseiulus persimilis saugen Spinnmilben aus	adulte Raubmilben	G, Z
Steinernema carpocapsae gegen Dickmaulrüssler-Larven	Nematoden	O, W, Z
Streptomices griseoviridis Präparat gegen Fusariumpilze	Sporen und Pilzmycel	Z
Trichogramma evanescens parasitierte Eier der Mehlmotte gegen den Maiszünsler	Schlupfwespen-Larven	F

Nützlinge, lebende Organismen	Handelsware	Anwend.- Gebiet
Trichogramma cacoeciae gegen Pflaumenwickler	Schlupfwespenpuppen	O
Trichogramma dendrolimi gegen Apfelschalenwickler und Apfelwickler	Schlupfwespenpuppen	O

*F = leicht entzündlich

Verzeichnis der im Werk erwähnten und in Deutschland 1994 zugelassenen Rodentizide

Wirkstoff	Handels- bezeichnung	Gefahren- symbol	Anwend.- Gebiet
Aluminiumphosphid	Detia Wühlmausköder	F*	G, O, Z
	NEUDO Phosphid S	F*	G, O, Z
	Phostoxin WM	F*	G, O, Z
	Super Schachtox	F*	G, O, Z
	Wühlmauspille	F*	G, O, Z
Begasungsmittel	Wühlmaus-Patrone Arrex Patrone		G, O, Z
Calciumphosphid	Polytanol	T+	G, O, Z
Chlorphacinon	Lepit Feldmausköder		O
Wafarin	Quiritox		G, O, Z
Zinkphosphid	Delu Wühlmausköder	T+	G, O, Z
	Detia Mäusegiftkörner	T+	G, O, Z
	Detia Wühlmausköder	T+	G, O, Z
	Giftweizen Fischar	T+	G, O, Z
	Giftweizen Neudorf	T+	G, O, Z
	Giftweizen P 140	T+	G, O, Z
	Mäusegiftweizen «Schacht»	T+	G, O, Z
	Pollux Giftkörner	T+	G, O, Z
	Ratron-Giftweizen	T+	G, O, Z
	Rattekal-plus	T+	G, O, Z
	Segetan Giftweizen	T+	G, O, Z

Zuchtbetrieb/Firma	Nützlinge/Produkt	Preise (1993)
Neudorff GmbH KG Abt. Nutzorganismen Postfach 1209 31860 Emmerthal 1 Tel.: 05155/62460 Fax: 05155/62457	Raubmilben gegen Spinnmilben Raubmilben gegen Thripse Schlupfwespen gegen Weisse Fliegen Schlupfwespen gegen Minierfliegen Schlupfwespen gegen Blattläuse Florfliegen gegen Blattläuse Räuberische Gallmücken gegen Blattläuse Marienkäfer gegen Woll- und Schmierläuse Nematoden gegen Dickmaulrüssler Nematoden gegen Trauermücken Raubwanzen gegen Blattläuse und Thripse Hummeln zur Bestäubung	87,50 bis 95,— DM/1000 m² 95,— bis 120,— DM/1000 m² 85,50 bis 95,— DM/1000 m² 118,75 bis 158,33 DM/1000 m² 95,— bis 197,50 DM/1000 m² 95,— DM/1000 m² 80,— DM/1000 m² 660,— DM/1000 m² 560,— DM/1000 m² 490,— bis 660,— DM/1000 m² 160,— DM/1000 m² 350,— DM/Volk
Sautter & Stepper GmbH Rosenstr. 19 72119 Ammerbuch 5 (Altingen) Tel.: 07032/75501 Fax: 07032/74199	Raubmilben gegen Spinnmilben Raubmilben gegen Thripse Schlupfwespen gegen Weisse Fliegen Schlupfwespen gegen Minierfliegen Schlupfwespen gegen Blattläuse Schlupfwespen gegen Wolläuse Schlupfwespen gegen Schildläuse Florfliegen gegen Blattläuse Räuberische Gallmücken gegen Blattläuse Marienkäfer gegen Woll- und Schmierläuse Marienkäfer gegen Blattläuse Nematoden gegen Dickmaulrüssler und Trauermücken Raubwanzen gegen Blattläuse und Thripse Hummeln	95,— DM/1000 m² 95,— bis 135,— DM/1000 m² 79,— bis 95,— DM/1000 m² 128,— bis 158,— DM/1000 m² 95,— bis 185,— DM/1000 m² 68,— DM/100 Stück 135,— DM/1000 Stück 95,— DM/1000 m² 85,— DM/1000 m² 540,— DM/1000 m² 50,— DM/100 Stück 690,— DM/1000 m² 150,— DM/1000 m² auf Anfrage und Vorbestellung zu gesonderten Lieferbedingungen.
ÖRE Bio-Protect GmbH Lise-Meitner-Str. 1–7 24223 Raisdorf Tel.: 04307/900262 Fax: 04307/900276	Raubmilben gegen Spinnmilben Raubmilben gegen Thripse Schlupfwespen gegen Weisse Fliegen Schlupfwespen gegen Blattläuse Florfliegen gegen Blattläuse Räuberische Gallmücken gegen Blattläuse Nematoden gegen Dickmaulrüssler Raubwanzen gegen Thripse Marienkäfer gegen Woll- und Schmierläuse	100,— DM/1000 m² 90,— DM/1000 m² 90,— DM/1000 m² 115,— bis 180,— DM/1000 m² 100,— DM/1000 m² 100,— DM/1000 m² 540,— DM/1000 m² 450,— DM/1000 m² 2000,— DM/1000 m²
R + U Wilhelm Neue Heimat 25 74343 Sachsenheim-Ochsenfurt Tel.: 07046/2386 Fax: 07046/12198	Raubmilben gegen Spinnmilben Raubmilben gegen Thripse Schlupfwespen gegen Weisse Fliege Schlupfwespen gegen Minierfliege Schlupfwespen gegen Blattläuse Räuberische Gallmücken gegen Blattläuse Marienkäfer gegen Woll- und Schmierläuse Raubwanzen gegen Thripse Hummeln zur Bestäubung Nematoden gegen Dickmaulrüssler und Trauermücken	75,— bis 85,50 DM/1000 m² 96,— bis 104,— DM/1000 m² 70,— DM/1000 m² 90,— bis 236,— DM/1000 m² 84,— DM/1000 m² 70,— DM/1000 m² 664,— DM/1000 m² 140,— DM/1000 m² 340,— DM/Volk auf Anfrage

Zuchtbetrieb/Firma	Nützlinge/Produkt	Preise
Conrad Appel GmbH	Schlupfwespen gegen Apfelschalen- und Apfelwickler	1,— DM/Rähmchen
Abt. Trichogramma	Schlupfwespen gegen Pflaumenwickler	1,— DM/Rähmchen
Bismarckstr. 59	Schlupfwespen gegen Maiszünsler	145,— DM/ha
Postfach 110147	1 x Trichokarte (1 x Ausbringung)	90,— DM/ha
64216 Darmstadt		
Tel.: 06151/92920		
Fax: 06151/929210		

Weitere Informationen zur biologischen Schädlingsbekämpfung im Gemüse- und Zierpflanzenbau erhalten Sie vom Pflanzenschutzdienst. Preisangaben ohne Mehrwertsteuer und Versandkosten. Es empfiehlt sich telefonische Kontaktaufnahme beim Lieferanten zwecks spezieller Rückfragen (z. B. Rabatte, Versandeinheiten, Hobby- und Kleinpackungen, Lieferumfang, Spezialgrössen usw.). Preisänderungen sind möglich.

Sachregister

Im Buch vorkommende Schädlinge, Krankheiten, Wirtspflanzen, Nützlinge (N) und physiologische Wachstumsstörungen.

Literaturnachweis

Die nachfolgenden Werke wurden beim Verfassen dieses Werkes benützt. Sie können dem interessierten Fachmann in Detailfragen weiterhelfen.

Agrar, Landwirtschaft, Chemie, Nahrung, Informationsstelle SGCI, 1985

Airwick, Handbuch der Pflanzenpflege, Ciba-Geigy

Alford D. V., Farbatlas der Obstschädlinge, Enke Verlag, Stuttgart 1987

Andermatt Biocontrol AG, Biologischer und biotechnischer Planzenschutz im Zierpflanzenbau 1993, Preislisten Gemüsebau, Obstbau, Weinbau und Zierpflanzenbau 1993

Autorengruppe VSG, Pflanzenschutz für Gärtner, LLM Zollikofen 1986

Bayer, Gesunde Zierpflanzen, Bayer

Berg B., Grundwissen des Gärtners 1, Ulmer-Verlag, Stuttgart 1976

Bicknell A., Der Pflanzendoktor, Herder-Verlag 1981

Biologische Bundesanstalt für Land- und Forstwirtschaft, Pflanzenschutzmittelverzeichnis Teil 2 (Gemüse, Obstbau, Zierpflanzen) Saphir Verlag, Ribbesbüttel 1994

Börner Horst, Pflanzenkrankheiten und Pflanzenschutz, Ulmer-Verlag, Stuttgart 1983

Buishand T., Knaurs Obstbuch, Ex Libris

Bundesministerium für Ernährung, Landwirtschaft und Forsten: Pflanzenschutzgesetz, Pressestelle, Bonn 1987

Crüger, G., Pflanzenschutz im Gemüsebau, Ulmer-Verlag, Stuttgart 1991

Eidg. Bundeskanzlei, Verordnung über umweltgefährdende Stoffe, EDMZ Bern 1987

Eidg. Bundeskanzlei, Verordnung über die Fachbewilligung für die Verwendung von Pflanzenbehandlungsmitteln im Gartenbau (VFBG), EDMZ Bern 1993

Escherich K., Die Forstinsekten Mitteleuropas, Parey-Verlag, Berlin 1931

Gesal, Preisliste 1993, Reckitt & Colman

Häni F., Dr., Integrierter Pfanzenschutz im Ackerbau, LMZ Zollikofen, 1987

Hassan S. A., Albert, R. und Rost W. M., Pflanzenschutz mit Nützlingen, Ulmer-Verlag, Stuttgart 1993

Heddergott H., Taschenbuch des Pflanzenarztes, Landw. Verlag, München 1984

Keller E., Einführung in den Pflanzenschutz, LMZ Zollikofen 1976

Kotte W., Krankheiten und Schädlinge im Obstbau, Parey-Verlag 1960

Kreuter M. L., Biologischer Pflanzenschutz, BLV

Lamparter B., Nützlingseinsatz im Gemüsebau unter Glas, Bernhard Thalacker Verlag, Braunschweig 1992

Maag, Integrierte Produktion Obstbau 1991

Maag, Ratgeber Pflanzenschutz 1994/95, Maag

Menzinger W. und Sanftleben H., Parasitäre Krankheiten und Schädlinge an Gehölzen, Parey-Verlag, Hamburg 1980

Michel und Umgelter, Pflanzenschutz im Garten, Ulmer-Verlag, Stuttgart

Mourier H. und Winding O., Tierische Schädlinge, BLV, München 1979

Oertel Claus, Untersuchungen über Viuruskrankheiten an Chrysanthemen, J. A. Barth Verlag, Leipzig (DDR) 1969

Pape H., Krankheiten und Schädlinge an Zierpflanzen und ihre Bekämpfung, Parey-Verlag, Hamburg 1964

Plüss Stauffer AG, Biologischer Pflanzenschutz im Gewächshaus, 1994

Sachweh U., Grundlagen des Gartenbaus, Der Gärtner 1, Ulmer-Verlag, Stuttgart 1987

Sandoz, Ratgeber 1993–94, Sandoz

Sanftleben H., Schadbilder an Gehölzen, BdB

Schmid O. und Henggeler S., Biologischer Pflanzenschutz, Ulmer-Verlag, Stuttgart 1984

Schwenke W., Die Forstschädlinge Europas, Parey-Verlag, Hamburg 1982

Siegfried Agro AG, Preisliste und Empfehlungen, 1994

Sigg Claudia-Regina, Der Gartenbau 20, 1986

Stahl, Dr., und Sohn, Nebelmethode im Pflanzenschutz und Pulsfogmethode, Dr. Stahl und Sohn, Ueberlingen 1986

Steiner H., Nützlinge im Garten, Ulmer-Verlag, Stuttgart 1985

SUVA, Merkblatt Gift, Suva Luzern

Bildnachweis

Dieses umfangreiche Werk über Krankheiten und Schädlinge im Zier- und Nutzpflanzenanbau konnte nun dank der grosszügigen Mithilfe der nachgenannten Firmen, Institutionen und Personen verwirklicht werden. Einen besonderen Dank statten wir an die *Firma Dr. R. Maag AG in Dielsdorf* ab, insbesondere an den Beratungsdienst mit Hermann Ottiger und Beat Hurni. Die Firma hat uns das umfangreiche Bilderarchiv zur freien Auswahl zur Verfügung gestellt, und der Beratungsdienst hat uns bei fehlenden Quellenangaben die notwendigen Literaturangeben vermittelt.
Grosser Dank gebührt auch *Walter Dürig*, diplomierter Gärtnermeister und langjähriger Fachberater der Firma Dr. R. Maag AG, der seine Bilder ebenfalls zur Verfügung stellte, die allgemeinen Textbeiträge sichtete und teilweise auch mit wertvollen Hinweisen ergänzte.

Bildernachweis

Andermatt Biocontrol AG, Grossdietwil: 33 a, 33 b, 39 a, 41 a

Moritz Bürki; Langendorf: 1, 2, 3, 4, 5, 6, 7, 8, 9, 10, 11, 12, 14, 15, 16, 17, 18, 19, 20, 23, 24, 25, 26, 27, 47, 48, 49, 50, 51, 52, 53, 54, 55, 61, 81, 82, 89, 115, 116, 119, 120, 121, 122, 145, 146, 159, 160, 172, 186, 195, 197, 205, 206, 208, 210, 219, 228, 231, 237, 247, 249, 250, 253, 255, 267, 295, 296, 323, 325, 330, 335, 346, 348, 354, 357, 359, 366, 369, 395, 398, 400, 401, 404, 406, 432, 433, 435, 443, 484, 493, 495, 503, 506, 511, 514, 531, 532, 539, 540, 541, 546, 547, 554, 555, 556, 557, 564, 567, 571, 574, 575, 577, 578, 580, 581, 582, 587, 588, 591, 592, 595, 598, 599, 600, 601

Walter Dürig, Roggwil: 13, 30, 32, 33, 40, 63, 64, 65, 66, 67, 68, 70, 72, 73, 77, 78, 79, 80, 83, 84, 85, 87, 88, 90, 91, 92, 93, 94, 95, 97, 100, 103, 105, 106, 107, 108, 109, 110, 111, 112, 113, 114, 126, 128, 132, 139, 141, 147, 148, 149, 153, 154, 155, 156, 157, 158, 161, 163, 168, 169, 171, 176, 177, 178, 179, 181, 188, 193, 194, 196, 198, 199, 200, 201, 203, 207, 216, 226, 241, 243, 244, 254, 256, 257, 259, 262, 269, 273, 274, 277, 278, 280, 281, 282, 288, 297, 301, 302, 311, 316, 317, 319, 321, 324, 327, 329, 332, 337, 344, 345, 347, 350, 351, 352, 353, 358, 361, 362, 363, 364, 368, 370, 371, 372, 373, 377, 378, 379, 382, 386, 387, 390, 392, 393, 394, 396, 397, 399, 405, 407, 408, 409, 410, 411, 412, 413, 414, 420, 421, 423, 424, 425, 426, 427, 428, 430, 431, 437, 439, 440, 441, 447, 448, 449, 450, 451, 555, 456, 457, 459, 461, 462, 463, 464, 466, 468, 472, 473, 480, 482, 483, 485, 487, 488, 489, 490, 496, 504, 507, 515, 516, 517, 520, 521, 527, 528, 533, 534, 538, 542, 548, 549, 551, 553, 563, 568, 570, 579, 584, 585, 590, 596, 603

Eidg. Forschungsanstalt Wädenswil: 21, 22, 133, 558, 560, 28

Forschungsanstalt Weihenstephan, Deutschland: 28 a, 29, 31, 39 b, 44

Bernhard Frutschi, Koppigen: 56, 58, 59, 135, 136, 137

Werner Grossmann, Ersigen: 569 a, 569 b

Firma Dr. Rudolf Maag AG, Dielsdorf: 34, 35, 36, 37, 38, 39, 41, 43, 45, 46, 57, 60, 62, 69, 71, 74, 75, 76, 86, 98, 99, 101, 102, 104, 117, 118, 123, 124, 125, 127, 129, 131, 138, 140, 142, 143, 144, 150, 151, 152, 162, 164, 165, 166, 167, 170, 173, 174, 175, 182, 183, 184, 185, 187, 189, 190, 191, 192, 202, 211, 212, 213, 214, 215, 220, 222, 223, 224, 225, 227, 229, 230, 232, 233, 234, 235, 236, 238, 239, 240, 242, 245, 246, 248, 251, 252, 258, 260, 261, 263, 264, 265, 266, 268, 270, 271, 272, 275, 276, 279, 283, 284, 285, 287, 289, 290, 291, 292, 293, 294, 298, 299, 300, 303, 304, 306, 307, 308, 309, 310, 312, 313, 314, 315, 318, 320, 322, 326, 328, 331, 333, 338, 339, 340, 341, 342, 343, 355, 356, 360, 365, 367, 374, 375, 376, 380, 381, 383, 384, 385, 388, 389, 391, 402, 403, 415, 416, 417, 418, 419, 422, 429, 434, 436, 438, 442, 444, 445, 452, 454, 458, 460, 465, 467, 469, 470, 471, 474, 475, 476, 477, 479, 486, 491, 492, 494, 497, 498, 499, 500, 501, 502, 505, 508, 509, 510, 512, 513, 514, 522, 523, 524, 525, 526, 529, 530, 535, 536, 537, 545, 550, 552, 559, 561, 562, 562 a, 563, 564, 565, 566, 569, 573, 576, 583, 586, 589, 593, 594, 597, 602, 604, 605, 606, 607, 608, 609, 610, 611, 612

Neudorff GmbH KG, Emmerthal, Deutschland: 42 a, 42 b, 42 c, 42 d

Plüss Stauffer AG, Oftringen: 42, 46 c

Wolfgang Schloz, Egg: 96, 130, 180, 209, 217, 218, 221, 286, 305, 334, 336, 349, 446, 453, 478, 481, 518, 519, 543, 544

Siegfried AG, Zofingen: 46 a, 46 b